教育新議題叢書5

教育政策與教育實務

吳清基　主編

吳清基　蔡進雄　劉君毅　彭淑珍
胡茹萍　梁金盛　林立生　吳靖國
嚴佳代　舒緒緯　湯維玲　李俊湖
楊振昇　謝念慈　陳政翊　陳盈宏
許泰益　范熾文　謝月香　　合著

五南圖書出版公司 印行

主編序

　　教育是人類的希望工程，教育也是一種成人之美的偉大志業。人類因爲有教育活動的實施，才能有文化傳承，促使一代比一代更爲文明進步。事實上，教育活動實施的本質很明確，就是在讓教師代表社會身心成熟者，發揮專業知能和愛心熱忱，去幫助和教導身心未臻成熟的學生，使他們在認知、技能和情意的學習上，能更有成長進步，能獨立自主生活，適應社會環境變遷之挑戰。

　　事實上，完美教育活動的規劃與實施，涉及到教育政策的研訂、教育方案的提出、教育行政的運作、校長的領導、教師的專業培訓成長、課程與教學的專業化發展、教育專業評鑑的實施等複雜的教育行政歷程發展。不過，「行政是手段，教學才是目的」，這是一個值得令人深思發省的話題，因爲不少教育人員太執迷於「爲行政而行政」，而忽視了「教學」才是教育行政人員要去努力協助和服務的重要課題。因爲任何教育行政人員之努力，若不能促使教師在課堂教學上獲得最大的支持；若不能讓教師在課堂教學上幫助學生認知、技能和情意學習獲得最大的成長進步，則教育行政人員的努力是失焦和不足的。

　　臺灣一向缺乏自然資源，只有靠人力資源的開展，才能在世界競爭的潮流中，擁有傲人的一席之地。因此，對教育的投資乃格外加以重視；對教育的改革，也自然受到大家的關注。近年來，少子女化的問題，深受重視，認爲會是一種國家安全問題；中小學語言教育政策、國際交流教育政策等問題，也常引發關注；老師精進教學問題和校長卓越領導問題，也因與教育實施成效密切相關而倍受重視。至於，大學生和研究生學用落差的就業問題，社會也常表關心；大學走上技職化發展，技職教育走上學術化發展，也常引起一

些爭議和不放心。至於，高教資源有限，如何有效運用頂尖大學補助經費和世界大學排名之努力，如何執行才算合理適切，也是大家一再表示關切的話題；大學生擔任助理，是一種勞務僱用、或是一種教育學習參與，也是一直引人爭議的話題。

自103學年度起，臺灣實施十二年國民基本教育，政府提出「選技職，好好讀，有前途」的方案，有效加以宣導，促使選讀高職的學生有愈來愈多的現象。技職教育的價值與尊嚴，是否已經普遍被一般人所接納？亦值關心；又臺灣四面環海，海洋教育的實施，成效如何，也是一個耐人尋味的話題。總之，教育政策的擬訂，均要切合教育實務之發展與解決的實際需要，才能爲各界所肯定和接納。

《教育政策與教育實務》一書的出版，是由國內一群年輕有爲的教育專業學者，他們任教於國內各大學，或擔任院長、系所主任、教授或研究員，他們熱愛教育、關心社會，相約每年定期出書，發表他們平常教學和研究的心得，分享給關心教育專業發展的同好，摯情熱忱，令人感佩。本書是教育政策新議題系列性叢書第五輯，感謝五南圖書出版公司之協助出版發行，謹致謝忱。並藉贅序推介，盼能對各界關心教育政策研訂和教育實務推展之好友們有所啓發和共鳴。

臺灣教育大學系統

總校長　吳清基　謹誌
105年9月

目 次

第十四章　學習乎？勞雇乎？

　　　　　──論大學兼任助理身分認定爭議　　　　許泰益

第十五章　一位卓越領導校長實施組織變革之個案研究

　　　　　　　　　　　　　　　　　　范熾文、謝月香

第一篇
教育政策

第一章

技職核心政策——找回技職教育的價值與尊嚴

吳清基

壹　前言

一、技職教育在適性揚才，培育技術實作人才

1. 技職教育在提供實作性向明確學生的教育發展進路。
2. 技職教育強調務實致用的辦學目標。
3. 社會上很多傑出的人才，皆來自技職教育系統的培育。

二、技職教育可利用厚生，創富人類

1. 技職教育在培育促進國家經濟發展所需的人力。
2. 技職教育進步發展的國家，其人民生活水平相對富裕發達。
3. 加強技職教育的實施，有利促進國家經濟建設發展。

三、技職教育的價值常被扭曲誤導

1. 勞心役人，勞力役於人。
2. 萬般皆下品，唯有讀書高。
3. 士農工商，技職人力是黑手、藍領階級。
4. 技職教育是二流教育、次等選擇。
5. 技職教育是別人家小孩的教育，我家小孩不念技職教育……。

貳　技職教育的理念思維

一、哲學思維

(一) 人本主義
1. 教育在強調以人為本的潛能開發歷程。應重視人類先天存在的本質發展可能性。技職教育固在培育經濟人，但是，社會人、文化人的培育，也都是教育努力的目標。
2. 專科升大學本科教育政策，有利人力資源的充分開展提升。技職人力素質高的國家，其經濟發展相對地進步領先。

(二) 存在主義

Martain Buber「人性化理論」：

我—汝關係（I-Thou Relation）

我—它關係（I-It Relation）

1. 前者，主張將學生以人相待，設身處地為他著想；對技職教育學生的受教尊嚴要維護，價值要肯定，需要要滿足，動機要增強。主張對技職教育的價值和尊嚴要加以重視。

2. 後者，則視人如物，不予尊重，任意糟蹋對方。對學技職教育者常給予輕視忽視之。

(三) 聖經

1. 「一百頭羊，即使走失了一頭羊，也要把它找回來。」
   技職教育的孩子，不應被放棄，要同等關注他的教育權益。

2. 「上帝幫您關一扇窗，祂也幫您開一扇門。」
   技職教育的孩子，學術性向或許不明確，但是實作性向卻很強，值得促其潛能開展，一樣對國家社會有所貢獻。

(四) 美前總統小布希

1. 「永不放棄任何孩子」計畫（No Child Left Behind）。

2. 任何孩子都具有可學習性，都具有教育權利去要求政府不能放棄他。職業性向明顯的孩子，政府應提供他潛能開發機會。

(五) 美教育者布魯姆（B. Bloom）

1. 教育有三層面
   (1) 認知層面（cognitive domain）
   (2) 技能層面（psychomotor domain）
   (3) 情意層面（affective domain）

2. 提供孩子教育發展機會，除要重視知識的學習、態度價值情意的增進外，技術能力的學習，也是重要的教育目標之一。技職教育的學生強調技能學習，更是要給予重視加強。

　　3. B. Bloom技能層面的教育發展層次

　　　(1) 知覺（perception）

　　　(2) 準備（set）

　　　(3) 引導反應（guided response）

　　　(4) 機械（mechanism）

　　　(5) 複雜的反應（complex overt response）

　　　(6) 適應（adaptation）

　　　(7) 創作（origination）

二、心理學思維

(一) 孔夫子

1. 有教無類，因材施教。

2. 因應學生的性向、興趣、能力的不同，給予個別化的課程教學輔導。

3. 對學術性向不明確，但實作性向明顯的學生，應提供技術職業導向的教育機會，促其個人先天潛能可得到最大的開展。

(二) 迦德納（Howard Gardner）

1. 1983年提出「多元智能理論」（Theory of Multiple Intelligence, MI）：指出人的腦力結構具有八大智能之多元開展的可能性：

　　(1) 語文智能（Linguistic Intelligence）

　　(2) 邏輯數學智能（Logical-mathematical Intelligence）

　　(3) 視覺空間智能（Spatial Intelligence）

　　(4) 肢體動覺智能（Kinesthetic Intelligence）

　　(5) 音樂智能（Musical Intelligence）

　　(6) 人際關係智能（Inter-personal Intelligence）

　　(7) 內省智能（Intrapersonal Intelligence）

　　(8) 自然觀察智能（Naturalist Intelligence）

2. 多元智能理論，影響是徹底改變教育工作者對兒童智力的刻板印象，建立了多元性教育發展的概念。

3. 對職業性向明確孩子的教育發展，提供更積極性的教育輔導支持，不會將職業教育視為二流的教育，或次等的選擇；主張多元適性揚才，可成就每個孩子的未來。

(三) 馬士洛（A. H. Maslow）

馬士洛需求層次論（Maslow' s hierarchy of needs）：

1. 馬士洛認為人有五個階層的需求層次：
   (1) 生理需求（飢、渴、性的滿足）
   (2) 安全需求（穩定、有保障、有秩序）
   (3) 歸屬需求（團體接受、認同）
   (4) 尊重需求（敬重與自尊）
   (5) 自我實現需求（築夢成就）

2. 前四者稱為匱乏性需求（deficiency needs），自我實現則稱為存在需求。
   匱乏性需求必須獲得滿足，才有存在需求的驅動力。

3. 技職教育學生需要被接納、被尊重，需要讓他對自己生涯發展具有安全感；更期待因技職體系的完備建構，和終身回流教育體系的建立，享有和一般學術體系的學生相同具有潛能充分開展，自我實現的機會。

(四) 美國教育家愛默生

1. 「什麼是雜草？它是優點尚未被發掘的植物。」
   ——草木各具有多元特性可利用。

2. 技職教育的學生，在學術性向上可能不如人，在實作性向則是有明顯的優勢，只是他的優勢尚未受到您的青睞。

(五) 美國臨床心理學家葛雷塞（William Glasser）

1. 「每個學生都可以成功」（Every Student Can Succeed）：多元標準界定成功的概念。

2. 技職教育的學生，在實作能力上的表現，可能超過一般學術能力好的學生，成功的學習評量，其標準應有多元性。

三、社會學思維

(一) 美國杜威（John Dewey）試驗主義主張

1. 「教育即生活，教育是一種經驗不斷重組改造的歷程。」（教育自由與民主）
2. 技職教育在透過實作實習課程，不斷的經驗重組改造練習，去培養孩子熟練的技術能力。
3. 技職教育在培養一個人有一技之長，可以養家活口，過著美好的生活。
4. 技職教育學生的受教育權利，和學術教育體系學生的受教權利，是相同的、是平等的，這是民主教育的眞諦。

(二) 英國斯賓塞（Herbert Spencer）「生活預備說」

1. 「教育的功能，在提供一個人未來生活所需的知識能力的預備。」
2. 技職教育的學生，找到實作性向、能力和興趣所在，在教師的教學輔導下，逐步具備未來職業生活所需的知識能力。
3. 技職教育的學生，具有良好的職業技術能力訓練，對未來美好生活的準備，會比一般學術教育體系的學生，更具有競爭力。

(三) 德國斯普朗格（Eduard Spranger）文化學派說

1. 「教育是一種文化傳遞、繁衍和創造的歷程。」
2. 技職教育的實施，在教導學生學習一技之長，世代技術傳承、創新發明，以增進人類生活的福祉。
3. 技職教育的學生，藉由實習實作、創意發明，除可有一技之長謀生，也可能有專利發明，會創新促進人類的物質文明。

參 技職教育對臺灣經濟發展的貢獻

一、臺灣沒有自然資源，只靠人力資源

1. 臺灣自然資源不多，天然災害不少，卻能打造外匯存底世界第五、世界第二十五大經濟體、瑞士IMD國際競爭力的十一、

WEF世界第十四（2015年）。

2. 歸因在人力資源的有效開發，即教育的普及和卓越。尤其技職
   教育的人力素質極高，貢獻不可被忽視。

3. 臺灣在全世界的地位

臺灣發展概況	
面積：約36,191.5平方公里	（占世界0.024%）
人口：約2,350萬人（2016.3）	（占世界0.33%）
外匯存底：4,316.01億美元（2016.3）	（世界第5）
國民生產毛額（GNP）平均（2015.5）	23,298美元／每人
世界經濟體：	第25（2014）
國際競爭力：瑞士洛桑管理學院（IMD）：第11（2015）	
世界經濟論壇（WEF）：第14（2015）	
提供臺灣免簽證、落地簽，計167國（2016.5）	

二、技職教育對臺灣政治經濟發展的貢獻

1. 臺灣「經濟奇蹟」的出現，是因為臺灣經濟的發展，是以中小
   型企業體經濟和國際大型企業體經濟相抗衡，而仍能賺得外匯
   存底全球第五，曾經長期為全球第十四大經濟體。其中，中小
   型企業主，70%來自職業高中和專科畢業生。

2. 臺灣大企業：如鴻海（富士康）、長榮海空運、奇美化工……
   等企業主，皆是職業高中和專科畢業生。

3. 臺灣上市上櫃公司一千五百家，其中，一百多家的負責人，是
   來自臺北工專（科大）的畢業校友。

4. 臺灣五院院長、部會首長中，卻有不少政治人物是技職系校的
   畢業生，有些是有再經由終身回流教育繼續進修的。

5. 臺灣一百六十所大學校長中，也有不少學術領袖是技職教育系
   統的畢業生，也有經由終身回流教育取得高級學位的。

6. 由於臺灣技職教育系統培育的人才，在臺灣經濟面、政治面和

　　教育面上有成就者不乏其人。因此，臺灣的家長對孩子選擇技職教育學校就讀，已不再持有反對的態度。技職教育的價值和尊嚴，在臺灣已漸漸被大家所共同認定和接受。

肆　技職教育對大陸當前經濟發展的重要性

　　中國大陸當前經濟發展，正大步伐快速躍進中，配合國際經濟發展情勢，及國內經濟轉型提升，技職教育確實將扮演重要的關鍵角色。

一、面對世界工業4.0的高端科技發展挑戰

1. 工業1.0是英國工業革命開始，瓦特發明蒸汽機，以蒸汽力取代人力、獸力，機械化生產取代人工生產。
2. 工業2.0，是美國富蘭克林發現電，用電力取代蒸氣力，讓工業化製造產品更有績效。
3. 工業3.0，是電腦e化、自動化控制時代來臨，電腦自動管理生產，逐漸取代人工控制生產。
4. 工業4.0，從德國率先帶領全球走入高端工業化生產競爭時代，重視大數據生產決策、雲端訊息運算控制、互聯網、物聯網+、行動通訊決策……等。
5. 技職教育人才的培育，勢必因應高科技人才發展的需求，從專科程度，提升到大學本科程度，方足以滿足大環境挑戰的需要。

二、面對知識經濟社會發展的挑戰，技職教育人才轉型培育的迫切

1. 1990年代，整個世界經濟發展，逐步進入知識經濟社會。知識密集的經濟發展，將取代傳統的勞力密集、資本密集及技術密集的經濟發展。
2. 過去以傳統師徒制、初級職校畢業生、職業高中畢業生為主，來培育工商經濟發展的人力，已漸漸無法滿足經濟轉型發展的需求。
3. 即使以專科畢業生為主流的技術人力，也感受到服務業知識密集的挑戰壓力；對高端科技人力的培育，更有提升到大學本科

以上的必要性。

三、面對二○二五中國製造的任務期待

1. 中國大陸目前的經濟總產值為全球第二大經濟體，僅次於美國。由於近年來大陸整體經濟環境的大好提升，世界各國競相來大陸投資設廠，國民生產毛額大幅成長，樂觀預估發展趨勢，到2025年有機會超越美國成為世界第一大經濟體。

2. 但是，要能擺脫目前工業代工的劣勢，必須要高端科技發展，創新品牌研究發明，及大量e化自動生產及加強國際交流合作。因此，提升技職人力質量的發展，確有需要。

四、因應十三五計畫，推動一帶一路，亞投行大建設政策

1. 十三五計畫是中國國家政治經濟社會綜合進步發展的宏大藍圖，是一切國家建設發展的最高指導方針。政策上明確指出，未來要加強高端製造，及增進國際產能合作。因此，提升經濟發展人才的質量，加強大學本科轉型應用科技大學的政策勢必要有效落實。

2. 大陸習近平總書記揭櫫「一帶一路」、「亞投行」的重大全球經濟建設的政策，是受到肯定的。不僅對全球未來經濟發展有助益，也對中國未來在全球經濟政治領導地位的提升，可更臻鞏固。對「中國夢」的願景實現，也大有幫助。

3. 因此，技職教育人力的培育，相對地，在大陸國家經濟建設發展過程中，更扮演著其關鍵推手的角色。

伍 臺灣技職教育發展的特色

一、體系完整，進路暢通

(一) 縱向銜接，體系完備：從國民中學→高職→專科→技術學院、科技大學→碩士班→博士班。

(二) 橫向轉軌，彈性暢通：

1. 回流教育管道暢通，進修推廣彈性多元。
2. 直達車與區間車雙軌並開，方便選擇。

二、學制類科，多元適性

(一) 多元學制，多樣類科，回應企業不同人才需求。

(二) 除高職、高中附設職業類科，綜合高中專門學程，專科、技術學院及科技大學（含研究所）外；另包括國中技藝教育班、高職實用技能班、建教合作班，以及技專校院的進修部、在職專班與進修學校。

(三) 除傳統農、工、商等類科外，更與六大新興產業、十大服務業、四大智慧型產業緊密結合，以滿足學生就業需要。

三、課程設計，務實致用

(一) 課程設計重視務實致用，強調專題製作及實務學習，以求畢業即可就業。

(二) 入學管道提供技優保送入學及證照加分等，以鼓勵學生重視技術實務學習。

(三) 落實學生校外實習課程，增進實務操作能力。

(四) 鼓勵學生證照考試，建立專業能力保證。

(五) 引進產業界技術教師，協同教學吸取新知。

(六) 鼓勵技職教師寒暑假參訪業界、在職進修。

四、產學合作，效能卓顯

(一) 技職教育體系強調產學合作，注重學生的養成教育與業界需求之配合。

(二) 積極推動「最後一哩」、「雙軌訓練旗艦計畫」、「產學合作」等專案計畫。

(三) 與經濟部合作，在技職校院下設「創新育成中心」合作研發創新。全面推動產學合作及智慧財產管理，並將研發成果導入教學。

(四) 目前已成立6所區域產學合作中心，以及12所聯合技術發展中心。

五、技職弱勢，全面關懷

(一) 高職學生大多數輸在國中基測、基本學科能力較弱，需要補強。雖輸在起跑點，盼能贏在終點。

(二) 技職學生、父母社經背景較低，需要透過政府學費補助，提供平等教育機會。

(三) 辦理建教合作班、實用技能班、稀有類科班、進修推廣班等，技職學生免學費補助就學方案。

(四) 自2011學年度起，高職學生在排富前提下，一律免繳學費入學。

(五) 自2014學年度起，實施十二年國民基本教育，高職學生全部免繳學費。

六、私人興學，積極有成

(一) 私人辦學，憲法鼓勵保障，值得肯定。

(二) 技職教育體系中，私人辦學積極投入，扮演重要角色。2010學年度，私立學校學生數分占高職63.57%、專科89.17%、技術學院及科技大學79.02%。

(三) 私立技職校院部分在董事會全力支持下，辦學績效極為卓越。師資優良，設備齊全，校園規劃用心，評鑑良好。

七、國際競賽，表現優異

(一) 技職教育強調「從做中學」，希望透過實作，增加學習成效並累積經驗，達到理論和實務並重目標。

(二) 自2005學年度起，推動技專校院學生參加國際技藝能競賽。並自2010學年度起開始補助參賽學生機票費用。

(三) 近年參加世界各大國際發明展及設計類競賽，表現極為優異。連續多年在八大發明展中，有七大發明展獲獎數列第一。

(四) 自2005年，在教育部設「技職風雲榜」網站，表彰得獎之傑

出榮譽事蹟。

(五) 頒設「技職之光」代表技職技能教育最高榮譽，表揚技能各領域具有傑出表現之師生，以作爲技能典範。

八、辦學績優，國際輸出

(一) 臺灣技職教育體系完備，進路通暢，學制類科多元，可以適性揚才；辦學成效，務實致用；產學合作，效能卓著；在國際上與德國、日本、澳洲並列技職教育領先群。

(二) 由於臺灣自然資源不多，天然災害又不少，能成功創造臺灣經濟奇蹟，技職教育成功扮演人才培育的功勞受人肯定。目前，東南亞國家、中國大陸、中東、非洲及太平洋群島國家，紛紛派學生來臺灣留學。

(三) 打造臺灣成爲東南亞高教重鎮，是行政院核定第十大服務產業。

陸 技職教育的未來創新發展

一、臺灣在1989年9月，首倡「臺灣工業品質獎」，提出「品質是價值和尊嚴的起點」的指導原則。的確，不只工業產品，任何教育工作的推展，亦是如此。只有品質好，才能贏得人家的肯定和接納；也只有品質好，才有其價值和尊嚴可言。

二、技職教育的價值和尊嚴，在於它所培育的人才，確爲國家經濟發展所迫需。而技職教育要有好的品質產出，勢必要因應當前國際經濟發展趨勢，及國內經濟轉型提升之需求，做創新發展的體質改變。

三、技職教育未來創新發展的取向

(一) 願景創新

1. 技職教育不僅在培養一位有技術的有用人才；更在培養一位有人文素養、有藝術氣息、有通識理念的、有技術的有用人才。

2. 技職教育是爲實作性向能力明確的學生，所規劃的教育進路體系。它不是二流的教育，也不是次等的選擇。

(二) 政策創新

1. 技職教育培育的人才，對一個國家的經濟發展，貢獻很大，值得大家給予正向肯定和重視。

2. 技職教育的價值和尊嚴，應給予肯定和維護。

3. 技職教育高校和學術教育高校都是國家人才培育的搖籃，政府應給予同等的關注和支持，不宜再只重高校而輕技職。

(三) 觀念創新

1. 在知識經濟社會中，知識密集將取代勞力密集、資本密集和技術密集。

2. 知識密集時代，創意力等於競爭力。因此，培養技職學生創意力、創新力和創業力，三力一體是必要的「三創教育」。

3. 技職教育的人才，不必然是傳統觀念中的黑手或藍領階級。許多企業主、政商名流皆來自技職教育系統。

(四) 體制創新

1. 因應高端技術發展和產業升級需要，技術人才培育，宜由專科程度，提升到大學本科，或研究所以上程度，以利技術研發人才之培育。

2. 技職教育進修回流管道體系，宜完整暢通建立，俾利技職人員白天上班，可利用晚上或週末日進修提升技職專業知能。

(五) 模式創新

1. 技職教育人才之培育，必須經由技職校院系統來有計劃地培育。過去，政府責無旁貸，由公立技職校院為主流來負責，但今後私立民辦的技職校院則更應該由政府多加鼓勵輔導，分擔人才培育的責任。

2. 由於政府的力量有限，民間的力量無窮。因此，鼓勵私人捐資興學，誠有必要，只要法律上給予保障和獎勵，一般企業有成的社會人士，很多人對私人辦學，為國育才，是有心嚮往的。

3. 臺灣高等教育民辦的比例相當高，一般高校七成，技職高校

（高職）八成都是民辦私校，品質和公立學校一樣好。

(六) 師資創新

1. 技職校院師資，除要有學術基礎訓練外，更要有實務經驗，以利學生學習理論和實務技術的需要。

2. 臺灣有雙師協同教學的規定，同一班級課程可安排學術教師和技術教師合作教學。學術教師可依學歷晉用，依著作發表升等，但技術教師無學歷限制，完全依其技術及業界的成就，比照聘任。

3. 臺灣政府對技職校院技術教師之聘用，有八分之一比例的開放，以方便技職校院走出學校課程特色。

4. 目前臺灣技職教育法規，已規定技職學校，教師6年內必須有半年時間，到業界實務參訪研究合作之經驗。有些技職校院甚至規定新進教師必須有3年以上業界實務經驗才可獲得新聘。

(七) 進路創新

1. 在高科技時代，技術不斷推陳出新，技職從業人員，必須把握在職進修的機會。因此，回流教育的進路必須有效建立。

2. 在終身教育的時代，技職教育系統的學生，其畢業的終點站教育，可能是職業高中、專科學校或職業技術學院。但是，一定要善用在職進修回流教育的機會，白天上班，利用夜間或週末日參加進修研習，或參加EMBA之專業成長研習班。

(八) 課程創新

1. 「務實致用」是技職教育的課程特色，技職教育的學生所學，畢業後期待能馬上就業可用。因此，課程需活化實用，技職學生要重實習課程，要動手實作。

2. 技職學生要鼓勵參加技能檢定，考取技職證照，確保就業的基本能力本位。

(九) 教法創新

1. 技職教育的教學，可採師徒制，方便技術教導及職場倫理的傳

承。除學校課堂傳統上課外，也可利用業界實務工作情境中實習輔導。

2. 校企合作或建教合作，利用業界技術教師實際情境的指導，成效更好。

3. 資訊e化教學，或網路、遠距離電視教學，亦可做輔助教學使用。

(十) 就業創新

1. 技職教育的目標，在因應國家經濟發展的需要，培育國家所需的技術人才。因此，減少學用落差，增進就業能力和機會，確有必要。

2. 落實證能合一，鼓勵學生擁有證照，確保就業能力，有其必要。

3. 輔導學生創新力、創意力和創業力，三創合一的教育，值得加強。

柒　結語

一、臺灣技職教育政策開放較早，擷取歐美日技職教育的優點，保存中華傳統文化倫理道德的特色，發展出臺灣技職教育的優勢，和德、日、澳並列世界技職教育的領先群。

二、技職教育在臺灣，已不再是二流教育或次等選擇。技職教育的價值和尊嚴，已漸受大家所共同接受。

（附註：本文係作者演講稿整理成文，未採APA格式。）

第二章

證據爲基礎的教育政策探析

蔡進雄、劉君毅

證據爲基礎的政策制定可視爲對複雜性問題的回應。

～馬群傑譯，2011

平時研究及證據的蒐集累積是教育政策推動的重要基石。

～本文

壹 前言

　　所謂教育政策是爲了解決教育問題或滿足民眾對教育的期待，政府的作爲或不作爲，又因爲教育政策的訂定及推動具有規範性及強制性，且關乎有限教育資源的分配，故教育政策的規劃及制定宜愼思熟慮，不可冒然執意行動，否則易衍生更多的教育問題。陳敦源與呂佳螢（2009）表示公部門的運作及改革影響深遠，與個人婚姻選擇或理財，甚至與企業投資決定，都有著極大的不同，而藉由以證據爲基礎（evidence-based）的論述可爭取民眾支持及提高政策推動的合理性。再者，一個嚴謹、有證據支持的研究發現，較具有說服力，能破除舊有迷思、拋棄舊有假設，重新思考相關議題，對於教育政策發展有其重要性（甄曉蘭，2011）。教育政策決策模式主要有菁英主義模式、團體理論模式及多元參與模式（吳定，2012），但政府有時太過重視取得各種利害關係人和利益團體之共識，反而忽略證據的實質重要性（鄭國泰，2008；Leicester, 1999），而無論是知識爲基礎的決策或是證據爲前提的政策規劃，其目的均在增加政策的正當性及可行性，並能適時檢討反饋（鄭國泰，2008）。此外，新世紀的政府所面臨到的問題之複雜程度比以往更高，因此更需要自然與社會科學家的系統性研究，以促使政策的推動，故證據爲基礎的政策制定可視爲對複雜性問題的回應（馬群傑譯，2011）。

　　各國政府由於教育改革與提升國際競爭力的需求，開始邁向證據本位的政策取向，希望奠基在科學研究的基礎上，提供對解決現今教育問題之可行及有效政策（洪雯柔、葉玉賢，2012）。質言之，教育政策應有厚實的理論與實證研究爲基礎（謝文全，2009）。傳統的教

育政策規劃有下列幾種現象：1.教育行政首長一人就形成教育政策，亦即以直觀式、個人見解或個人經驗形成教育政策；2.教育行政機關單獨決策，並沒有接納其他行政部門的建議；3.教育政策規劃並沒有掌握科學、客觀及嚴謹的分析，僅以少數人的論斷作為教育政策規劃的依據。職此之故，有些教育政策執行後並沒有真正解決教育問題（張芳全，2006）。諾貝爾經濟學獎得主Kahneman將人類思考模式分為系統一及系統二，系統一是衝動與直覺，系統二是理性與小心，為避免衝動及直覺的錯誤，Kahneman鼓勵人們多採系統二的思考模式（洪蘭譯，2012）。因此，為避免依首長或主管以個人直覺形成教育政策所造成可能之負面結果，故教育政策規劃並不能完全仰賴個人的直觀或主觀價值判斷，還需要客觀的證據事實資料協助教育政策的制定，因為沒有證據為基礎的教育政策決定是冒險的，故以證據為基礎的教育政策有其重要性，換言之，教育政策的制定宜融合客觀事實與主觀價值判斷，才能透過教育政策之推動執行有效解決教育問題，並引導教育發展與進步。

　　追溯以證據為基礎的起源主要是來自醫學，之後管理學亦有學者倡導證據為基礎的管理（或翻譯為循證管理），Pfeffer與Sutton認為證據為基礎的管理之基本前提是盡最大的努力，使用更好、更深入的邏輯觀和事實來做事，這將使領導人的工作做得更好更為完善（蔡宏明譯，2010）。在教育界方面，證據為基礎的實務（evidence-based practices）緣起於美國2001年《不放棄任何一個孩子法案》（No Child Left Behind Act，簡稱NCLB），其旨在確保所有學生都擁有公正、平等和顯著的機會，以獲得高品質的教育，至少在基本的學業成就上要達到精熟的程度，該法案也強調教育計畫和實務須以科學研究為基礎（scientifically-based research），如此才能獲得良好的教育成效（鈕文英，2010）。以教育政策而言，吾人在提出重要政策時，應該有妥當而合理的立論，並且最好有證據或充分的資訊作為基礎，不可對政策方案過度樂觀的想像或一廂情願的結果認定（林水波，2011）。易言之，以科學化的規準進行教育研究，獲得證據並加以有效應用，成為教育改革言說轉化為行動與實施的必要做法（陳明印、單文經，2005）。但整體而言，教育政策規劃與教育研究或證據的連結關係是薄弱、鬆散及疏

離的，故仍有努力的空間。如甄曉蘭與李涵鈺（2009）研究發現：臺灣有關偏遠學校的補救措施，由於缺乏以證據為導向的政策研究，較少從學校的角度審視偏遠學校的實際需求，造成「想要的要不到、不要的一直給」的現象。基於上述，本文即探析證據為基礎之教育政策的內涵、問題及實踐等，以供教育相關單位之參考。

貳　證據為基礎的內涵

"evidence-based"一詞，國內有人翻譯為「證據為基礎」，也有人譯為「實證為基礎」、「證據本位」或「循證」等，本文則採「證據為基礎」一詞，行文中如有引用其他文獻則儘量參酌原作者之用詞。此外，也有研究者採資料導向決策（data-driven decision making）一詞來探討以科學方式的資料蒐集（林其賢、高薰芳，2009；Bernhardt, 2009; Mandinach & Honey, eds., 2008）。

林文達（1988）陳述證據為客觀存在的事實，為經觀察、試驗或經其他科學措施而確認者。Nutley認為證據的定義相當廣泛，舉凡專家知識、研究報告、統計資料、利害關係人諮詢、政策選項之成本經濟等均屬之（鄭國泰，2008），葉連祺與張盈霏（2001）定義證據為經由多種途徑或方式所獲取或產生符合需求的資料，使用者可據以決策和導引行動。對於實證為基礎的探究，實證醫學起步較早，所謂實證醫學是一種以流行病學及統計學的方法，從龐大的醫學資料中過濾出值得信賴的部分，嚴格評讀、綜合分析、將所能獲得之最佳研究證據（evidence）、臨床經驗（experience）及病患價值（expectation）整合後，以制定最佳的醫療決策之方式，並能協助醫護人員終身學習（引自陳杰峰、蔡宛真、邱文達，2004）。

賴志峰（2004）指出證據本位教育政策可以定義為教育政策、目標、選擇及結果是以證據為依據，這些證據符合科學的嚴謹、系統和客觀之特徵，而教育政策之制定注重專業智慧和實證證據的整合，教育政策與研究能緊密連結，以使教育政策具有最大的可行性。陳恆鈞與黃渾峰（2009）認為以證據為基礎的政策制定係指決策應以證據（evidence）為基礎，而這些證據主要蒐集來自研究及相關資料（包括知識

與資訊）。此外，孫頌賢（2009）陳述人類認知歷程可分成由上而下取向（top-down approach）及由下而上（bottom-up approach）兩種，前者強調在界定及詮釋問題時，先有認知或知識架構，但後者強調先拋開原有的認定與假設，藉由在該脈絡情境下進行資料蒐集，進而形成對現象或問題的認知歷程，資料導向即是偏向後者強調藉著多元化與科學化的資料蒐集，深入瞭解發生問題的情境背景，以重新界定該解決的問題。Bernhardt（2009）則指出資料導向決策是使用資料以改善教與學的過程，陳紹賓（2009）認為資料導向決定係指決定人員針對組織目標或問題，採取資料蒐集、儲存、分析及回饋等歷程，將相關資料轉化為決定時可以有效參考資料的決定方式，黃旭鈞（2011）表示資料導向決定係指不同層級的教育人員能有系統地蒐集、組織、分析及應用資料，在充裕的資訊支持下作專業判斷和適切的決定。

總括說來，狹義的證據是指量化之統計資料，廣義的證據則包括量化及質性資料，而證據為基礎的教育政策則可定義為係指以多元的方式探究及蒐集不同資料，並以具有品質的資料為基礎，從中形成及制定教育政策。

參 為什麼教育政策要以證據為基礎？

從各國對於教育研究評鑑的分析可以發現教育研究普遍的缺失：研究不夠嚴謹、教育研究與教育實務不相干、流於抽象理論的論辯與無法提供科學證據作為教育決策的依據（洪雯柔、葉玉賢，2012），是故現今教育政策相當需要可靠有效的證據為基礎，如此才能做出更具品質及正確的教育決策。證據為基礎在醫學、管理學、公共行政及教育學等不同領域已廣泛地被探討及應用（Bridges, et al., 2009; Cipani, 2004; Franco, 2003; Hewison, 2004; Leicester, 1999; Pawson, 2006; Pfeffer & Sutton, 2006; Rathvon, 2008; Shahjahan, 2011），以證據為基礎之醫學會詢問：「這些醫療過程被證明能促進健康嗎？」，在教育界，家長及納稅人則會問：「這些教育措施運用在學校確實有效能、有效率嗎？」（Moran, 2004）。以下則從「使教育政策具合理性及正當性」、「以程序正義為基礎，達成實質正義之目的」兩方面敘述教育政

策宜以證據爲基礎之理由。

一、使教育政策具合理性及正當性

　　教育政策的作爲或實施如果缺乏確切的證據，往往無法獲得教育實務人員的認同與支持，因而造成政策推行上的障礙，部分教育政策的作爲或實施，與其說是基於嚴謹的證據，不如說是本於少數人的意見或習慣（王麗雲，2006）。基本上，只根據理論、專家意見和主觀評估，尚未經過實證方法驗證的介入方案，有可能是無效的方案（鈕文英，2010；Brown-Chidsey & Steege, 2005）。

　　教育決策之動作絕非權力的展現，而是必須基於理性之分析與對相關變數之掌握（秦夢群，1997），以證據爲基礎的教育政策能轉變教育實務，並促使教育進步（Slavin, 2002）。具體來說，教育具有專業性，因此教育行政及政策之各項作爲應該植基於專業之基礎上，才能更爲有效達成教育目的，故具有信效度之嚴謹證據可使教育政策或教育改革更有合理性及正當性，而不是僅憑一人之見或碰運氣之冒險心態。

二、以程序正義爲基礎，達成實質正義之目的

　　程序正義是指在決策過程中，不同利害關係人的意見均能得到表達之機會，最後將可增加政策產出的實質正義（鄭國泰，2008）。易言之，證據可以幫助我們澄清問題所在，而問題如能獲得解決，則能減少負面影響而有較佳的教育成果（Fleischman, 2011）。教育變革也有一種研究（research）、發展（development）、傳播（diffuse）及採納（adoption）的實徵理性策略，其目的不僅可以有計畫的連結研究與實務關係（Owens & Valesky, 2011），還可以讓教育政策在制定教育變革措施具合理性，亦即教育政策宜以計畫式的研究發展程序過程爲基礎。

　　循證領導重視任何行動取決之前的循證過程，不輕率相信現成說法，不進行說服力不強的詭辯，不憑空胡扯或聽信傳聞，既重視程序正義的講究，又強化實質正義的追求（林水波，2012）。準此，教育政策的規劃、執行與評估若能以證據爲基礎，廣泛且深入蒐集相關資料，則不僅符合程序正義，藉此更可有效達成最後結果之實質正義。

肆　以證據為基礎之教育政策所面對的問題

　　Leicester於1999年指出以證據為基礎的公共政策必須面臨「七大天敵」的挑戰（鄭國泰，2008；Leicester, 1999）：1.官僚思維邏輯，採一貫性做法；2.設定底限的思維邏輯，即囿於過去的底限和經驗；3.太過於著重取得各種利害關係人和利益團體的共識，而非著重在證據的取得；4.政治力的干預，使得公共政策變成政治決策；5.文官文化重視年資和經驗，自視過高，無視外在的研究結果和證據；6.鄉愿和犬儒的思維邏輯，而無法信任智識和教育之效能；7.在決策者的時間及有限能力下，無法也不願意投入營造證據為基礎的政策。Pfeffer與Sutton表示實踐循證管理的路障為使用資料會改變權力的動能和結構、人們通常不願意聽真話，以及紊亂又沒有效率的企管知識市場（蔡宏明譯，2010）。Dunn指出雖然有些人認為以證據為基礎的政策制訂是邏輯實證論（logical positivism）的延續途徑，將會損及公共政策與民主問題，不過這個負面評價是否為確切的推論，至少到目前為止，其答案尚未明朗化（馬群傑譯，2011）。國內林文達（1988）表示學院知識論斷雖沒有充足證據證驗，但也缺乏反對證據，因而在教育政策上奠定長久穩固的基石，故未能以科學論證從事教育規劃的部分，仍得藉主觀論斷來進行。秦夢群（1997）陳述教育決策既是科學也是藝術，前者強調按部就班的分析問題，後者主張直觀的重要性，教育領導者宜依組織文化或情境採用科學或藝術取向的教育決策。賴志峰（2004）指出證據本位的教育政策強調經實證有效的教育政策，可為教育政策注入新的活力，但仍有其限制，首先是強調實證，有排除或不重視非實證研究之傾向，恐引起典範大戰，其次是證據本位醫學的觀點是否能全盤移植至教育情境，仍有待釐清，第三是某人的證據可能是其他人眼中的胡說（nonsense），第四是隨機化控制試驗過於簡化因果關係，與真實世界的運作不相稱，第五是證據本位的教育政策之內涵，到目前為止的發展，尚未形成完整的理論。

　　鄭國泰（2008）陳述證據為基礎的政策研究遭受到的反對聲浪主要來自文官，因為他們認為證據為基礎的架構太過理想，因據證的蒐集

過程有其困難度，且又要花時間消化所蒐集的資料成為有用的證據，此外，也有可能會加重其工作負荷。陳恆鈞與黃渾峰（2009）指出以證據為基礎的政策制定之障礙因素大致有：1.證據應該包括哪些項目的問題；2.決策者對證據的偏好；3.政策問題演化造成循證政策制定甚難操作。謝進昌（2010）表示在以系統性評閱與後設分析策略，建立以實證為本教育理念上，有其重要性，但也可能面臨一些困境，包括：1.資料蒐集費時、費力，無法提供足夠的證據；2.後設分析研究品質不一，降低證據之可信度；3.連續性研究資料累積的困難，無法提供即時更新的證據；4.後設分析研究中的出版偏誤與語言偏誤。

　　綜合上述，以證據為基礎之教育政策所面對的問題，主要可歸納以下幾項：

1. 教育政策制定者的認知及決策風格因素，有些教育政策制定者重視證據或研究成果，有些則忽略或等不及需要時間蒐集的證據而直接進行教育政策規劃。

2. 各類整合型教育資料庫的缺口甚多，且盱衡國內有關教育政策的研究都是較為片斷、零散，此為實踐以證據為基礎之教育政策的困境之一。

3. 研究品質及客觀性需要不斷提升，否則就有可能會誤用證據，形成偏頗的教育政策方案。此外，教育政策規劃與教育研究的連結合作關係仍有努力的空間。

4. 教育政策制定不僅要依科學研究及數據，還涉及不易量化的價值面向，以及政治、財政、意識型態和時效性等因素，故教育政策制定要完全以證據為基礎有所困難。

伍　如何實踐以證據為基礎的教育政策？

　　綜合有關證據為基礎之相關理論及文獻，以下從「形成重視證據的教育政策文化」、「建立整合教育資料庫」、「進行小規模的教育實驗或試行」、「進行長期性及系統性的教育研究」、「促進學術研究社群與教育政策制定者的連結合作關係」及「多元視野的交融」等方面闡述如何實踐以證據為基礎的教育政策。

一、形成重視證據的教育政策文化

政策研究與應用間存在著差距，研究也發現行政機關低度應用委託研究（趙達瑜，1998），因此證據為基礎之政策管理理念若要加以落實，則應融入於組織文化之中，並去除意見本位或經驗本位的弊端，形成證據為基礎的決策（葉連祺、張盈霏，2001），傳統之教育政策制定往往是取決於少數決策者的意見和價值，是故吾人應該逐漸建立以證據或研究為基礎的教育政策文化，各層級教育政策制定者對於教育政策宜以證據為基礎能認同並有共識。總之，唯有形成重視證據的教育政策文化，以證據為本的教育政策才會持續進行及深耕。

二、建立整合教育資料庫

教育組織有目標模糊及結構鬆散的特性，因此如何在決策時，達到理性之模式，實有賴於多元且足夠的資訊之提供，方能反映問題並圓滿解決問題（張奕華、彭文彬，2012）。林其賢與高薰芳（2009）也指出校長進行各項決策領導時，應廣泛蒐集有效資料，避免僅靠個人或少部分人之主觀與經驗進行決策，故資料庫導向決策則可提升決策之品質與合理性，學校層級資料導向決策系統內容可包含學校方案資料、觀點見解資料、校內資源分配、學生學習資料、社會資源分配、教師基本資料及人口統計資料等。謝文全（2009）力陳吾人應建立完善的教育政策資料庫並適時更新，以便隨時提供充分的資訊，協助做出周全的政策。林志成（2012）亦表示教育行政機關宜建立各種資料庫，使決策能立基於必要而充分的資料與資訊。陳紹賓（2009）的研究指出資料導向決定是一種強調透過資料蒐集、分析的歷程，提供有效的資料來協助決定人員更加精準地掌握問題關鍵以做出更有效能的決定，研究結果並發現資料導向決定之應用可輔助校長在願景領導歷程中，依據有效資訊做出適切的決定。

過去十幾年內，國內陸續成立或參與的國內外教育資料庫包括臺灣教育長期追蹤資料庫（TEPS）、臺灣學生學習成就評量資料庫（TASA）、臺灣高等教育整合資料庫（TIPED）及國際數學與科學教

育成就趨勢調查（TIMSS）等（謝進昌，2011），上述資料庫之目的及功能或有不一，但可作為教育相關政策制定之重要參考，未來國內宜再積極開拓不同教育階段之整合型教育資料庫，以供教育政策擘劃之參考，然因具規模的教育資料庫需要專業人力及經費的投入，故宜由公部門支持才能長期持續經營及建置。

長期教育資料庫對教育發展是有其必要性的（Maurice, 2013），憑偏頗意志來決策，有違證據為基礎管理之精神，吾人宜對不具證據支持的決策，提出有品質證據支持的改進意見（葉連祺、張盈霏，2001），而整合性、系統性及長期追蹤性的教育資料庫是證據的重要來源，然國內關於教育資料庫之缺口頗多，有待教育相關單位再加努力，以作為教育政策擬訂及執行之重要支持力量。

三、進行小規模的教育實驗或試行

教育政策影響層面甚大，某項教育政策的執行常是全國性之各級學校都受到規範及影響，因此從教育政策問題的形成及釐清、教育政策的規劃、教育政策的執行及教育政策的評估均要審慎進行，不得輕率為之。因此，在全國性之大規模政策推動之前，可以先進行小規模的教育實驗或試行，舉例而言，教育當局要推展國民小學閱讀運動，可先選擇幾所學校試辦，並蒐集試辦之成果證據，如果成效良好再依證據全面推動政策，藉此也更容易說服其他學校實踐閱讀運動。申言之，對於沒有完全把握的教育政策可融合PDCA的歷程，即先提出教育政策試辦計畫（plan），再選幾所學校試做（do），接著檢核試做數據成果（check），之後才全面推動（action），如此一來，循序漸進並藉由蒐集資料證據，則較具說服力並有助於教育問題的解決及達成政策目標。

四、進行長期性及系統性的教育研究

教育政策研究或政府部門的委託研究常是片斷或隨興式，有時也因政策推動的時效性而等不及研究證據的提供，故教育研究平時可進行長期性及系統性的研究，蒐集各種教育政策所需之相關證據，等到教育行政部門臨時需要相關資料時，就可以適時提供所需的證據供教育政策制

定者參考。舉例而言，國內高等教育學費是否需要調整，如果學術研究單位平時已在進行系統性的研究，則遇到大學學費調漲的政策問題，就能提供各國做法、國內利害關係人之聲音或研究成果，以作為教育行政機關之參考。

我們應該加強整合性、系統性、實務性及長期性的教育政策規劃分析研究，透過科學性及系統性的分析過程，以提高教育政策規劃分析的客觀性、周全性與嚴謹性（林志成，2012）。質言之，雖然證據無法完全解決教育政策之相關問題，但卻可從旁協助以達成教育政策目標，而針對重要教育政策議題平時進行長期性、前瞻性及系統性的研究，則可以洞見教育政策走向，並能引導正確的教育發展方向。

五、促進學術研究社群與教育政策制定者的連結合作關係

影響證據被使用的最大原因，莫過於決策者選擇證據是以解決問題為導向，迥然不同於學術界所提供的證據是以專業為導向，在學術研究者與教育政策制定者彼此認知不同的情形下，既有的證據並未受到教育政策決策者的青睞（陳恆鈞、黃渾峰，2009）。此外，學術研究者較關心理論的建構與驗證，而教育實務工作者則較關心如何做。職此之故，對於高水準的教育研究成果應以決策人員能夠理解接受的方式及途徑和他們溝通，並增進教育決策人員應用教育研究成果及參與系統性研究的動機和能力，以及教育研究應該提供批判性的、值得信賴的及政策相關的訊息，以供教育政策制定者參考（翁福元，1999）。再者，魏鏞（2004）認為政策研究與政策要結合的要件有三：1.研究的結果要有相當的素質；2.所提的建議要有堅實的資料基礎；3.所提的建議要有很高的可行性。此三項觀點相當值得教育學術研究社群進行教育政策研究之參考。

總之，政策規劃及研究發展兩者缺乏結合及連結的機制，在政策規劃中進行研究或是研究直接反饋到政策規劃過程，可謂是特例而非一般現象（鄭國泰，2008），此外，行政人員抗拒政策研究結果及建議之主要原因為不願改變現況，以及視政策研究結論是對現行制度和權力的挑戰（魏鏞，2004），正因為如此，促進學術研究社群與教育政策制

定者討論對話成爲連結合作關係，更顯得其重要性，並有助於證據爲導向的教育政策規劃。

六、多元視野的交融

實證爲基礎的教育政策並非沒有缺失，Biesta（2007）就指出證據爲基礎的實務不僅會限制決定的視野，也會限制參與教育決策的機會。賴志峰（2004）也認爲證據本位的教育政策強調經實證有效的教育政策，但有排除或不重視非實證研究之傾向，恐引起典範大戰。徐銘璟與鄭景澤（2011）亦曾探討證據本位的師資培育政策，渠等認爲師資培育的重要議題中，有些也許可以藉由隨機臨床試驗來解答，有些則需要倚賴描述、解釋和發現而得的經驗性證據，甚至要把大環境的其他因素一併考量，才能夠將師資培育方案規劃得更周全。

質言之，證據的類型及來源是多元而非單一（葉連祺、張盈霏，2001），事實、資料、提議及敘述等均可以構成證據（Kvernbekk, 2011）。職此之故，我們對於證據宜有更爲寬廣的定義，只要具有品質或信效度，不論是量化、質性或混合研究方法（mixed method research）（Siraj-Blatchford, 2006）研究所得資料應該都可以加以參酌，也可兼顧實證、詮釋與批判，讓多元不同的角度視野能彼此交融，最後教育政策制定者考量政策環境再進行智慧抉擇。

陸　結語

教育組織的特性之一是不易評鑑，因爲學生成長及教育成效並不易評量及量化的，德智體群美的展現常需要時間，所謂十年樹木百年樹人，是故教育成果並不能講求一定要立竿見影，且教育過程充滿著相對性的價值判斷而非價值中立。因此，以價值爲基礎的教育（value-based education）（Biesta, 2010）仍是值得吾人加以探究，例如：國內明星高中是否存在就有不同立場的價值觀點，存或廢各有其利弊得失。也就是說，影響教育政策制定之因素頗多而非單一，包括價值因素、專業因素、政治因素、經濟因素、社會文化因素及決策者個人因素等。

正如前段所述影響教育政策制定之因素多元，故政府更應建立研究

證據資料庫、增進決策過程的理性及增進研究與政策間的互動（鄭國泰，2008），畢竟各項教育政策常是錯綜複雜、涉及層面廣泛，以證據爲基礎的教育政策有其必要性，因能藉由證據抽絲剝繭找出關鍵要點，且國內在這方面仍有很大的努力空間。總括說來，教育研究要走在教育政策的前面，扮演引導者及啓蒙者的角色，是故，平時研究及證據的蒐集累積就是教育政策推動的重要基石，較理想的狀態是研究證據直接轉化成爲教育政策並加以實施執行，或者研究證據至少能間接啓發教育政策的開端。本文首先敘述證據爲基礎的意涵，並從形成重視證據的教育政策文化、建立整合教育資料庫、進行小規模的教育實驗或試行、進行長期性及系統性的教育研究、促進學術研究社群與教育政策制定者的連結合作關係、多元視野的交融等梳理以證據爲基礎的教育政策之實踐策略，以供學術研究及教育相關單位之參考。

參考文獻

(一) 中文部分

王麗雲（2006）。**教育研究應用：教育研究、政策與實務的銜接**。臺北市：心理。

吳定編著（2012）。**公共政策辭典**。臺北市：五南。

林文達（1988）。**教育計畫**。臺北市：三民。

林水波（2011）。**公共政策——本土議題與概念分析**。臺北市：五南。

林水波（2012）。**領導學析論**。臺北市：五南。

林志成（2012）。臺灣教育政策之省思與前瞻。**教育研究月刊，222**，5-18。

林其賢、高熏芳（2009）。資料導向決策系統之設計：校長決策領導的新思維。**學校行政雙月刊，62**，80-97。

洪雯柔、葉玉賢（2012）。紐西蘭教育研究與政策的對話：證據本位的政策、政策導向的研究。載於徐光臺等合著，**教育學與比較教育研究：楊深坑國家講座教授六秩晉六祝壽論文集**（頁285-298）。臺北市：高等教育。

洪蘭（譯）（2012）。**快思慢想**。D. Kahneman原著。臺北市：天下遠見。

孫頌賢（2009）。學校心理師的衡鑑工作：資料導向的問題解決模式。**輔導季刊，45**(4)，40-47。

徐銘璟、鄭景澤（2011，3月）。「證據本位」的師資培育政策，是更好？還是更糟？。**臺灣師資培育電子報，18**。

秦夢群（1997）。**教育行政——理論部分**。臺北市：五南。

翁福元（1999）。教育研究與教育政策的對話：一個概念性的討論。載於中華民國比較教育學會主編，**教育研究與政策之國際比較**（頁1-22）。臺北市：揚智。

馬群傑（譯）（2011）。公共政策分析。W. N. Dunn原著。臺北市：臺灣培生。

張芳全（2006）。**教育政策規劃**。臺北市：心理。

張奕華、彭文彬（2012）。高中職校長資訊使用環境對資料導向決策影響之研究。**學校行政雙月刊，79**，20-42。

陳明印、單文經（2005）。教育研究結果應用的探討——以政策實務為主。**教育資料與研究，62**，48-67。

陳杰峰、蔡宛眞、邱文達（2004）。實證醫學於健康照護之應用。**臺灣醫學，8**(2)，235-240。

陳恆鈞、黃渾峰（2009）。循證政策制定之運用：以南勢溪流域管理策略為例。公共行政學報，**31**，101-148。

陳紹賓（2009）。**資料導向決定在國民小學校長願景領導應用之研究——以臺北縣為例**。國立臺北教育大學教育政策與管理研究所未出版碩士論文。

陳敦源、呂佳螢（2009）。循證公共行政下的文官調查：臺灣經驗的觀點、方法、與實務意義。公共行政學報，**31**，187-225。

鈕文英（2010）。特殊教育證據本位實務之建立、鑑識與運用。**南屏特殊教育，1**，1-24。

黃旭鈞（2011）。資料導向決定的理念與策略。載於吳清基主編，**教育政策與行政新議題**（頁282-306）。臺北市：五南。

葉連祺、張盈霏（2001）。證據本位管理之論析。**學校行政雙月刊，12**，59-69。

甄曉蘭、李涵鈺（2009）。理想與現實的落差：偏遠國中實施九年一貫課程的困惑與處境。**教育研究集刊，55**(3)，67-98。

甄曉蘭（2011）。教育研究發展現況的省思。人文與社會科學簡訊，**12**(4)，49-55。

趙達瑜（1998）。政策研究與應用：我國行政機關低度應用委託研究原因分析。**暨大學報**，**2**(1)，189-216。

蔡宏明（譯）（2010）。**循證管理：依循證據找問題，正確決策破迷思**。J. Pfeffer & R. I. Sutton原著。臺北市：梅霖文化。

鄭國泰（2008）。**證據為基礎的政策研究：理論與實務分析**。臺北市：唐山。

賴志峰（2004）。證據本位教育政策之理念與啓示。初等教育學刊，**17**，83-104。

謝文全（2009）。**教育行政學**。臺北市：高等教育。

謝進昌（2010）。國內教育學門系統性文獻評閱策略及後設分析發展現況與建議。**教育研究學報**，**44**(2)，1-24。

謝進昌（2011，3月）。另一種證據來源：系統性文獻回顧資料庫。國家教育研究院電子報，27。

魏鏞（2004）。公共政策導論。臺北市：五南。

(二) 英文部分

Bernhardt, V. L.(2009). Data use: Data-driven decision making takes a big-picture view of the needs of teachers and students. *Journal of Staff Development, 30*(1), 24-27.

Biesta, G.(2007). Why "what works" won't work: Evidence-based and the democratic deficit in educational research. *Educational Theory, 57*(1), 1-22.

Biesta, G.(2010). Why "what works" still won't work: From evidence-based education to value-based education. *Studies in Philosophy and Education, 29*(5), 491-503.

Bridges, D., Smeyers, P., & Smith, R. (2009). *Evidence-based education policy: What evidence? What basis? Whose policy?* Malden, MA: Wiley-Blackwell.

Brown-Chidsey, R., & Steege, M. W.(2005). *Response to intervention: Principles and strategies for effective practice*. New York: The Guilford Press.

Cipani, E.(2004). *Classroom management for all teachers: 12 plans for evidence-based practice*. Upper Saddle River, N.J.: Pearson/Merrill/Prentice Hall.

Fleischman, S.(2011). What would evidence-based policy look like? *Education Week, 31*(5), 11-11.

Franco, G.(2003). Evidence-based medicine and evidence-based occupational health. *Scan-

dinavian Journal of Work, Environment & Health, 29(1), 78-79.

Hewison, A.(2004). Evidence-based management in the NHS: Is it possible? *Journal of Health Organization and Management, 18*(5), 336-348.

Kvernbekk, T.(2011). The concept of evidence in evidence-based practice. *Educational Theory, 61*(5), 515-532.

Leicester, G.(1999). The seven enemies of evidence-based policy. *Public Money & Management, January-March*, 5-7.

Mandinach, E. B., & Honey, M.(Eds.). (2008). *Data-driven school improvement: Linking data and learning.* New York: Teacher College Press.

Maurice, J.(2013).The German National Educational Panel Study: Concept and design of a longitudinal database on education. 載於教育資料庫建置與應用國際學術研究會大會手冊（頁19-33）。主辦單位：國立臺灣師範大學教育研究與評鑑中心。

Moran, D. J.(2004). The need for evidence-based educational methods. In Moran, D. J. & Malott, R. W.(Eds.), *Evidence-based educational methods*(pp3-7). San Diego, Calif.: Elsevier Academic Press.

Owens, R. G., & Valesky, T.C.(2011). *Organizational behavior in education: Leadership and school reform.* Upper Saddle River, N.J.: Pearson.

Pawson, R.(2006). *Evidence-based policy: A realist perspective.* London: Sage.

Pfeffer, J., & Sutton, R. I.(2006). *Hard facts, dangerous half-truths, and total nonsense: Profiting from evidence-based management.* Boston, Mass.: Harvard Business School Press.

Rathvon, N.(2008). *Effective school interventions: Evidence-based strategies for improving students outcomes.* New York: The Guilford Press.

Shanhjahan, R. A.(2011). Decolonizing the evidence-based education and policy movement: Revealing the colonial vestiges in educational policy, research, and neoliberal reform. *Journal of Education Policy, 26*(2), 181-206.

Siraj-Blatchford, I.(2006). Educational research and evidence-based policy: The mixed-method approach of the EPPE project. *Evaluation and Research in Education, 19*(2), 63-82.

Slavin, R. E.(2002). Evidence-based education policies: Transforming educational practice and research. *Educational Researcher, 31*(7), 15-21.

問題與討論

一、請說明證據為基礎的主要內涵，並請闡述教育政策為什麼要以證據為基礎？

二、請闡述以證據為基礎的教育政策可能面對的問題為何？並舉一具體例子說明之。

三、請闡述對於國內實踐以證據為基礎的教育政策之具體改善建議有哪些？

第三章

技職教育跨域合作之省思

彭淑珍

英國著名作家蕭伯納名言：「兩個人各自拿著一個蘋果，互相
交換，每人仍然只有一個蘋果；兩個人各自擁有一個思想，互
相交換，每個人就擁有兩個思想。」

壹　前言

　　人才，是引領社會向上提升的力量，也是創新經濟發展的驅力。
李開復先生在《做21世紀的人才》一書中強調，在不同的時代我們
需要不一樣的人才，相較於20世紀，在21世紀更需要有「融會貫
通」、「創新與實踐相結合」、「跨領域的綜合性人才」、「3Q：
IQ+EQ+SQ（Spiritual Quotient）」，與「溝通與合作」能力、從事
「熱愛的工作」以及「積極樂觀」的態度（李開復，2006）。顯見
同時具溝通與合作、跨領域多元化的能力，是21世紀人才不可或缺的
要件。

　　詹文男等人在《2025臺灣大未來》一書中，觀察世界八大趨勢脈
絡，包括：高齡化、少子化、人口往大城市集中；高度全球化，新興經
濟體崛起；電子商務國際化，資安事件層出不窮；創新的原動力——跨
領域科技整合；區域經濟成常態，中國與印度國力增強；吹起綠色環保
風，精敏製造成為新潮流；資源效率再提升——水、石油與糧食；以及
天然性的災害，經常伴隨人為災難（2015）。

　　上述這些現象，明白點出臺灣產業在世界趨勢洪流中，也將面臨七
大挑戰，包括：人口紅利消失、國際人才競奪與人才斷層、兩岸產業發
展重點重複性高、能源自給率低，綠色轉型存在多元瓶頸、創新集中特
定領域且效益不足、教育學研體系與產業脫節、網路基礎環境與產業落
後中韓。其甚至建議臺灣產業未來發展藍圖，不能過於侷限在追求經濟
成長，必須兼顧經濟成長、社會公義及環境永續等議題，才能符合全民
期待；因此臺灣發揮關鍵角色，須有下列四大重心思考：1.全球資源整
合者：引用國際資源，強化內部資源的不足，不僅是資源的整合，更是
「價值的創造」；2.產業技術領導者：掌握規格和智財，以技術創新提
升獲利能力，選擇特定關鍵技術，並做到最好；3.軟性經濟創意者：從

生活與人文面出發，讓產品走入美感時代，文化與創意，也是經濟成長的動力；4.塑造創新環境生活型態先驅者：營造獨特風格與步調，打動人心深處渴望，滿足感官體驗，創造事業發展新契機。因此，國家社會乃至於對人才的培植，須兼顧經濟成長、社會公義以及環境永續這三個向度均衡發展，遵循「成長與公義並重、環境與產業相容、人文與科技結合」等三個原則兼容並濟，才能有未來性與改變的諸多可能。

　　我國技職教育與國家經濟發展密不可分，為完善技術及職業教育的人才培育制度，培養國人正確職業觀念，落實技職教育務實致用特色，培育各行業人才，總統於104年1月14日公布《技術及職業教育法》，該法第4條明白揭示「為培育符合國家經濟及產業發展需求之人才，制定宏觀技職教育政策綱領」，故從未來十年世界發展趨勢觀之，技職教育不僅只是提供學生面對就業市場所需的職能準備，更是讓學生在接受技職教育之後，直接擁有「動手做」的技能，增加就業機會，同時也提升國家與產業的競爭力；而其成敗與否，端賴政府與民間、中央與地方的合作無間。

　　如同李允傑（2009）所提，要落實有效的政策執行，必須充分整合必要資源，以網絡、跨域整合概念治理，進行溝通與協調，才能展現政府的競爭力。而落實高瞻遠矚的政策管理，必須建立完美的執行（perfect implementation），有效結合跨部門、跨領域合作機制，貫徹政策目標與執行成效。因此，未來10年，技職教育不應只有技術研發上的精進，更應讓學生在創意、美學與文化課程及環境中薰陶，過去強調專精分工的人才培育方式已到瓶頸，從社會各界迭有批判技職教育的學用落差、供需失衡等問題，可以看出技職教育的未來趨勢，應充分結合新的資訊科技，融入美感與藝術，貼近產業脈動，甚至是掌握國際產業的變革，強化跨域合作，才能讓技職教育重新貼近國家社會的需求，讓技職人才更有競爭力。

貳 跨域合作之概念分析

「跨域合作」的概念內涵與「跨域治理」、「跨域管理」多所相近，在公共行政領域，常將該等名詞混用。以下分就跨域、跨域治理進行個別闡述，最後再提出跨域合作的概念。

一、「跨域」意涵

從字面上看，「跨域」有跨領域或跨區域的意思，其英文譯為 across boundaries。依據Lamont和Molnar的研究，boundary在社會學研究中可以包括四類意涵，分別是社會認同（social identity）、階級或族群、專業知識或學科，以及社區國家或空間（spatial），由此可見，所謂「跨域」應指「跨越多重領域」而言。因此，跨域觀點下，除了政府體系間的靜態權責關係外，也重視各參與者動態的互動或政策執行流程（呂育誠，2012）。

二、「跨域管理」（又稱「跨域治理」）意涵

國內最早引進者，主要有陳敦源與趙永茂，前者使用的英文為 Boundary-spanning Management，探討範圍包括政府體系間的部際與府際互動（陳敦源，1998），後者則是Regional Governance，探討範圍以地方政府間的府際關係為主（趙永茂，2003）。江大樹（2001）則將「跨域管理」分為廣義與狹義兩種，廣義類似across boundaries概念，包括多重因素、環境層次及參與者；狹義則指行政部門中不同機關、甚至不同單位的互動與策略管理。

紀俊臣兼具理論與實務經驗，他將「跨域管理」概念衍生到公共議題上，其認為「跨域治理」可視為不同政策轄區之權責單位，在多元政策領域之中，進行空間跨域的合作或協力治理。換言之，跨域合作係行政區劃限制資源共享，也是衍生公共議題需協同處理之必要治理過程（2008）。李允傑（2011）認為，「跨域治理」是一種網絡的概念，建構跨域治理的主要目的是希望藉由中央與地方、地方與地方、地方與民間社會透過協商、簽訂協議和立法規範後，建立互惠合作的夥伴

關係（partnerships）的「跨區域合作」方式，一方面可以透過地方民眾和當地團體「由下而上」所型塑的意見，擴大公民參與公共事務的規模，另一方面適當的引進民間的力量來提供公共服務，可以減少政府不必要的支出。

　　與「跨域管理」概念稍有差異之處，即「跨域治理」（across boundary governance），其文獻探討，大都關注於公部門政府機關的水平合作或垂直整合，強調政府部門間的合作與衝突關係的重新體現，期望建立某些實質的管理或協調機制，以順利推動各類公共事務。然而，公共事務在內容上的複雜程度極高，所涉及的行為者或利害關係人相當多元，因此，「跨域」不再侷限在「公共領域」的機關法人或政府部門之間的關係中，反而因為議題本身的複雜程度漸增，使得不少公共事務中的議題已逐漸成為「跨域問題」，除了涉及跨越轄區範圍（jurisdiction）的實際地理範疇或空間領域外，更涉及了管理領域的多樣性變革。這也使得公共領域學界開始針對各種跨域性公共問題或公共事務之解決，逐漸衍生出新的治理模式。換言之，新型態的治理模式所欲揭示的關鍵邏輯，則是在於建立一套更能符合各種多元需求的因應體系，以追求實質善治的目標（李柏諭，2010）。

三、「跨域合作」的概念

　　「跨域合作」係行政區劃限制資源共享，衍生公共議題需協同處理之必要治理過程。國內學者常用最簡明的方式來定義，意即跨越轄區，跨越機關組織藩籬的整合性治理作為。故而「跨域管理」、「跨域合作」等名詞，經常交錯使用，並未對其做嚴格的分野，本文係採用此種方式。

　　從經濟學角度來看，「跨域合作」要面對如何克服集體行動所產生的難題，Feiock等人（2004）提出下列四項要件，分別為：1.當合作的潛在收益高，而協商、管控、執行合作契約的交易成本低時，亦即須符合成本效益原則；2.須有扮演合作倡議的政策企業家參與；3.當有第三方願意提供誘因，或吸收組織成本時，應有強制性規範；4.即使沒有第三方存在，然透過Ostrom（1998）所謂的「內在機制」（internal mechanisms），例如面對面溝通所產生的合作、信任社會資本，其制度的集體行動亦可能達成。

Steinacker（2004）則從賽局理論提出四項影響區域間合作的因素，包括：1.合作所產生的共同獲利：也就是合作的潛在利益必須大於交易成本；2.行動者之間偏好的多元化：其呈現在兩方面，一是政策目標，二是政策結果。參與者必須在分歧的偏好上取得一致或接近，才能使合作的集體行動產生，政策目標的一致性容易取得，但對於政策結果卻相對較難取得共識，此乃涉及參與者之間的成本分攤和效益分配問題；3.行動者之間職位和權力的對稱性：當參與者的同質性愈高，遊戲規則愈明確時，通常愈容易形成合作，此乃因為參與者的同質性愈高時，政治的交易成本就愈小；4.賽局結構和基礎的穩固性：當參與者改變時，賽局的結構和基礎便可能隨之改變，因此必須有制度化的義務承諾和懲罰機制（引自盧俊偉，2013）。

從上列經濟因素或賽局理論觀之，「跨域合作」必須具備幾項要件：1.涉及不同政策轄區；2.以建立互惠合作關係為目標；3.必須有合作倡議者；4.符合成本效益原則；5.透過協商、簽訂協議或立法規範等方式，建立合作關係；6.有誘因、義務承諾和懲罰機制。

參 技職教育跨域合作之現況與困境

技職教育影響國家競爭力深遠，教育部於102年對技職教育問題做出檢討，其可歸納為四個重點：1.缺乏有效的產、官、學對話平臺與協調機制；2.產業參與人才培育的意願低，技專校院與產學的連結亦不密切，且未能重視技專學生專業實務能力的教學與培育；3.技專校院設備老舊，不利教學及學習，且缺乏產業的資源和合作；4.就讀技職教育學校為學子第二選項，技職校院的價值被貶低（教育部，2015）。為解決上述種種困境，教育部逐提出「技職再造第二期計畫」，從制度面、課程面及就業面等3大面向切入，提出9項策略，編列近203億元經費，採逐步逐階段方式執行。

經過兩年多的努力，該計畫展現數項可稱為「跨域合作」的重點成果，諸如：產業學院計畫，針對業界具體人力需求，以就業銜接為導

向，並藉由與企業合作方式留用專班結業學生；透過大規模校外實習經驗，讓學生在就學階段就接觸職場，促使學生改變原有學習模式和工作價值觀，更快融入職場。從這些成果看來，跨域合作概念在技職教育發展上，扮演著重要的實驗性功能，更是先驅的角色。以下僅就：1.建構技職教育法跨域合作制度；2.推動技職校院策略聯盟；3.建立產學攜手合作計畫；4.推動產業公會與技職學校交流；5.成立產業學院等五個重點，茲分別擇要敘述技職教育「跨域合作」推動的現況及困境：

一、技職教育「跨域合作」推動的現況

(一) 建構技職教育法跨域合作制度

《技職教育法》公布施行後，該法從規劃管理、職業試探、職業準備、職業繼續教育，以及技職師資方面均納入跨域合作的理念與精神，茲臚列如下：

1. 在技職教育之規劃與管理方面
   (1) 制定宏觀技職教育政策綱領：明定由行政院定期邀集教育部、勞動部、經濟部、國家發展委員會及其他相關部會首長，召開技職教育審議會制定之。
   (2) 定期公告技職教育統計資料與各級各類產業、職業發展及人力需求資訊：透過跨部會合作，請經濟部、衛生福利部、農業委員會及國家發展委員會協助提供相關資料。
   (3) 訂定技職教育發展報告：由直轄市、縣（市）主管機關每3年向教育部提出技職教育報告，該部據以訂定技職教育發展報告。
   (4) 組成技職教育諮詢會：由教育部邀請政府相關單位、學者專家、社會人士、企業界代表、學校代表、教師團體代表、產業（職業）公會或工會等單位之代表組成，提供技職教育相關事項之諮詢。
2. 在職業試探教育方面
   (1) 高級中等學校及國民中學應安排學生至相關產業參訪。
   (2) 國民中學與職業訓練機構間之權利義務關係，應以契約定之。

3. 在職業準備教育方面

　(1) 高級中等以上學校專業課程得參採各中央目的事業主管機關所定之職能基準，進行規劃設計，提供學生就業所需之職能。

　(2) 各中央目的事業主管機關依產業創新條例所定職能基準至少每2年檢討更新、整併調整。

　(3) 技專校院應依各中央目的事業主管機關所定之職能基準，每年檢討課程內容。

　(4) 學校辦理校外實習課程。

　(5) 學校遴聘業界專家協同教學。

　(6) 各中央目的事業主管機關應彙整所轄產業之證照，送教育部定期公告。

　(7) 高職及專科以上學校得為培育產業所需人力，辦理專班。

4. 在職業繼續教育方面

　(1) 學校或職業訓練機構得參採各中央目的事業主管機關所定之職能基準，進行課程規劃設計及更新。

　(2) 職場教育及訓練課程應由學校及合作機構共同規劃、設計，並與學生簽訂職場教育訓練契約。

　(3) 職業繼續教育課程之認可、學習成就之採認及其他應遵行事項之辦法，由教育部會商勞動部定之。

5. 在技職教育之師資方面

　(1) 技職校院專業科目或技術科目教師、專業及技術人員或專業及技術教師，每任教滿6年應至與技職校院合作機構或與任教領域有關之產業，進行至少半年以上與專業或技術有關之研習或研究。

　(2) 產業研習或研究，由技職校院邀請合作機構或相關職業團體、產業，共同規劃辦理。

(二) 推動技職校院策略聯盟

　為鼓勵技職校院透過強化夥伴關係，建立學校間垂直與水平合作、整合教育資源及促進學生學習銜接，並向下延伸至各國民中學，規劃

國中學生體驗學習課程及宣導活動，以提升學生就近就讀技職校院意願，教育部特訂定補助技職校院建立策略聯盟計畫經費要點來加以落實。其策略聯盟內容包括：技職教育宣導活動、技職類科體驗學習課程、技專校院得與高職分享專題實作經驗，並辦理專題實作相關活動（諸如課程規劃、教學設計、進行教學活動、教學評量與檢討及改進等各項活動）等。該項策略聯盟計畫屬技職校院縱向之資源整合計畫，期能改變外界對技職教育的刻板印象，招收優質學生就讀。

(三) 建立產學攜手合作計畫

「產學攜手合作計畫」的辦理主要透過學制彈性，協調廠商提供高職與技專學生就學期間工作機會或津貼補助，對學校而言，與業界合作能據以發展系科本位課程規劃，因應社區發展特色的需求，發揮技職教育辦理之優勢。對學生而言，學習內容結合理論與實務，能夠培養學生畢業即就業的能力。由高職學校、技專校院及合作廠商採3合1的合作方式共同辦理，發展3+2（高職加二專）、3+2+2（高職加二專加二技）、3+4（高職加四技）或5＋2（五專加二技）之縱向彈性銜接學制，高職階段招生管道包含申請入學、登記分發、薦輔分發及單獨招生等。為鼓勵各技職校院辦理產學攜手合作計畫，建置以兼顧學生就學就業為基礎之教育模式，並發揚技職教育「做中學、學中做」務實致用之特色，教育部特訂定「補助及推動產學攜手合作計畫實施要點」。其核心目的與精神頗受業界肯定，其中兼顧升學與就業的合作模式成為外界關注的焦點，除了部分合作廠商因業務量縮減而發生裁員或倒閉等情形，影響本計畫學生在廠實習的權益外，部分高職生畢業後，改選其他職系升學，變因頗多，故本計畫擴增名額不易。（資料來源：http://12basic.edu.tw/Detail.php?LevelNo=223）

(四) 推動產業公會與技職校院之交流

近幾年，教育部透過各種活動或會議，積極邀請不同產業公會及相關產企業代表，與技職校院校長、研發長等舉行主題式座談，期擴大推動產學媒合、學生校外實習、技術研發及參觀活動等。這是一項重要的基礎工程，唯有透過政府功能與角色，才能深刻瞭解業界需求，提出具

有前瞻性的政策，讓學校貼近業界脈動，協助產業發展，確立技職校院存在的價值。

(五) 成立產業學院

過往，產學合作模式多屬一對一方式，即使辦理成效良好，效果也僅止於單一企業。若遇到企業員額已滿，或留用率降低等狀況，就難以為繼，舉凡企業洽談、課程設計和學生的就業銜接輔導等，都無法做有效傳承。因此，產業學院不僅有以往單一系所與單一企業的專班方式，還多了其他方式，包括一（系所）對多（企業）、或多（系所）對一（企業）、多（系所）對多（企業）等不同合作模式（教育部高教司，2016）。

綜上，從技職教育內涵論之，技職課程的一貫性可使技術專業持續加深，在一貫與延續性的過程中，透過跨域合作機制的建立顯得格外重要。同時，也須讓技職教育的課程與業界所需技能緊密連結，然而，技職教育重視的不僅只是技能的養成，還應納入技職學生的生活與人格薰陶、工作態度，以及未來職涯的規劃等。故技職學校課程與業界知能銜接，除了業界師資之聘用外，政府建構完整的國家資歷架構，比照德國、澳洲等先進國家透過檢定及職業證照作為技職學生技能實力的證明，將是技職教育未來發展的重要基礎工程。

二、技職教育跨域合作之困境

這些年，因為少子女化的問題，加諸技職校院大量的擴增，技職校院出現嚴重的生源不足狀況，連帶將使得技職校院跨域合作也將出現困境，包括兩方面：

(一) 招生不足之危機，直接衝擊技職校院間之信任基礎

以組織面向而言，跨域合作重視組織結構、角色安排、制度誘因的設計，在這方面，技職再造第二期計畫提出「制度調整」方向，主張因應產業變遷，滿足業界人才需求，提升學生就業力，結合政府部門、產業及學校資源，建立教考訓用政策一致的技職教育發展策略及產學訓培育機制，並訂定技職教育相關專法，統整高職與技專校院政策。惟立意

雖佳，但執行過程中，因為技職校院面臨招生不足之困境，學校間惡性競爭搶奪學生之舉時有所聞，再加上部分學校將招生責任課予教師，造成教師人心惶惶，必然發生難以專心教學影響教學品質現象。此外，配合技職校院評鑑制度及政府獎補助規定的繁瑣，學校耗費大量時間處理無效的形式文書作業，反而造成眞正投入心力關心學生、協助學生學習的教學活動相關措施相形弱化。

(二) 技職教育「動手實作」之價值仍待強化

就個人面向論，跨域合作重視個人特質、性別差異、工作動機、合作能力及先前經驗，在技職學校裡，以技術報告升等之教師人數仍遠低於學術著作升等之教師，由此顯見「動手實作」之價值還未完全被技職校院教師肯認。價值之確立，常繫乎上位的領導政策與領導人物之以身作則，而無論各行各業，選擇適合的領導者成為關鍵重點，特別在業界反應學用落差嚴重的技職教育領域中。

肆　技職教育跨域合作之展望

為落實務實致用的技職特色，讓技職教育的發展更具綿密網絡性，跨域合作的概念需要強化，其周延的機制更須完善規劃與設計。以下分就主管機關及技職校院在規劃或設計上，提出重要思考策略：

一、主管機關方面

勾勒技職教育的發展願景，確立技職教育的核心價值，培養機關內部願意與他機關（人）合作的人才，明確掌握核心議題，尋找有效解決問題的方式，應是重要的思考方向，茲分別說明如下：

(一) 勾勒明確願景，以「解決問題」為思考導向

誠如心理學家艾德溫・洛克（Edwin Locke）在《大推手：偉大財富創造者的特質》一書中所言，偉大領袖都具備的核心心理特質——擁有願景。眞正讓這些人脫穎而出的，就是這種看到未來的能力。偉大領導者有能力看得更遠，也有信心帶領組織邁向這幅願景（引自Peter H. Diamandis, 2016）。

就技職教育發展而言，最為外界關切的核心議題不外乎技職人力數量問題；技職人力素質問題；產學合作問題；學用落差問題。因應不同領域的職場需求，問題程度也不同，因為這些問題都不是一朝一夕可以改變，也不是單靠某一部會即可推動改革，單就理論演繹，難以解決實務問題，唯有抽絲剝繭深入問題核心，架構可行的運作組織，針對不同領域，將問題分類，以解決問題為目標，才能集中資源，循序漸進，促成改變。

(二) 以輪調機制培訓領導人才，建立踏實肯合作的組織文化

跨域合作最大的助力及障礙，常在於單位領導者的溝通與理念。拒絕合作的原因，不外乎是擔心自己的利益被忽視或剝奪，而當組織中的成員多以「自我」為思考點出發時，組織團隊的合作力量便難以發揮。因此，運用輪調機制，每2至3年便輪調一個單位，願意輪調者，列為優先升遷考量，不失為有效培訓跨域合作人才的方法之一。至於技職教育與職業訓練、產業督管單位之間，跨部會的人才流動機制或是研習機會，都可以促進機關間的合作默契與信任程度。

(三) 運用科技掌握大數據，發掘跨域合作的議題

在科技發達的今天，大數據可謂無所不在，且與你我息息相關，經由數據產生資訊進而累積知識，已是生活中處處可見的現象。各級政府機關可以利用這些數據累積出更多的知識，創造更大的附加價值，例如高中職學生推甄技專校院上傳的資料檔案、不同性別選讀的領域差異、申請就學貸款的學生身分資料等，都可以從中找出資源不足的區域，強化職業訓練或就業輔導的工作。

(四) 改變以個人為主的績效考成方式，鼓勵組成小組或團隊接受考評

公務部門之間的合作關係出現阻礙，多半係因本位主義作祟使然，如能經由跨部會首長會議平臺，決定半年後優先解決或完成之專案目標，並以此組成跨部會小組或團隊，該小組或團隊當年度則比照產假人員，採另予考績方式接受考評，藉由漸進方式累積跨部會合作解決問題

的經驗，相信會有助於更多實質問題的解決。

(五) 加強機關新進人員跨域合作知能，為跨機關合作奠基

機關新進人員如同白紙一張，如有良好的組織文化薰染，加上適當人員理念傳承及制度引導，培養出樂意與他人合作的人員是不難做到的。但如果組織封閉，領導者傾向劃地自限，未能以開放胸懷接受跨域合作，甚至是主動「讓利」，則該組織之發展性自然有限。

(六) 建立符合職場能力導向的職業認證制度

技職教育目前最大的問題在於無法與就業市場銜接，一般高職生畢業後八成以上選擇繼續升學，極少投入職場。如果四技二專又過於強調升學，將會造成業界所需人才質量嚴重不足現象，因此，政府機關跨域合作建立國家資歷架構，讓學生清楚透過職業教育獲得專門技術職業證照，需要哪些能力或何種程度，確立學習目標則容易規劃細部執行計畫。

(七) 以跨域思維放眼國際，深度扎根東南亞

過去布局東南亞，多以單兵作戰方式運作，成果不易突顯。未來派外人員之選用，除重視其語文及專業素養外，應加強考核其跨域合作能力之表現，對此，幾個性質相近的部會聯合招考適合派外之人員，避免保護主義式的選才方式，才能廣納人才，培養出精實之團隊。此外，不管是接待來臺者，抑或是我方師資輸出，都應在行前說明合作的重要性，期待透過團隊力量的發揮，訊息的充分交流，深入扎根目標國家。

二、就技職校院方面

跨域合作的概念，除了運用於課程與師資之外，掌握最新資訊科技的發展，進一步與教學及學生的就業結合，也是重要的思考方向：

(一) 以開放心態規劃跨域合作課程，以符合市場需求

《天下》探訪團隊拜訪美西目前最受矚目的史丹佛大學，採訪近百位教授、學生、研究員、企業家，深入探究史丹佛大學如何教會學生顛覆自我、創造價值，迎戰混沌未知？其觀察到幾個明顯現象：史丹佛大

學的行政體系能以學生為主體；教授們能卸下系所間的高牆和專業的傲慢，去敲別系所老師的門，共同授課、彼此合作；課程與教學能讓學生持續顛覆自我、鎖定更高目標，還能用新的眼光看問題、找答案。

羅達賢（2016）提出，產業人才跨領域整合能力養成，有三類模式方式：1.結合兩種不同的專業技術，例如：通訊科技與機械技術的結合，創造3D列印技術。2.結合專業技術與專業服務，例如：網際網路與影像辨識應用於物流服務與消費市場的智慧生活物聯網。3.結合專業技術與應用市場，例如：材化領域的塗料、塗布技術應用於光電領域。雖然大學課程自主，但體認產業迅速變遷的需求，鼓勵大學校院以跨域合作方式規劃課程，才能使學生所學更加契合市場需求。

(二) 透過虛實整合技術，提高學生學習效率

隨著科技日新月異，「以學習者為中心」的教學模式蓬勃發展，現在的課程規劃已經跨域時空限制，翻轉教室、個案教學，甚至MOOCs（Massive Open Online Courses）開放式課程，整合虛實資源，讓學生學習更有彈性且有效率。透過網路虛擬情境的建構，學生的學習已經可以超越時間、空間的限制，達到無處不學習的境界。在這方面，學校應掌握潮流，多方充實網路學習資源，以提升學生學習效率為目標，尤其是適當運用虛擬情境（VR）教學，更能促使學生有效學習。

(三) 結合在地產業資源，與社區發展共生共榮

技職校院的使命在於提供產業界優質技術人力，因此，協助地方產業轉型與創新已成為技職校院責無旁貸的使命。而當政府以帶動觀光名義，大興土木時，老爺酒店集團執行長沈方正先生建議，要強化觀光競爭力，必須拋棄硬體思維，重視可持續性與在地連結。他以宜蘭火車站前的「幾米主題廣場」為例，結合在地知名人物，邀請宜蘭出生的繪本作家幾米，透過栩栩如生的裝置藝術，重現他《向左走·向右走》、《星空》等作品的角色和場景，幾年下來，該廣場已成為遊客在宜蘭觀光的必訪景點。隨著作家產品累增，其向外拓點發展的商機無窮。只有感人的故事流傳，觀光產業的增值效果才會明顯。而在地人事故事的發掘，產業技術的運用結合，才能使臺灣擁有更多令人駐足流連的觀光景

點。技專校院區域產學合作中心和產業公協會的結合，正可爲這些地方型產業或服務業，有系統地從學校引進更多優質人才。

(四) 邀請業界資深熱血人員擔任業師，鼓勵校內教師跨域深度增能

教育部雖將技職校院區域產學合作中心的著眼點，從單一企業轉爲公協會，也將產學合作的目的，從爲「單一企業」打造人才，轉爲替「產業」培育人才，此舉不僅讓學生的出路更加寬廣，也嘉惠許多在地型的基礎產業。然而，要眞正協助產業進步或轉型，仍有賴於大專教師專業及研發技術的介入，在這方面，除了技職教育法規定教師每六年可到業界研習外，學校更可配合自身特色，主動聯繫相關之公協會，除教師個人可前往協助外，必要時採跨域團隊方式前往，以互惠方式簽訂契約，讓業界與學校間的互動情誼維持穩定。

(五) 正視跨域合作的興衰階段，適當轉換合作議題

跨域合作的目的在於資源共享，但需建立在彼此互信的基礎上。策略聯盟是跨域合作的形式之一，其藉由組織之間的合作，達成組織獨自無法完成的策略目標，近10年來，策略聯盟甚爲風行，但是成功典範不多。Bronder & Pritzl（1992）、Spekman, Isabella, & MacAvoy（1998）認爲聯盟失敗是因爲進行聯盟的組織忽略與缺乏對聯盟發展流程的瞭解。實際上，隨著聯盟活動的進展，會經歷不同的聯盟階段，而不同的聯盟階段，會有不同的合作活動（引自黃延聰，2010）。

在不同聯盟生命週期階段，會有不同的合作活動特徵及其管理目標，如表1所示：

表1

聯盟過程之管理

聯盟生命週期	特徵	管理目標	核心概念
策略決定	組織思考是否藉由聯盟達成組織的策略目標。	確認組織目前所處情境、策略目標、擁有與缺乏資源或能力,確認是否唯有透過聯盟才能達策略目標。	聯盟必要性
夥伴選擇	瞭解合作夥伴的策略意圖、具備的資源、文化、組織運作等,對未來合作中可能發生的衝突進行預估。	選擇具相似策略目標、願景、互補性資源與能力、營運實務、人員屬性及管理風格的夥伴。	策略配適、營運配適
聯盟談判	合作雙方根據合作內容、形式、期限及相關細節,如主導權、權責問題、財務牽涉程度事項進行談判。	雙方皆試圖站在彼此的角度,尋找共同的解決方案,創造雙方皆有利的雙贏結果。	談判互惠性
聯盟運作	聯盟開始運作,合作雙方根據合約實行各自的承諾與責任。	聯盟組織間相互調適雙方在文化、營運及目標的差異,共同解決面臨的衝突,並與夥伴建立更緊密的合作關係。	相互調整能力、關係建構能力、及衝突解決能力
聯盟結束	雙方結束合作關係。	試圖以溫和、愉快、友好的方式,結束合作關係,避免爭執、帶有敵意、痛苦的結束合作關係。	聯盟績效、聯盟滿意

資料來源:改寫自黃延聰,2010。

　　聯盟管理的核心概念為「聯盟的必要性」,也就是針對特定策略目標,組織認知到,策略聯盟比其他的替代方法,更能有效的方式來達成目標。跨域合作的過程與策略聯盟的生命週期有異曲同工之妙,必須確認議題有合作之必要,不要為了形式而浪費時間。

伍　結語

　　提升國家競爭力，需要打造堅實的技職體系，提供產業發展所需之技術人力；因此，技職教育除了滿足學生心理需求及學習興趣之外，還要培養學生職業試探及轉業能力。面對未來，技職校院應從學生主體的能力出發，善用資訊科技，營造創意、美學與文化的學習環境，想像學生未來生活中永續發展的職業藍圖，亦即，「務實致用」層次再提高，除了培育具實作力及就業力之專門人才外，更應強化學校職涯輔導的功能，兼顧專業與通識知能的養成，協助學生培養規劃生涯發展的能力，以提升個人生活品質。

　　OECD（Organisation for Economic Co-operation and Development）提出「良善治理」（Good Governance）的四項原則：透明（Transparency）、課責（Accountability）、參與（Participation）、效率（Efficiency）。根據聯合國對良善治理的定義，主要內涵包括：1.分享全球性的共識，並落實於政府實際政策執行之中；2.國家層次的政府組織，應與民間企業、公民社會積極締結夥伴關係；3.鼓勵政府與社會的各階層組織，共同對治理問題提供意見；4.在都市層次中，強化夥伴關係將有助於處理生態與社會等公共政策問題；5.經由政府部門、民間企業，及公民社會彼此間的密切結合，有效提升民眾能力。由上述定義來看，缺乏跨域治理就難以達成良善治理（引自李允傑，2011）；換言之，如要達成良善治理的成效與功能，在制高點上，無論政府與技職體系方面，均須透過「跨域合作」勾勒明確願景，建立踏實肯認與合作的組織文化來「解決問題」，運用大數據發掘跨域合作的議題，改變以個人為主的績效考成方式，加強新進人員跨域合作知能為跨機關合作奠基，建立符合職場能力導向的職業認證制度，以跨域思維放眼國際深根東南亞。在技職校院方面，須以開放心態規劃跨域合作課程符合市場需求，透過虛實整合技術提高學生學習效率，結合在地產業資源與社區發展共生共榮，邀請業界資深熱血人員擔任業師同時鼓勵校內教師跨域深度增能，最後，還須正視跨域合作的興衰階段，俾能適當轉換合作議題，這些都屬當前必要的策略。

環視當前，國家與政府積極推動五大創新計畫，包括：綠能科技、亞洲矽谷、生技醫療、智慧機械、國防產業等，這些創新創意計畫要轉換成產值產量，須賴技職教育的精進與深化，其中透過「跨域合作」方式將是無可避免，因此，須以其爲經，各界資源爲緯，織就一張牢固的產業發展與深根地圖，必然能塑建技職教育的「核心價值」與「附加價值」，打造出技職校院的「品牌競爭力」，則技職教育的務實致用特色與價值，當讓技職校院與技職學生走出職場亮麗的一片天。

參考文獻

(一) 中文部分

陳敦源（1998）。跨域管理：部際與府際關係。載於黃榮護（編），公共管理（228）。臺北市：商鼎文化。

江大樹（2001）。府際關係導論。載於趙永茂、孫同文、江大樹（編），府際關係（15-16）。臺北市：元照。

趙永茂（2003）。臺灣府際關係與跨域管理：文獻回顧與策略途徑初探。政治科學論叢，**18**，53-70。

李開復（2006）。做21世紀的人才。臺北市：聯經。

紀俊臣（2008）。臺灣地方間跨域合作的課題與對策。研習論壇月刊，**92**。

陳恆鈞（2008）。協力網絡治理之優點與罩門。研習論壇月刊，**92**，40-54。

黃延聰（2010）。策略聯盟如何能成功？聯盟過程之管理。T&D飛訊，**95**，3。

李柏諭（2010）。跨域公共事務的管理邏輯：治理演化的類型分析。文官制度季刊，**2(4)**，4-5。

李允傑（2011）。政策管理與執行力：跨域治理觀點。T&D飛訊，**111**，9-11。

呂育誠（2012）。跨域治理概念落實的挑戰與展望。文官制度季刊，**4(1)**，85-106。

盧俊偉（2013）。臺灣邁向跨域經濟治理之芻議。國會，**41(10)**，56。

曾冠球（2014）。促進公部門協力管理的問題診斷。研習論壇月刊，**157**。

詹文男等合著（2015）。**2025臺灣大未來——從世界趨勢看見臺灣機會**。臺北市：

大立文創企業。

羅達賢（2015）。掌握跨領域創新人才　迎戰科技產業新契機。語言之道，4。

教育部（2015）。取自http://www.ey.gov.tw/Upload/RelFile/27/702399/ceba3428-e2c6-4507-b505-7ade307963e9.pdf

教育部高教司（2016）。教育部高教創新電子報，8。取自http://www.news.high.edu.tw/feature_story/content.php?cid=134&did=263

彼得・迪亞曼迪斯（Peter H. Diamandis）、史蒂芬・科特勒（Steven Kotler）著；吳書榆譯（2016）。膽大無畏。臺北市：遠見天下文化。

(二) 英文部分

Agranoff, R. (2006). Inside collaborative networks: Ten lessons for public managers. *Public Admimistration Review*, Special Issue: 56-65.

Bronder, C.,& Pritzl, R. (1992). Developing strategic alliances: A conceptual framework for successful co-operation. *European Management Journal, 10*, 412-421.

Feiock, Richard C., Jill Tao and Linda Johnson. (2004). Institutional Collective Action: Social Capital and the Formation of Regional Partnerships. In Richard C. Feiock (edit). *Metropolitan Governance: Conflict, Competition, and Cooperation*, pp. 147-58. Georgetown University Press.

Spekman, R. E., Isabella, L. A., & MacAvoy, T. C. (1998). Alliance management: A view from the past and a look to the future. *Journal of Management Studies, 35*, 747-772.

Steinacker, Annette (2004). Game-Theoretic Models of Metropolitan Cooperation. In Richard C. Feiock (edit). *Metropolitan Governance: Conflict, Competition, and Cooperation* (pp. 46-66). Georgetown University Press.

問題與討論

一、何為跨域合作？

二、跨域合作與跨域治理、跨域管理之區別為何？

三、技職教育跨域合作有哪些樣態？

四、技職教育跨域合作發展的困境有哪些？

五、未來技職教育跨域合作可朝哪些方向強化？

第四章

瑞士職業專業教育及訓練制度初探

胡茹萍

人和樹原本都是一樣的。愈是想朝光明的高處挺昇，其根就會愈深入黑暗地底。

～Also sprach Zarathustra

 前言

　　瑞士係一聯邦制（Confederation）國家，計有26州（Cantons）；政府之最高行政機構為聯邦委員會（The Federal Council）乃由聯邦國會（National Council and Council of States）負責選出7名委員共同治理，任期4年，並由7名委員分別掌理七大部會[1]，而瑞士之聯邦總統及副總統則由聯邦國會自該7名委員中選出，任期1年（Swiss Federal Council, 2016）。瑞士人口約有823萬8千人，官方語言有4種，分別是德語（64%）、法語（23%）、義大利語（8%）及羅曼什語（Romansh）（0.5%）；另外則是外國移民所使用之語言，例如：英語、葡萄牙語、阿爾巴尼亞語等，約占4.5%比率（Swiss Federal Council, 2016）。

　　瑞士之教育系統包括義務教育階段（compulsory education）、後期中等教育階段（upper secondary education）及高等教育階段（tertiary level education）。義務教育階段有11年，含2年幼兒教育（kindergarten or first learning cycle）、6年初等教育（primary level）及3年前期中等教育（lower secondary level）；後期中等教育及高等教育階段，則如同臺灣區分為普通教育與技術及職業教育（下稱技職教育）體系，只是瑞士與臺灣技職教育之名稱有別，在後期中等教育階段，瑞士稱為「職業教育及訓練」（vocational education and training, VET），在高等教育階段稱為「專業教育及訓練」（professional education and

---

[1] 瑞士聯邦之七大部會包括聯邦外交事務部（FDFA）、聯邦內政部（FDHA）、聯邦司法與警政部（FDJP）、聯邦防衛、公民保護與運動部（DPPS）、聯邦財政部（FDF）、聯邦經濟事務、教育與研究部（EAER）及聯邦環境、運輸、能源與通訊部（DETEC）。

training, PET），二者合稱「職業專業教育及訓練」（Vocational and Professional Education and Training, VPET）（The Swiss Conference of Cantonal Ministers of Education, EDK, 2016a）。

　　按瑞士人口僅約823萬8千人，面積爲41,285平方公里，2014年國內生產毛額（Gross Domestic Product, GDP）每人平均所得爲72,954美元，相較於臺灣人口約爲2,349萬2千人，面積爲36,197平方公里，2015年GDP每人平均所得爲22,294美元可知，瑞士係一極具競爭力之經濟體，且其製造之產品及服務皆具高品質（內政部統計處，2016；中華民國統計資訊網，2016；經濟部全球臺商服務網，2015；經濟部投資業務處，2015；Swiss Federal Council, 2016）。而根據瑞士官方之統計資料，完成義務教育階段繼續升學就讀後期中等教育階段之學生總數，以2013年爲例，計有105,592名新生就讀後期中等教育，其中選擇職業教育及訓練（VET）者爲76,420名，普通教育者爲29,172名；換言之，約有72.37%畢業生係選擇職業教育及訓練（VET）繼續就讀（State Secretariat for Education, Research and Innovation, SERI, 2016a）。

　　承上，本文擬就瑞士職業專業教育及訓練（VPET）制度，進行初步探索，並以瑞士聯邦國會通過之《聯邦職業專業教育及訓練法》（Federal Act on Vocational and Professional Education and Training, VPETA）及瑞士聯邦委員會制定之《職業專業教育及訓練規定》（Ordinance on Vocational and Professional Education and Training, VPETO）作爲主要文獻探討基礎。以下僅就職業專業教育及訓練（VPET）內涵、運作主體之角色及任務，及其對臺灣技職教育之借鏡，分別概述。

貳　瑞士職業專業教育及訓練之內涵

　　《聯邦職業專業教育及訓練法》（VPETA）全文77條，共計10章節，各章之標題爲「總則」、「職業教育及訓練（VET）」、「專業教育及訓練（PET）」、「與工作相關之職業繼續教育及訓練」（job-related continuing education and training, CET）、「資格取得程序與授證」、「職業專業教育及訓練專業人員之訓練」、「職業、教育及生

涯輔導」、「聯邦經費補助及職業專業教育基金」、「申訴、罰則及實施」，以及「附則」。本文囿於篇幅所限，故以「職業教育及訓練（VET）」及「專業教育及訓練（PET）」規定為主要探討範圍。

一、瑞士職業教育及訓練（VET）

職業教育及訓練（VET）係屬於後期中等教育階段，主要由各州負責（VPETA第12條）；其實施之方式有三種：其一為「以工作為主之訓練方式」（the work-based training segment），又稱為學徒制（apprenticeship）或稱為雙軌職業教育及訓練學程（dual-track VET programme），主要由公司（host company）負責教授，德語區之各州多採此種方式；其二為「教室授課方式」（classroom instruction segment）或稱為以學校為主之職業教育及訓練學程（school-based VET programme），主要由職業學校施行，法語區及義大利語區採行此種方式較德語區多；其三為「額外訓練方式」（additional training segment），目的為補充前二項實施方式之不足，又稱為分部門課程及相關之第三方訓練課程（branch courses and similar third-party training courses）（EDK, 2016b；VPETA第16條、第23條；VPETO第6條第1款及第2款、第21條）。

瑞士目前提供之職業教育及訓練學程（VET programmes）達230種不同專業，其年限包括二年制、三年制或四年制。完成二年制學程並通過考試者，取得聯邦職業教育及訓練證書（the Federal VET Certificate）；完成三年制或四年制學程並通過考試者，取得聯邦職業教育及訓練文憑（the Federal VET Diploma）（VPETA第17條第1項至第3項）。另外，在1990年代中葉，瑞士推出「聯邦職業會考」（the Federal Vocational Baccalaureate, FVB），通過此會考者，得直接進入應用科技大學（University of Applied Sciences, UAS）就讀。準備聯邦職業會考（FVB）之途徑有二種：其一乃於修習聯邦職業教育及訓練文憑學程時，同時亦修習相關聯邦職業會考之準備課程，其二則為於完成職業教育及訓練學程後，再去修習會考準備課程。聯邦職業會考準備課程包括普通教育之學科科目，而各州則是要確保所提供之聯邦職業會考準

備課程充足；公立學校所開設之聯邦職業會考準備課中之普通教育學科課程，其係免費提供，私立學校開設者，則私立學校得向聯邦或州請求經費補助（SERI, 2016a; VPETA第25條）。

　　聯邦職業教育及訓練證書與聯邦職業教育及訓練文憑之核發，係由各州地方行政單位負責；至於聯邦職業會考（FVB）事宜及通過會考證書之核發，則由各州負責，但必要時，聯邦亦得安排有關會考事宜（VPETA第37至第39條）。

二、瑞士專業教育及訓練（PET）

　　專業教育及訓練（PET）係屬於高等教育階段，有二種類型：其一為「通過聯邦專業教育及訓練考試」取得聯邦專業教育及訓練文憑（the Federal PET Diploma）或聯邦專業教育及訓練進階文憑（the Advanced Federal PET Diploma）；其二為「就讀專業教育及訓練學院所開設之聯邦認可學程」（a federally recognized degree programme at a PET college），取得專業教育及訓練學院文憑（PET College Diploma）（VPETA第26條、第27條、第42條、第43條第1項）。

　　聯邦專業教育及訓練文憑與聯邦專業教育及訓練進階文憑之授予，係由聯邦經濟事務、教育與研究部（EAER）下設之國家教育研究創新秘書處（SERI）負責，且針對每一特定職業種類之聯邦專業教育及訓練文憑考試與聯邦專業教育及訓練進階文憑考試，國家教育研究創新秘書處皆僅能核准一個。但因公益需要、有足夠贊助者能確保該項考試可於全瑞士長期實施、考試內容符合職業能力需求，或資格取得條件明確，不會與其他資格產生混淆時，則不在此限。（VPETA第43條第2項及第3項；VPETO第25條）。此外，專業教育及訓練之能力標準係以國際標準為準據（VPETO第23條）。以2014年為例，約有220種專業之聯邦專業教育及訓練文憑考試，170種專業之聯邦專業教育及訓練進階文憑考試，而專業教育及訓練學院所開設之聯邦認可學程，約有450種不同職業（SERI, 2016a）。

　　除上述後期中等教育階段之職業教育及訓練（VET）管道與高等教育階段之專業教育及訓練（PET）管道外，瑞士《職業專業教育及訓練

規定》（VPETO）第7條特別規範對於完成義務教育階段之學生，在其正式就讀後期中等教育階段之職業教育及訓練學程之前，得先選讀技藝課程（practical work-related courses），而該技藝課程之研讀期間，以不超過一年為原則，且於期末須經學習評量。有關瑞士職業專業教育及訓練體系，詳如圖1。

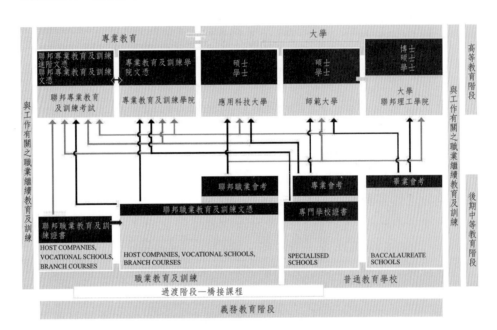

圖1　瑞士職業專業教育及訓練體系圖

資料來源：修正自EDK, 2016a; SERI, 2016b

參　瑞士職業專業教育及訓練制度運作主體之角色及任務

《聯邦職業專業教育及訓練法》（VPETA）第1條開宗明義規範「聯邦」（the Confederation）、「各州」（the Cantons）及「專業組織」（professional organizations）三方為瑞士職業專業教育及訓練制度之主要運作實體，且明示三方應共同合作。以下就上開運作主體之角色及任務分述如下：

一、聯邦所扮演之角色及任務

根據《聯邦職業專業教育及訓練法》（VPETA）之規定，在聯邦層級之部分，其主要任務如下：

(一) 發展職業專業教育及訓練（VPET）系統，支持相關研究、前導計畫及更新VPET領域結構組織（第4條）。

(二) 以瑞士整體之利益，制定及提供各不同語言區VPET之資訊及文件資料，並應編製少數語言教材（第5條）。

(三) 促進各語言區或少數語言族群間對VPET之相互瞭解及學習（第6條）。

(四) 提供VPET相關措施，以協助發展不利之地區及群體（第7條）。

(五) 促進VPET品質、教學、建立品質標準及監督規範（第8條、第48條第1項）。

(六) 聯邦委員會（the Federal Council）應確保學徒制之供需平衡（第13條）；應訂定接受職業教育及訓練（VET）最低年齡之基準（第15條第3項）；制定聯邦職業教育會考（FVB）相關規定（第25條第5項）；建立聯邦專業教育及訓練文憑或進階文憑考試核准之程序及認可規定（第28條第3項）；建立VPET資格取得程序規範（第29條）；訂定VPET教師、訓練人員、考選人員、諮商人員之基本資格、條件及受訓規範（第45至第47條、第50條）。

(七) 聯邦經濟事務、教育與研究部（EAER）須與專業組織共同就專業教育及訓練學院（PET College）所開設之聯邦所承認之文憑學程，建立基本規範，其審查學程開設之內容包括「許可條件」、「課程內容」、「取得資格程序」、「取得之資格及其名稱」（第29條第3項）。

(八) 國家教育研究創新秘書處（SERI）須就專業組織所提出之每一VET學程，予以認可（第19條）；對跨州之特別課程，予以授權（第22條第5項）；對專業組織所提出聯邦專業教育及

訓練文憑或進階文憑考試之許可條件、課程內容、資格取得程
序、資格要求及資格名稱等，予以核准（第28條第2項）；且
得視需要，指定專業組織負責特定地區或全國性之資格取得事
宜（第40條第2項）；並核發聯邦專業教育及訓練文憑或進階
文憑（第43條）。

(九) 瑞士聯邦職業教育及訓練研究院（Swiss Federal Institute for
Vocational Education and Training, SFIVET）提供VPET教師
及專業人員訓練課程，並進行VPET相關研究及前導計畫（第
48條）。

承上，吾人可歸結聯邦所扮演之角色，主要為制度規劃及制定者，
並以瑞士全體國民之利益，進行VPET之監督及策略管理。

二、各州所扮演之角色及任務

《聯邦職業專業教育及訓練法》（VPETA）規範各州之任務如下：

(一) 應積極採取相關措施，提供完成義務教育之畢業生接受後期中
等教育階段職業教育及訓練（VET）機會（第12條）。

(二) 確保接受學徒制訓練之學生，於公司終止提供教育訓練時，仍
得完成相關學程（第14條）。

(三) 負責監督VET學程及課程內容之實施，並包括核定學徒制契約
與監督其履行，及確保開設足夠之聯邦職業會考（FVB）準備
課程，且須負責籌組聯邦職業會考考試事宜及核發通過會考之
證書（第14條第3項、第22條、第24條、第25條第3項、第39
條）。

(四) 可提供聯邦專業教育及訓練考試（Federal PET examinations）
之準備課程（第28條第4項）。

(五) 監督專業教育及訓練學院（PET College）所開設之聯邦所承
認之文憑學程之實施（第29條第5項）。

(六) 負責VET資格程序之組織及安排，並應確保VET訓練者接受合
適之訓練及負責提供職業、教育與生涯之諮商（第40條、第
45條第4項、第51條）。

　　簡言之，各州在職業專業教育及訓練系統之角色扮演，可扼要歸結為依聯邦法律規定，進行各項措施之執行者角色，以及管理與監督專業組織實施VET及PET之角色。

三、專業組織所扮演之角色及任務

　　《聯邦職業專業教育及訓練法》（VPETA）第1條第1項明定專業組織（professional organisations）包括社會夥伴、行業協會、組織及VET、PET提供者，其主要任務如下：

(一) 須提供學徒制崗位，並與學徒制學習者簽訂契約，且如契約終止時，應立即向行政機關通報（第14條第1項及第4項）。

(二) 學徒制訓練公司（host company）須確保學習者學習內容及監督學習成效（第20條）。

(三) 職業教育及訓練學校（VET schools）須提供學習者學習職業科目（vocational subjects）與語言、溝通及社會科目（LCS subjects），並可提供PET及與工作相關之職業繼續教育及訓練（CET）之課程（第15條、第21條）。

(四) 須參與並建構VET及PET學程內涵（第19條、第22條、第29條第3項）。

(五) 須規劃設計分部門課程及相關之第三方訓練課程（branch courses and similar third-party training courses），並須分擔課程設計所需經費，且非會員公司之經費分攤較會員者高（第23條）。

(六) 建立VET學程之全國性資格程序規定及負責聯邦專業教育及訓練文憑或進階文憑考試（第19條、第28條第2項、第40條第2項）。

(七) 設立VPET基金，以進行提升VET、PET、CET之品質活動及籌劃相關之考試作業需要（第60條）。

　　歸結上述主要任務，專業組織對於瑞士職業專業教育及訓練之主要角色扮演，應爲職業專業教育及訓練內容之設計者，同時亦爲提供者之角色。換言之，專業組織扮演育才及選才之角色。

　　綜上，本文歸納瑞士職業專業教育及訓練系統運作主體之角色及任務如圖2所示。

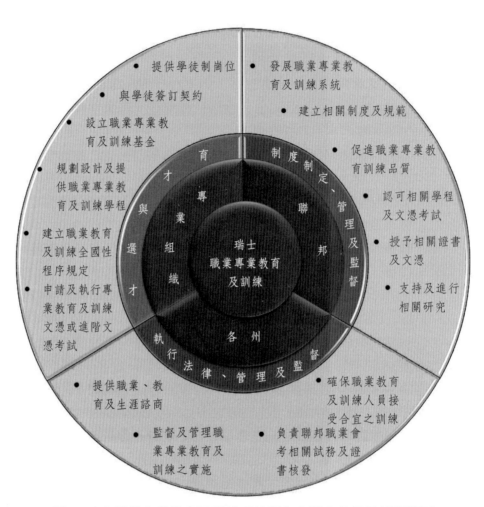

圖2　瑞士職業專業教育及訓練系統運作主體之角色及任務簡圖

肆　瑞士職業專業教育及訓練對臺灣技職教育之借鏡

藉由探求瑞士聯邦國會通過之《聯邦職業專業教育及訓練法》（VPETA）及瑞士聯邦委員會制定之《職業專業教育及訓練規定》（VPETO），本文對於瑞士職業專業教育及訓練系統（VPET system）之類型、證書之授予及運作主體，獲得初步輪廓。相較於臺灣技職教育系統自國民中學三年級之技藝教育學程（修畢獲得畢業證書）、後期中等教育階段之技術型高級中等學校[2]（發給畢業證書），及至高等教育階段之專科學校（授予副學士學位）、技術學院（授予副學士、學士、碩士及博士[3]學位）及科技大學（授予副學士、學士、碩士及博士學位）（教育部技術及職業教育司，2016）之「以學校教育為主之一貫體系」而言，瑞士之職業專業教育及訓練（VPET），則是偏向「與產業共同協力培育技術專業人才」。

按瑞士在後期中等教育階段之職業教育及訓練（VET）培育類型，分為「以工作為主之訓練方式」（the work-based training segment）、「教室授課方式」（classroom instruction segment），以及「額外訓練方式」（additional training segment）。而瑞士在高等教育階段之專業教育及訓練（PET）部分，則是以「專業考試取得」（聯邦專業教育及訓練文憑與聯邦專業教育及訓練進階文憑），及以「修習取得」（修畢專業教育及訓練學院所開設之聯邦認可學程）二種類型為之。細究上述各該類型之學習或考試等規定，瑞士之專業組織皆著力甚深，且於相關課程設計或考試項目，專業組織係立於領導地位，例如：聯邦專業教育及訓練文憑與聯邦專業教育及訓練進階文憑考試，皆由各專業組織提出計畫申請，經國家教育研究創新秘書處（SERI）核定為之。

臺灣自2010至2012年推動《技職教育再造方案》，並於2013至

2　在後期中等教育階段，依《技術及職業教育法》第3條第4款所定，除技術型高級中等學校外，尚包括普通型高級中等學校附設專業群科及綜合型高級中等學校專門學程。基於技術型高級中等學校屬於技職教育在後期中等教育階段中主要之人才培育所在，故於本文中，僅以之為代表。

3　104學年度公私立16所技術學院中，僅有1所設有博士班。

2017年賡續推動《第二期技職教育再造計畫》，其目的皆為引導技職教育在制度、課程、產學合作及就業促進等層面，回歸並發揮技職教育務實致用之精神（教育部，2013；胡茹萍，2014a）。基於上述瑞士《聯邦職業專業教育及訓練法》（VPETA）及《職業專業教育及訓練規定》（VPETO）之規範內容，本文提出三項建議，供吾人於提升臺灣技職教育之制度及品質規劃之參考：

一、研商公協會參與試辦實務選才之可能性

依瑞士《聯邦職業專業教育及訓練法》第28條及第42條之規定，聯邦專業教育及訓練文憑與進階文憑，皆由相關之專業組織檢具相關資料文件，包括「許可條件」、「課程內容」、「取得資格程序」、「取得之資格及其名稱」，向聯邦之國家教育研究創新秘書處（SERI）提出申請，並經該處核定後，始得據以執行，同時受國家教育研究創新秘書處之監督；而上述之核定要件及程序規定，則由聯邦委員會（the Federal Council）制定之。

上開制度設計之優點，主要在於能確保通過聯邦專業教育及訓練文憑與進階文憑者，其具備之專業能力較能貼近實務所需。

按2013年8月30日行政院核定公告〈第二期技職教育再造計畫〉之制度調整面向中，提出「實務選才」策略，然觀其預期績效指標及評估基準，在質化方面為：1.全面落實技專校院入學管道採「實務能力」選才機制；2.改進與調整現行技專校院招生方式與招生管道；而在量化方面則為：1.2013至2016年，每年檢討技術型高級中等學校15群科考試試題與實務命題之規劃，以及2.2013至2017年，每年檢討20群科技專校院招生試務及實務選才機制（教育部，2013），顯見仍偏向以學校端視野思考相關問題。雖然教育部及技職校院[4]積極進行相關實務選才之規劃及研議，然而所討論之方向及內容，如仍以學校端為思考主軸，即

4　技職校院一詞，根據《技術及職業教育法》第3條第4款規定，指技術型高級中等學校、普通型高級中等學校附設專業群科、綜合型高級中等學校專門學程、專科學校、技術學院及科技大學。

便容或於規劃及研議中，曾邀請業界代表提供高見，惟僅局部性之意見表示，是否確能切入問題核心，恐須慎酌。是以，鏈結業界或產業公會、協會，參與各校或策略聯盟學校之招生或畢業生檢定施測，甚或進行「期中檢測」，對於實作內涵貼近產業一節，應有助益（胡茹萍，2014a）。

二、研商產業協力培育技術人才納入法律規範之妥適性

　　查2015年1月14日公布之《技術及職業教育法》，其明定產業應參與之規定，僅於第7條技職教育諮詢會之組成；第11條第1項職業準備課程，得由學校與產業共同設計；第14條第1項學校得遴聘業界專家，協同教學及同條第3項主管機關對有大量員工參與學校實務教學之企業，應予獎勵；第27條私人或團體提供實習機會及對學生施以職業技能訓練著有貢獻者，教育部得會商中央目的事業主管機關，予以獎勵。然而，綜觀上述條文內容，產業並無權利或義務須共同與學校合作及協力培育技職教育人才。反諷地是技職教育所培育之人才，本應與業界關係密切，如果業界僅係接收畢業生進入職場，再抱怨這些畢業生於學校所學，完全無法為職場所用時，則對於臺灣技職教育之發展，並無助益。

　　反觀瑞士《聯邦職業專業教育及訓練法》，則明確定明專業組織負有職業專業教育及訓練之「育才」與「選才」之權利及義務。換言之，在育才部分，例如：「以工作為主之訓練方式」（the work-based training segment），公司（host company）乃為學生主要學習職業教育及訓練之場域，且公司要確保學習者之學習內容品質與監督學習成效。此外，在「額外訓練方式」（additional training segment）之分部門課程及相關之第三方訓練課程（branch courses and similar third-party training courses）部分，亦是由專業組織所設計及提供。至於選才部分，則以聯邦專業教育及訓練文憑與聯邦專業教育及訓練進階文憑考試為著例。

　　誠然臺灣技職教育與瑞士職業專業教育及訓練在歷史發展及制度設計中，差異甚大，然鑑於全球化及數位資訊科技之進展，臺灣對於國

外，尤其是以德語作為聯盟之德國、奧地利及瑞士學徒制之資訊，漸為國人所知悉，且常被引為技職教育推動參考典範。至將產業納入法定育才機構之一之選項，其理念亦符應近年所盛行之工作本位學習（work-based learning）、職場學習（workplace learning or learning through practice）；亦即學生透過至真實情境（職場）之學習趨勢，不僅有助於學生生涯發展之規劃、提升解決實務問題能力及就業力外，且對公司之產值及創新亦有助益（Avis, 2009; Billett, 2013; Gibb, 2011; SERI, 2016c; Sweet, 2013）。

三、研商設立全國性技職教育研究機構之必要性

瑞士《聯邦職業專業教育及訓練法》第48條明定為提升職業教育學（vocational pedagogy），聯邦應設立「瑞士聯邦職業教育及訓練研究院」（SFIVET），提供職業專業教育及訓練專業人員不同於各州所進行之基礎及繼續教育訓練；同時，也進行相關研究及前導計畫，以利持續改善瑞士職業專業教育及訓練制度。此外，在第48條之1亦特別規定，上述瑞士聯邦職業教育及訓練研究院於經聯邦經濟事務、教育與研究部（EAER）許可時，得從事商業服務。

另查，德國《職業教育法》（Berufsbildungsgesetz, BBiG）第五篇規定「聯邦職業教育研究所」（Bundesinstitut für Berufsbildung, BiBB），該組織為直屬聯邦之公營造物法人，其任務包括藉由學術性研究，促進職業教育發展。又韓國政府於1997年3月制定並頒布《韓國職業能力開發院條例》（the Korea Research Institute for Vocational Education and Training Act），並於同年9月設置韓國職業能力開發院（the Korea Research Institute for Vocational Education and Training, KRIVET），且於同年10月正式運作，其目的旨為落實建立職業教育新系統，協助國家制定人力資源發展及韓國人民職業能力（vocational capacity）發展之政策（胡茹萍，2010；胡茹萍，2014b；張源泉，2009）。

考量證據決策（evidence-based decision making）之需求，及為系統性及長期性進行相關技職教育資料之蒐集與研析，本文呼籲政府部門

能審愼研議設立全國性技職教育研究機構之必要。

伍 結語

　　瑞士職業專業教育及訓練制度在教育階段部分，與臺灣相同，主要在後期中等教育階段及高等教育階段，然而在實施內涵則差異頗大。瑞士在職業教育及訓練（VET）階段，法定施行方式有三種，而在專業教育及訓練（PET）階段，則有二種類型。瑞士較臺灣特殊者，在於「以工作為主之訓練方式」，亦即學徒制或雙軌職業教育及訓練學程；「額外訓練方式」之補充分部門課程及相關之第三方訓練課程；以及專業組織所籌辦之聯邦專業教育及訓練文憑或進階文憑考試。此外，在教育及訓練學院（PET colleges）所開設之聯邦認可學程，須經聯邦經濟事務、教育與研究部（EAER）核定，其核定之項目如同專業組織所申請籌辦之聯邦專業教育及訓練文憑或進階文憑考試計畫內容，例如：包括「許可條件」、「課程內容」、「取得資格程序」、「取得之資格及其名稱」，且重點係在與專業組織共構。

　　另外，藉由分析瑞士《聯邦職業專業教育及訓練法》之規範內容，本文歸納「聯邦」、「各州」及「專業組織」三方瑞士職業專業教育及訓練制度之主要運作實體，且提出各該主體扮演之角色及任務分別為：聯邦所扮演之角色，主要為制度制定者，並以瑞士全體國民之利益，進行職業專業教育及訓練之監督及策略管理；而各州在職業專業教育及訓練系統之角色扮演，則為依聯邦法律規定，進行各項措施之執行者角色，以及管理與監督專業組織實施職業專業教育及訓練。至就專業組織部分，乃為職業專業教育及訓練內容之設計及提供者之角色，亦即專業組織扮演育才及選才之角色。

　　而借鏡瑞士職業專業教育及訓練制度之法規範，本文建議國內政府部門及利害關係人，宜就公協會參與試辦實務選才之可能性、產業協力培育技術人才納入法律規範之妥適性，以及設立全國性技職教育研究機構之必要性等議題，妥予研議，俾利作為提升臺灣技職教育之制度及品質規劃之參考。

參考文獻

(一) 中文部分

內政部統計處（2016）。內政統計查詢網——土地與人口概況。取自http://statis.moi.
　　gov.tw/micst/stmain.jsp?sys=220&ym=10407&ymt=10507&kind=21&type=1&funid
　　=c0110101&cycle=41&outmode=0&compmode=0&outkind=1&fldspc=0,5,&codspc
　　0=0,33,&rdm=ablBjyjB

中華民國統計資訊網（2016）。國民所得統計常用資料。取自http://www.stat.gov.tw/
　　ct.asp?xItem=37407&CtNode=3564&mp=4

技術及職業教育法。2015年1月14日公布。取自http://law.moj.gov.tw/Law/
　　LawSearchResult.aspx?p=A&k1=%E6%8A%80%E8%A1%93%E5%8F%8A%E8%
　　81%B7%E6%A5%AD%E6%95%99%E8%82%B2%E6%B3%95&t=E1F1A1&TPa
　　ge=1

教育部（2013）。第二期技職教育再造計畫。臺北市：作者。

教育部技術及職業教育司（2016）。104學年度公私立技專校院總覽。取自http://tve.
　　takming.edu.tw/index.htm

胡茹萍（2010）。韓國的職業教育。**臺灣國際研究季刊**，**6**(4)，71-92。

胡茹萍（2014a）。實務選才之另類思考。中等教育，**65**(2)，32-44。DOI:10.6249/
　　SE.2014.65.2.03

胡茹萍（2014b）。臺灣技術及職業教育法芻議。**臺灣教育**，**685**，8-20。

張源泉（2009）。德國職業教育之法體系及其發展趨勢。教育資料集刊，**43**，263-
　　282。

經濟部全球臺商服務網（2015）。**主要國家經濟指標**——平均每人GDP。取自http://
　　twbusiness.nat.gov.tw/old/pdf/sec9.pdf

經濟部投資業務處（2015）。**瑞士投資環境簡介**。取自http://twbusiness.nat.gov.tw/
　　countryfiles/ch/pdf/104-49Switzerland.pdf

(二) 英文部分

Avis, J. (2009). Work-based learning: an English experience. In R. Maclean & D. N.

Wilson(Eds.), *Internal handbook of education for the changing world of work* (pp.1725-1738). UNESCO-UNEVOC Springer.

Billett, S. (2013). Learning through practice: beyond informal and towards a framework for learning through practice. In In UNESCO, *Revisiting global trends in TVET: reflections on theory and practice* (pp.123-163). Retrieved from http://www.unevoc.unesco.org/fileadmin/up/2013_epub_revisiting_global_trends_in_tvet_book.pdf

Federal Act on Vocational and Professional Education and Training of 13 December 2002. Retrieved from https://www.admin.ch/opc/en/classified-compilation/20001860/201601010000/412.10.pdf

Gibb, P. (2011). *Heidegger's contribution to the understanding of work-based studies*. London: Springer.

Ordinance on Vocational and Professional Education and Training of 19 November 2003. Retrieved from https://www.admin.ch/opc/en/classified-compilation/20031709/201601010000/412.101.pdf

SERI. (2016a). *Vocational and professional education and training in Switzerland facts and figures 2016*. Retrieved from file:///C:/Users/User/Downloads/vocational_and_professionaleducationandtraininginswitzerland-fac.pdf

SERI. (2016b). *Vocational and professional education and training system in Switzerland*. Retrieved from file:///C:/Users/User/Downloads/vocational_educationandtrainingsysteminswitzerland%20.pdf

SERI. (2016c). *Vocational and professional education and training: everyone benefits*. Retrieved from https://www.sbfi.admin.ch/sbfi/en/home/topics/vocational-and-professional-education-and-training.html

Sweet, R. (2013). Work-based learning: why? How?. In UNESCO, *Revisiting global trends in TVET: reflections on theory and practice* (pp.164-203). Retrieved from http://www.unevoc.unesco.org/fileadmin/up/2013_epub_revisiting_global_trends_in_tvet_book.pdf

Swiss Federal Council. (2016). *The Swiss Confederation-A brief guide 2016*. Retrieved from file:///C:/Users/User/Downloads/BUKU_2016_EN_Internet.pdf

EDK. (2016a). *The Swiss education system*. Retrieved from http://www.edudoc.ch/static/ web/bildungssystem/grafik_bildung_e.pdf

EDK. (2016b). *Vocational education and training*. Retrieved from http://swisseducation. educa.ch/en/vocational-education-and-training-0

問題與討論

一、技職校院實務選才應如何規劃、設計及執行？

二、臺灣技職教育制度是否需要變革？

三、全國性技職教育研究機構是否需要設立？如需要，係新設？抑或於國
家教育研究院下設置之？

第五章

少子女化與教育政策

梁金盛

　　不以規矩，無以成方圓。　　　　　　　　　　　　～孟子

　　在最近的十餘年來，少子女化（baby bust）這個詞，在教育領域中引起不少的憂心與討論，因為少子女化的來臨，直接衝擊到學校教育與相關產業的發展，首當其衝的是國民小學教育，因為生源的減少，使得學校的規模與班級數逐漸的萎縮，班級數的減少最直接的影響即為教師員額的縮減、學校出現更多的代理代課教師、併校廢校聲此起彼落……。且這些現象隨著時間的推移，對各級層面的教育環境也產生不少的影響。

　　大多數人期待環境或制度都能有較多的穩定與溫和的變革，然而事實的情形可能無法都如願，就教育而言，由於國民政府播遷來臺、及受教育機會的普及等因素，使得全國各國民小學人聲鼎沸，但也因環境的變遷，及少子女化的影響。研究者於1970-1980年代時曾任教的國民小學，一為百年以上的鄉間老校，當時的學生人數約達600人，至今全校尚不足60名學生；另一所是市區學校，為當時全縣學生數最多的小學，全校學生數達4,000餘人，現只餘1,500餘人，據該校負責學生註冊及編班的人員表示，今年的招生仍是額滿的狀態，然為減少因少子女化對其他學校的影響，學校配合縣政府教育處的控管，將原來普通班72班的規模，採逐年減班方式始成為今年的全校48班的景況；另外，宜蘭縣的一所鄉間小學，學生人數曾高達400餘人，至2004年時已減至40餘人，該校校長積極的爭取宜蘭縣政府開放學區制度的管制，使得該校學生人數再度達70餘人的情形發生。可知，少子女化的確對學校學生人數方面帶來不少的改變，然也有部分學校因政府機構的政策而有不同的結果發生。

　🔴 壹　少子女化的定義

　　少子女化雖是大眾耳熟能詳的用語，然少子女化這個詞從何而來，又究竟什麼是少子女化呢？以下即對少子女化的名詞來源，及少子女化的定義分別說明如下：

　　事實上這個名詞原為「少子化」，根據維基百科的解釋：「少子

化」原爲日文，由於日本是世界上經濟發展快速的國家之一，社會轉型進入工商業的現象不僅明顯而廣泛，已婚家庭與生育面對緊張的工作環境時，常減退育兒的動機，並錯過生育的機會，也因此較早面臨少子女化的問題，故後來逐漸遇到相同問題的中國等漢字通行區，便直接引入此外來語作爲指稱。日本描述少子女化，就字面意義來看是敘述子女減少的過程正在進行中，並以活體胎兒誕生於世界的人類個體愈少，並形成一個長期趨勢，就足以符合少子女化的意義。這也是爲什麼在各類新聞或研究文件中出現「少子化」的主要來由。

　　然而，爲何本文會用「少子女化」取代「少子化」的用詞呢？此乃因性別平等爲臺灣地區當前教育的重點工作，也是政府施政的重要措施，而且在九年一貫課程總綱綱要中亦將之列爲重要議題之一，是以行政院會於2006年6月7日第2992次會議決定以「少子女化」取代「少子化」的名詞，以示「性別平等」之義。可知，「少子化」是屬於外來語，就我國而言，官方正式的文件，應爲「少子女化」方爲正確。

　　但是，維基百科解釋的少子女化意義似乎仍不夠清楚，也沒有確切的數據可以判斷一個國家是否已進入少子女化的現象，根據OECD（經濟合作暨發展組織）認爲，世代間要能完全交替，每名婦女總生育率（total fertility rate，簡稱TFR），必須達到2.1人以上（行政院衛生署國民健康局，2004）。對少子女化的定義看來，研究者以爲，以世代間要能完全交替的觀點，即是以人口替換水準（replacement level）的概念來說明少子女化現象應該是更爲貼切處理。亦即一個國家的婦女總生育率達到或低於2.1人時，即爲少子女化時代的來臨的表徵。

　　綜而言之，所謂「少子女化」，係以人口替換水準來決定是否爲少子女化社會（國家），依學者的意見觀之，人口替換水準（replacement level）爲總生育率2.1爲臨界點，即婦女總生育率達2.1，且總生育率仍呈下降或維持在2.1人時，即已進入「少子女化」的社會（國家）。究竟臺灣地區何時開始進入少子女化的時期呢？如果以前述的定義，加上我國的出生率等資料，就可以做此判斷，表1是我國近50餘年來的出生人口數的情形：

表1

臺灣地區近50年來出生人口數一覽表

民國	出生人數	出生率	民國	出生人數	出生率
51	423,469	37.37	78	314,553	15.72
52	424,250	36.27	79	334,872	16.55
53	416,926	34.54	80	321,932	15.7
54	406,604	32.68	81	321,632	15.53
55	415,108	32.4	82	325,613	15.58
56	374,282	28.01	83	322,938	15.31
57	394,260	28.81	84	329,581	15.5
58	390,728	27.72	85	325,545	15.18
59	394,015	27.16	86	326,002	15.07
60	380,424	25.64	87	271,450	12.43
61	365,749	24.15	88	283,661	12.89
62	366,942	23.78	89	305,312	13.76
63	367,823	23.42	90	260,354	11.65
64	367,647	22.98	91	247,530	11.02
65	423,356	25.93	92	227,070	10.06
66	395,796	23.76	93	216,419	9.56
67	409,203	24.11	94	205,854	9.06
68	422,518	24.41	95	204,459	8.96
69	412,557	23.38	96	204,414	8.92
70	412,777	22.97	97	198,733	8.64
71	404,006	22.08	98	191,310	8.29
72	382,153	20.55	99	166,886	7.21
73	369,725	19.59	100	196,627	8.46
74	345,053	18.03	101	229,481	9.86
75	308,187	15.92	102	199,113	8.53
76	313,062	16	103	210,383	8.99
77	341,054	17.24	104	213,598	9.1

資料來源：內政部（2016）內政部民政司統計資料

　　從表1的數據資料可以得知，臺灣地區在民國51（1962）至71（1982）年間的新生兒出生人口數約在36萬5千至42萬4千之間，惟至72（1983）年起，出生人口數即再未超過38萬2千人以上，且自74（1985）年起新生兒數即更未超過34萬5千人，並呈現持續減少，其中99（2010）年爲新生兒出生數最少的一年。另從出生率來看，則自民國51（1962）年起即一路下滑，至99（2010）年才止跌回升，另就總生育率言之，其意爲每千名婦女一生所生育的人數，此數據即約爲生育率再除以10，可看出，自72（1983）年起即低於2.1人，且持續下滑至99年止，共長達27年的時間，且民國99年之後之總生育率更未達1.0人，可以推知，臺灣地區確實自民國72年起即已爲少子女化的國家。

　　接下來的問題是，少子女化的英文用語該是如何？綜觀近年來的期刊論文或研討會的論文，使用較多的有low birthrate，意指低生育率之意；也有用Trend of Declining Birthrate表示之，意爲生育率下降的趨勢，這二者都能相當程度的表達少子女化的現象。然而本文擬用baby bust，乃是歐美在二次世界大戰後的1940年代之一段時期，因大戰結束，人民休養生息，造成大批的嬰兒出生，在文獻中是以baby boom表達之，即所謂的戰後嬰兒潮，然而在1960年代中期，西方世界又出現生育率驟降的情形，該現象即稱之爲baby bust，因我國自1983年起之婦女總生育率即低於2.1人，且持續減少長達27年，及至2010年時方止住下滑的趨勢，且2011年後出生人數即使有微幅的成長或呈隱定的狀態，然仍低於人口替換的水準，此即爲研究者認爲使用baby bust來說明少子女化的理由所在。

貳　教育政策制定對少子女化的效應

　　從人口出生的資料來判斷，我國從1983年已步入少子女化的社會，然而爲何最近幾年才受到重視？尤其是在國民小學階段之師培生出路出現問題之後（2003年），突然讓人驚覺事態嚴重，這點我們可以檢視教育政策的訂定，是不是會延緩少子女化效應的發生。少子女化影響層面最爲直接且明顯的應屬國民小學階段，國民小學是國民義務教育的開端，也是實施強迫教育的開始，對於受教育的相關規定也不少，如

學生班級人數、教師員額編制等，予民眾的感受最爲深刻，是以以下即就國民小學結構變化情形及1983年之後的國民小學與少子化效應的相關教育政策加以檢視：

一、我國國民小學結構發展情形

　　教育結構的內涵可以分爲學校規模、教師需求等內容，此部分可以從我國的國民小學的學生人數、學校平均數、班級數、平均班級人數等資料來瞭解。表2爲臺灣地區40-104學年度的國民小學簡況。

表2
臺灣地區40-104學年度期間國民小學簡況一覽表

學年度	學生人數	校均生數	班級數	班均生數	學年度	學生人數	校均生數	班級數	班均生數
40	970,664	778	17,743	55	84	1,971,439	781	55,554	35
45	1,344,432	875	26,189	51	85	1,934,756	768	56,627	34
50	1,997,016	1,034	37,906	53	86	1,905,690	750	57,645	33
55	2,307,955	1,061	44,382	52	87	1,910,681	747	59,869	32
57	2,383,204	1,062	45,831	52	88	1,927,179	746	61,265	31
60	2,456,615	1,054	49,132	50	89	1,925,981	741	62,443	30
65	2,341,413	985	49,682	47	90	1,925,491	738	63,172	30
70	2,213,179	906	50,622	44	91	1,918,034	730	63,679	30
71	2,226,699	906	50,715	44	92	1,912,791	725	64,000	30
72	2,242,641	910	51,091	44	93	1,883,533	712	63,447	30
73	2,273,390	919	51,718	44	94	1,831,873	690	62,634	29
74	2,321,700	934	52,732	44	95	1,798,393	678	62,011	29
75	2,364,438	951	53,855	44	96	1,753,951	662	61,649	28
76	2,400,614	971	55,070	44	97	1,677,308	632	60,623	28
77	2,407,166	971	55,896	43	98	1,593,414	599	59,496	27
78	2,384,801	960	56,315	42	99	1,519,746	571	58,652	26
79	2,354,113	947	56,120	42	100	1,457,004	548	57,986	25
80	2,293,444	919	56,009	41	101	1,373,366	517	56,391	24
81	2,200,968	883	55,384	40	102	1,297,120	489	54,641	24
82	2,111,037	843	54,310	39	103	1,252,762	474	53,541	23
83	2,032,361	808	54,092	38	104	1,214,336	461	52,404	23

資料來源：教育部統計處（2016）主要教育統計圖表—主要統計表—歷年

從表2的統計數字可以看出我國民小學的教育結構發展的概略情形為：

1. 國民小學學生數自1988年後即呈逐年減少現象：就總學生人數觀之，國民小學人數最多的一年為民國60（1971）年，時為245萬6,615人，72（1983）年時則為224萬2,641人，5年後為77（1988）年國小學生數為240萬7,166人，1988年之後的國民小學生數不再達此水準，並於84（1995）年學生人數降為197萬1,439人（開始低於200萬人），93（2004）年開始降為188萬3,533人，95（2006）年再降為179萬8,393人，及至2015年時的國民小學學生數為121萬4,336人。從這些數據的確可以看出，近20年來國民小學學生總人數減少情形至為明顯。

2. 國民小學平均班級學生數呈現減少的趨勢：就班級平均人數來看，民國40（1951）至60（1971）年間，平均每班人數均為50人以上，65（1976）至81（1992）年間平均班級人數為40至49人之間，82（1993）年班級平均人數即低於40人，94（2005）年起班級平均人數開始低於30人，100（2011）年則開始低於25人以下，104（2015）年時國民小學平均班級人數為23人。就平均班級人數來看，自1993年起逐年下降的情形相當明顯，約20年間平均班級人數減少幅度將近50%。

3. 國民小學平均學校總人數自民國60年以後即少於1千人：就平均學校總學生數來看，民國57（1958）年時平均總人數為最多，達1,062人，及至81（1992）年起降為900人以下，84（1995）年又降為800人以下，94（2005）年再降為700人以下，98（2009）年降為600人以下，及至2015年時的國民小學平均總學生數為461人。從這些數據看來，國民小學的學校規模也有逐漸萎縮的情形。

4. 國民小學總班級數的變化與學生人數似乎無明顯的關係：就班級數的情形來看，國民小學學生數最多的一年是民國60（1971）年，學生總人數是為245萬6,615人，總班級數則為4萬9,132班。70（1981）年起學生總人數雖低於此數字，然總班級

數達5萬班以上，88（1999）年時學生總人數為192萬7,179人，即低於200萬人，然班級數卻為6萬1,625班，而總班級數最多的為92（2003）年的6萬4千班，該年的總學生數則為191萬2,791人，其後因總學生數急速減少，總班級數也逐漸減少，至2015年時的總學生數為121萬4,336人，班級總數則為5萬2,404班。從這些數據來看，定有其他因素造成此現象。

　　事實上，如果平均班級人數不變的話，學生總人數的多寡應會直接影響到學校的規模及班級數，而班級總數又與教師員額編制直接相關，如果其他因素都沒有改變，那麼少子女化的結果，將直接影響到學生總人數及班級總數，而班級總人數減少的結果，就是減少教師需求的員額。而我國是自72年開始進入少子女化的年代，約6年後這些新生兒即需進入國民小學就讀，從表1的數據來看，就學生總人數觀之，的確在民國79年起學生總人數即開始逐年減少，且減少的速度愈來愈快，但社會上對此現象感受最深的卻是到了民國92年以後了，因為是時開始有不少的儲備國民小學合格教師無法如願找到工作，成為所謂的「流浪教師」，且逐年有惡化的趨勢，最慘的是以培育國民小學教師為任務師範學院（為配合國民小學師資培育員額減半政策，於2005年全部改名為教育大學，並鼓勵與鄰近大學合併），因其學生出路出現瓶頸，造成招收的學生素質也急速下探。到底有哪些教育政策可能影響到少子女化的效應呢，因為少子女化是從1983年起，是以即就1983年後的國民小學相關教育政策來進行檢視。

二、1983年之後的國民小學相關教育政策檢視

　　經檢視1983年之後的國民小學相關教育政策的制定與執行，有可能會直接沖淡了少子女化的效應者可能如下：

1. 有計畫的增加國民小學班級教師員額編制：實施「發展與改進國民教育六年計畫」（1983-1988年）及「發展與改進國民教育第二期計畫」（1989-1992年），其中包含增加教師編制至每班1.5人的計畫。因為該計畫為提高教師班級員額編制，就算沒有減少班級學生數，也會增加教師的需求量，國民小學教師需求

維持或增加，對於取得合格教師資格的儲備教師而言，即不會有求工作無門的狀況出現，也不易引起社會的重視。

2. 辦理徵收校地政策：配合辦理「加速取得公共設施保留用地—學校用地」（1989-1991），使得縣市政府增加許多設校用地，可以增設國民小學，如臺北縣（現為新北市）當時人口急速增加，許多學校不斷增班仍無法容納，且仍需實施二部制教學，有了設校土地，新設校的問題便較易解決；另桃園縣（現為桃園市）也是屬於移入人口較多的縣份，設校的需求也多，至於其他縣市也因取得設校土地，可以增設學校，如花蓮縣的中原國民小學即是該政策取得之土地而新設的學校。因增設學校的結果，使得降低班級人數的可能性增加，相對的也可能增加教師的需求。

3. 國民小學教師退休制度變革：猶記得研究者尚在小學任教時，全校教師100人，平均年齡為52歲，因教師的命令退休年齡為65歲，除非有重大疾病，否則很難提早辦理退休，後因教師退休制度的變革，使得有意提早退休者，都能如願，加上1996年2月1日實施教師退休新制（恩給制改為儲金制），並增加五五優惠退休專案，使得有意提早退休且如願者大增，也成為風氣。原本穩定的國民小學教師工作職場起了很大的變化，教師的新陳代謝也投下複雜的因素。

4. 計畫性降低班級學生人數：「發展與改進國民教育六年計畫」（1983-1988年）及「發展與改進國民教育第二期計畫」（1989-1992年），其中也包含降低班級學生人數至每班45人，另為呼應410教改聯盟的「小班小校」訴求，1996年公布「教育改革行動方案」，其中有一項「降低國民中小學班級學生數計畫」，自87學年度起逐年降低班級人數，至92學年度降至每班35人。又於96年3月21日頒布修正《國民小學與國民中學班級編制及教職員員額編制準則》第2條文自96學年度起逐年降低國民小學班級學生人數至104學年度降至每班29人。因降低班級人數，即可能使得減班的速度趨緩，甚至都會型的學校還因此需

要增班，增加教師的需求。

5. 課程改革的衝擊：目前所使用的九年一貫課程綱要乃源自民國86年起成立的專案小組，因其變動幅度大，其中對現職教師衝擊最多的是，過去只有課程標準，新的改革變更爲只提供能力指標，要由教師自編或選擇適當的教科書，而且要實施以學校爲本位的課程總體計畫，使得那一段時期，幾乎整個暑假，老師們不是參加研習課程，即是在籌劃學校的校本課程及課程架構，加上爲了因應資訊化的社會，尙需面對資訊能力檢測等要求，使得達到可以月退年齡的教師，多數選擇提早退休一途，使得教師的缺額問題益形嚴重。

參 少子女化對教育的影響

少子女化對於教育的影響是相當複雜的，當然少子女化對教育的影響也不全然是不好的，也有一些正面的效應，如同表2所呈現的數據看來，因爲少子女化使得小班小校的理想得以實現，因爲小班小校理想的實現，附隨而來的是增加了學生的活動空間及師生關係更爲緊密等。當然少子女化確實也會產生一些可能的挑戰或問題，如各級學校的學生來源減少，學校規模面臨萎縮甚或裁併校等情形發生。以下即就少子女化對國民小學教育可能產生的正面效果及挑戰等進行探討：

一、正面效果

1. 實現「小班」與「小校」的理想：1994年民間教育改革團體提出的四大訴求之一即爲小班小校，認爲國民小學的學生人數不宜過大，班級學生人數亦應適度縮減，以期能夠增加師生互動的機會，提高教育的品質。由於少子女化的結果，從教育部的統計資料顯示，近20年來，無論是學校學生總數，或者是學生班級平均人數，都是呈現減少的趨勢，已達成了小校小班的理想。

2. 增加學生的活動空間：學校校地維持，設施未變情形下，學生總人數減少，則學生的活動空間相形增加，另教學設施亦因學

生人數減少，個別學生使用的機會與時間也相對地增長，此為少子女化的可能正面效果。

3. 可規劃更周延的教育設施：學生太多時，學校可以使用的空間也會相對減少，尤其是專科教室或其他教學設施，都需要使用到一定的空間，因為學生人數減少，其設置的可能性即相對增加。

4. 教學品質可以再提升：此部分尤其在班級教學方面更為明顯，因為班級人數過多的情形下，教師的教學活動或方式，將會受到比較多的限制，班級人數少，教室內外可活動的空間相對增加，也使得學校活動的多樣化、活潑化變得可能。

5. 教師之間的關係更為緊密：由於學校規模變小，教師間的接觸機會相對增加，教師社群的成立，教學或親師問題的討論與思考機會也多。

6. 促進親師生的關係：由於學生家長的子女變少了，因而對子女的關心程度及能力也相對增加，是以和教師共同商討其子女教育的機會也較多，是以親師生的關係的建立將更為可能，也能促進親師生互動的品質。

二、可能產生的挑戰

少子女化對教育現場雖有以上的正面效果之可能，但也免不了會有一些挑戰必須面對，其影響層面可從學校本身及教師個人二部分來分析：

1. 就學校本身而言

少子女化對學校的最直接衝擊應是生源的減少了，因為生源減少即可能造成學校規模的萎縮等問題出現如下：

(1) 學生來源減少：少子女化對學校來說，最為直接的就是生源減少，對原來學校班級數過多的學校而言，或可舒緩學生入學的壓力，但是，如果生源減少太多，也將會面臨減班的窘況發生。至於一個年級只有一班的學校，則會面臨班級學生人數不斷減少，甚至沒有學生入學的情形發生。

(2) 學校規模面臨萎縮：由於學生人數減少的影響，使得大型學校的班級數逐漸減少，組織規模的縮減，使得學校的分工需

再做調整，行政事務的重整在所難免。至於一個年級只有一班的小規模學校，則可能面臨裁班併校的可能，以表2的數據來看，民國94年的全國國民小學總班級人數為62,634班，104年時則為52,404班，短短的10年間共減少了1萬230班，可見其減縮的情形算是相當嚴重的。

(3) 產生老師超額問題：學校系統受入學人數預測的影響，決定教職員額如何分配（Seyfarth, 1996）。因為學校的班級規模級距決定學校的組織型態及職員編配額度，而且教師數量的需求，更是直接和班級數連結，所以，入學人數的減少會使得學校關閉和教師被遷調或裁員（Sealey, 1976）。以目前國民小學教師員額編制每班約1.7人來看，減少3班即需減少5位教師，所以，遇到學校控管員額不足時，便會產生超額教師的問題，這幾年來各縣市政府教育處，在暑假期間都須為超額教師的去處進行作業，其間也會產生一些質疑的聲音。

(4) 因裁班或併校致產生閒置空間待處理：學校因為減班、併校而產生閒置空間，這些空間如果沒有好好管理，常會成為社會輿論批評的標的，但如果是為使用而使用，有可能又是另一種浪費。

(5) 學校教師難以新陳代謝：由於少子女化的問題，可能造成裁班併校，其所衍生的問題中最難處理的就是人的問題，其所產生的超額現象該如何處理，是各縣市政府不得不重視的問題，為減緩此問題的嚴重性，便採取人員出缺不補的措施。另外，各縣市超額教師的處理辦法中對於誰是超額教師這項，在國民小學部分幾乎都是如有自願者，則以在其所服務的學校年資長者為優先，如無志願者，則為服務年資最淺者為優先，使得大多數的老師不太敢提出調校或轉校申請，使得學校的新陳代謝機制陷於停頓。

2. 教師部分

(1) 超額教師的憂慮：近10年來，由於少子女化的關係，對於服務於一個年級超過兩班以上的年輕教師而言，每年的5月

份總會顯得較為緊張，因為5月份是新生報到的時間，如果招生不足，他可能就會變成超額教師，如果成為超額教師，未來的學校在哪？到了那個學校之後，是否會再面臨超額的問題？會否成為人球教師（在甲校成為超額教師，分發到乙校，但乙校拒收，使得該教師尊嚴盡失）？

(2) 調轉他校困難：許多教師服務的第一所學校可能不是在其住家附近，而且，新進教師也大多數較為年輕，成家之後，也可能離家更遠，或其子女日漸長大，因教育的問題，必須遷居，但在超額教師需面對的許多不確定因素，使這些教師在做決定時更顯得躊躇。

肆　少子女化效應影響教育政策的制定

少子女化雖於1983年已在我國開始發生，然而到了2003年，因開始產生具合格教師證書者，到處找不到教職，加上小學現場入學生人數逐漸減少的情勢從鄉村到城市都已感受到，有些鄉村小型學校，可能面臨被裁併的命運；學生數多的大型學校，也因學生數急速減少，形成班級數快速減少的情形發生，無形中產生了必須處理的相關問題。教育主管行政機關也因應時勢，制定相關規定，以期減少因少子女化所造成的衝擊，主要者如下：

一、學校可保留部分教師缺額

《國民小學及國民中學班級編制及教職員員額編制準則》第3條規定，國民小學得視學校需要，在不超過全校教師員額編制數5%範圍內彈性用人。各校幾乎都有相當的保留缺額的做法，但也因此可能產生一些問題，如104學年度時，花蓮縣南區有一所國民小學，竟然變成全校都是代理的狀況，即校長、主任、教師等都是代理，雖於該年暑假及時補救，但目前（106學年度）也只有一位校長，二位正式教師兼主任，其餘仍為代理代課教師的情形。

二、超額教師處理辦法

各直轄市及縣市政府紛紛訂定超額教師處理辦法以因應超額教師的需求。但對於超額教師的產生，幾乎都是採後進先出的原則（即無人志願時，則到該校年資最淺者即為超額教師）。

三、實施最小編班人數或最少設校總人數規定

對於學校規模如何沒有一定的標準，但如果學校規模過小或班級人數過少，都會稀釋原有的教育經費，因此，主管國民教育的縣市政府都亟思改善之道，如宜蘭縣曾規定一年級新生人數未達6人者不予成班或隔年招生。臺南縣規定學校總人數未達100人者、屏東縣則訂定平地鄉鎮人數未達100人，原住民鄉鎮未達30人者實施併校作業；桃園縣對迷你型學校實施不派任（共派）校長方式減少人事費支出。

四、閒置空間再利用的鼓勵措施

學校因減班或廢校等措施，便會產生閒置空間的問題，這些閒置空間如果未能加以善用，又會成為被指責的焦點，因之，有些學校設置類似文物展示中心、樂活中心等，提供學童更多活動的場所；也有部分學校向縣政府教育處爭取設置幼兒園；也有鄉鎮公所爭取設置供老年人活動的樂齡中心（如宜蘭縣順安國民小學）等。

五、辦理特色學校計畫

此計畫主要起源於臺北縣（現為新北市），將部分面臨裁併的鄉間小學改設於類似遊學中心的型式，因為成效良好（如有木國民小學），是以教育部即將之推廣至其他縣市，如花蓮縣的文蘭國民小學、臺東縣的電光國民小學，希望能藉由地方特色的展現與開發，提供做為城鄉交流或遊學的好去處。

伍　少子女化教育問題的思考（代結語）

少子女化形成的因素是多方面的（Baron, 2007）。可能由於經濟的發展、也可能是教育發展及普及、亦因社會觀念的轉變。Hall

（2002）即認為已開發國家出生率下降是必然的。而且，當家庭中控制經濟權的成員不能因生育率高而得到好處，生育率就會降低（Caldwell, 1982）。尤其是女性普遍開始進入職場工作，在考量養兒育女的成本負擔下，使得女性選擇減少生育（Kurtzs, 2005）。另外，社會工業化後，生產自動化使得所需人力減少，也是造成已開發國家少子女化的其一原因（Harbison & Robinson, 2002）。少子女化對教育最為直接的衝擊即是生源的減少，雖然從前述的說明中，可以發現一些教育政策可以使得其問題延緩發生，但也免不了有其限制，最重要的是，不宜落入頭痛醫頭、腳痛醫腳，甚或是頭痛醫腳的情事發生。

　　亞洲國家少子女化情形則以日本發生為最早，日本政府於1990年代開始提出因應之道且傾向長期性規劃（劉妃圓，2008）。就我國而言，少子女化的來臨對各級教育都已產生了衝擊與壓力，政府在教育政策上也做出不少的回應，惟是否都是對症下藥也難一時確認，以下僅就學校整併政策、教師人力調配整合運用、閒置空間處置進行探究。

一、學校整併政策問題

　　究竟怎樣的規模才是較為理想的學園確實是一個難題，可以確信的是學校規模過小，對於學生群體生活的學習並不見得有利，以今（106）年為例，全臺多所小學的一年級新生僅只一人，或許學校的行政人員或教師均認為可以更專注於學生的學習，可以提供給學童更多的照護，但對學童而言，整個上課的期間均處於緊繃的狀態，部分課程如體育之球類或自然科學之實驗課與語文領域之討論發表課等均有其限制，下課時間則較難找到遊戲的同伴，因之除非地處特偏外，進行整併，強化資源的集中與效益，不失為較佳的選擇。但學校的整併常面臨主政者的意向、學區家長的異見，使得此方案之實施，出現不少的阻力。究該如何處理，有待更為有智慧的作為。

二、教師人力的整合與運用

　　少子女化影響中最難處理的應該是人的問題了，尤其是在第一線的教師，其影響的人數也可能超乎想像，從前面的數據來看，近10年

來，全國約減少一萬班，減少的教師需求量爲1萬7千人左右，如果不及早因應，影響到近2萬人的生計，是個相當嚴重的問題，相信這也是爲什麼各縣市政府都採取員額控管的機制。教師人力問題應關注質量並重（Afterschool Alliance, 2007）。而各縣市開始控管教師員額後，卻造成師資無法正常代謝的情形之外，也使得偏遠的鄉間學校之代理代課教師比率過高，又使人事的不穩定、教學活動銜接出現斷層，影響教育品質的掌握與維持。

三、閒置空間與設施的處置

閒置空間可分兩部分來看，一是進行廢校後的閒置空間，另一則爲因減班後所留下的閒置空間。有關廢校後的閒置空間，宜視該校的區位及可能的發展爲何，進行較爲周延的規劃，以花蓮縣爲例，1975年至今，已廢校者達27所（鄧明星，2005）。現尚使用者並不多，主要原因乃多數學校地處偏遠，該地區也已人煙稀少，只有少部分在離市區較近的廢校用地，可以辦理里民活動場所、在地藝術家工作坊等，因之廢校後之閒置土地的使用尚有很大的努力空間。至於減班後之閒置空間，有些學校自行規劃設置文物展示中心、樂活站、簡易游泳池等設施，這些設施最好能夠和學校的課程結合，方能突顯其價值，並增加其效用。另外，有些學校則設置幼兒園、或提供地方機關辦理民衆聚會的場所，只要學校的主導權不受影響，且如果學生回流時，可以再使用，則應無疑慮。其實在廢校後的教育設施，如教具、遊戲場設施與器材、可移動的財產等的處置，則是最被忽略的區塊，尚待關注。

總而言之，教育政策的實施，有可能解決少子女化的問題顯現，但非萬靈丹，但如果能因此換得妥善處理的時間，亦不失爲良策，就以最近的10年間，全國減少一萬餘班，而沒有出現現職教師無處可教的境地，員額控管算是成功的做法，然而形成全校都是代理、或很高比率的代理教師，則是有待商榷的問題，爲了維持教育的品質，實需再多費心。另因少子女化減班併校所衍生的閒置空間，究應如何處理較爲理想，尚有許多可以努力的空間，亟待強化。

參考文獻

(一) 中文部分

內政部（2016）。內政部民政司統計資料。

行政院衛生署國民健康局（2004）。國人對婚姻與生育態度電話調查結果，http://
　　www.doh.gov.tw/ufile/Doc/200412_%B0%EA%A4H%B9%EF%B1B%AB%C3%BB
　　P%A5%CD%A8|%BAA%AB%D7%BD%D5%ACd%B5%B2%AAG.pdf

教育部統計處（2016）。主要教育統計圖表—主要統計表—歷年。

劉妃圜（2008）。**臺灣少子化趨勢下的對策——日本經驗的啓發**。國立暨南國際大
　　學公共行政與政策學系碩士論文，南投縣。（未出版之碩士論文）

鄧明星（2005）。花蓮縣國民小學規模過小學校合班併校研究。國立東華大學公共行
　　政研究所碩士論文，未出版，花蓮。

(二) 英文部分

Afterschool Alliance (2007). *Afterschool: A powerful path to teacher recruitment and reten-tion*. Washington, DC: Afterschool alliance. (ERIC Document Reproduction Service No. ED498150)

Baron, B. (2007). *What is the cause of low birth rate?* Retrieved from: http://gatesofvienna. blogspot.tw/2007/05/what-is-cause-of-low-birth-rates.html.

Caldwell, J. C.(1982). *Theory of fertility decline*. NY: Academic.

Hall, P. (2002). Planning: Millennial retrospect and prospect. *Progress in Planning. 57*, 264-283.

Kurtz, S. (2005). Demographics and the culture war the implications of populations decline. *Policy Review, 29*, 27-40.

Sealey, R. D. (1976). Declining Enrollment. (ERIC Document Reproduction Service No. ED 265 624).

Seyfarth, J. T. (1996), *Personnel Management for Effective Schools*, 2nd Ed, Boston: Allyn & Bacon.

問題與討論

一、目前我國因應少子女化的教育政策措施有哪些？

二、少子女化對於教育政策發展的正向或負向影響為何？

第六章

本土語言深耕教育政策檢討及策進作爲——以客家爲例

林立生

巴西奧運風光落幕，運動讓全世界的人聚焦，也鼓舞了無數人。1968年墨西哥奧運的阿赫瓦里（John Stephen Akhwari坦尚尼亞人）他是第一位坦尚尼亞的奧運選手，遠從遙遠的非洲飛到墨西哥參賽；沒想到賽事當天，他才跑了十九公里就摔倒而膝蓋受傷、肩膀脫臼，其他選手一個個超越他，天色漸黑、路旁的觀眾逐漸散去，甚至體育館也舉行完頒獎典禮，燈也熄了。當所有的人都覺得馬拉松賽已經結束，但唯獨阿赫瓦里還沒跑到。這時候，有一位記者發現這位受傷的孤單跑者，便趨前問他，明知已無奪標機會，為什麼要繼續跑？他回答：「我的國家派我飛五千英哩來墨西哥，為的不只是讓我能夠起跑，而是要我完成這場比賽」，這也成為奧運場上一段佳話。我想完成這場比賽，是阿赫瓦里體認一位運動員的使命，也因為如此不論發生什麼事，可控或不可控、喜愛或不喜愛，他一定要盡力完成。本土語言亦是如此，流失且日趨嚴重，語言傳承彷彿是無止境的工作，但傳揚客家沒有捷徑，唯有像阿赫瓦里一樣，不管遇到什麼瓶頸，還是要以最務實的態度，才能一步一腳印地走出族群的前景。身為教育工作者的你我，不論是本土語言的深耕，也應該秉持過去的傳統與積累外，更須隨著時代的腳步而與時俱進，不斷創新，運用尊重、包容、接納、謙卑與欣賞不同本土語言的態度，才能傳承更符合未來臺灣教育多元文化中的「和諧客家」。

～名言錦句

壹　緒論

聯合國教科文組織2001年通過《世界文化多樣性宣言》，提到文化多樣性是人類的共同遺產，也是社會發展的泉源，而客家文化是臺灣文化之一，故營造適於客家文化發展之內、外在環境，使客家文化的種子，能生根萌芽，逐步茁壯，乃當前重要課題。

過往由於推行國語政策的影響，臺灣各族群多元語言發展未受到

足夠的重視，在這樣的歷史背景之下，客家語言亦成為相對弱勢的語言。文化是一個民族風俗民情及生活習慣的累積，客家文化因此亦需立基於傳統藝術，導入現代化及國際化元素，以現代元素刺激，不斷蛻變及創新，從而創造客家藝術新感動，使文化呈現多元新風貌。

綜上，本文以「本土語言深耕教育政策檢討及策進作為──以客家為例」為題，先概述客家研究，說明相關計畫及實施依據，再經檢討現行相關政策及方案提出研究發現，最後研提應有之改進方向。

貳　客家研究概述

1988年「還我母語運動」啓發臺灣客家意識，也帶動了客家研究浪潮。「客家研究」做為一「新興學門」，在臺灣學術研究領域的能見度，自2000年之後，呈現出積極發展的趨勢（王俐容、魏玓，2013）。體現在官方機構、學術研究機構及民間研究社群之豐碩成果，其中建構客家知識體系為客家委員會（以下簡稱客委會，第一次以用全銜）施政重點目標之一，由《客家基本法》第11條規定：「政府應積極獎勵客家學術研究，鼓勵大學院校設立客家學行相關院、系、所與學位學程，發展及厚植客家知識體系」可觀之，為開創臺灣多元文化的重要里程碑。

臺灣客家運動的發展，自1987年起，歷經三個主要階段：第一階段為《客家風雲》雜誌創刊（現已改組為《客家》雜誌），至1988年12月由《客家風雲》雜誌推動之「還我母語運動」大遊行，此進而促進了臺灣客家公共事務協會與寶島客家電臺之相繼成立（范振乾，2007）。而且，客家意識、客家社會運動與許多制度性的建置也密切相關，例如：2001年設立客委會、2003年成立國立中央大學客家學院、客家電視頻道及客家廣播聯播網等（徐正光、張維安，2007），綜上所述，民間力量、學術研究及官方機構對於建立客家知識體系皆有著力，另江明修、張奕華（2013）指出，綜合客家運動的發展、客家行政機關的設置、客家經驗的傳承等方面之簡述，客家知識體系可略分為「客家經驗體系」、「客家行動體系」及「客家理論體系」三方面。建構客家知識體系是以促進「客家研究」發展、深化、昇華至

「客家學」的關鍵步驟,以「客家知識體系」為核心,並輔以「客家經驗體系」與「客家行動體系」三者建構而成。

衡緒近20年臺灣客家研究發展的三階段,周錦宏、陳欽春(2013)概以「百家爭鳴」、「新興主流」及「多元共存」的三階段來說明近20年臺灣客家研究之發展歷程:百家爭鳴階段為客委會未成立之前,此一時期受社會運動的影響,客家意識逐漸崛起;客委會成立後,呈現量變之現象,新興議題之學門,如產業經濟、政治政策、傳播及性別等,制度化後其數量成長亦是可觀;爾後涵蓋的範疇變得更為廣泛,也朝向多元化、跨領域面向之發展。

然而,客家知識體系也面臨到三項挑戰:1.學術領域上,客家知識體系的核心價值與定位亟待釐清;2.人才培育上,客家學術機關所培育的專業人才,如何使其在就業市場上發揮所長;3.社會貢獻上,具客家意識的文史工作者、民間藝術家、民間音樂師的經驗傳承,如何將其自身歷練與客家學術領域結合,或客家學術領域的研究成果如何與社會發展脈動連結,均為建構客家知識體系不可或缺的要素(李世暉、鄧中堅,2013)。面對以上挑戰,期望我國能在客委會政府機關帶領下,學術機構、民間力量共同成長,不斷提升客家研究能量,帶動我國多元發展。

參 相關計畫及依據

一、客家文化躍升計畫(客家委員會,2014a)

(一)《中華民國憲法增修條文》第10條第11項「國家肯定多元文化」。

(二)聯合國教科文組織2001年通過的「世界文化多樣性宣言」。

(三)《客家基本法》第1條「為落實憲法保障多元文化精神,傳承與發揚客家文化」、第6條「加強客家文化重點發展區之語言、文化與文化產業傳承及發揚」、第11條「政府應積極獎勵客家學術研究,鼓勵大學校院設立客家學術相關院、系、所與學位學程,發展及厚植客家知識體系」、第13條「政府應積

極推動全球客家族群連結，建設臺灣成爲全球客家文化交流與研究中心」及第14條「政府應訂定全國客家日，以彰顯客家族群對臺灣多元文化之貢獻」。

(四) 馬英九總統第二任任期的客家政見「扶助客家文創活動，將客家節慶提升爲國際觀光層級」、「善用各地大學客家學院、系所及研究中心，建構系統性教育訓練計畫，培養客家青年領導人才」。

(五) 《客家委員會組織法》第2條第4款「本會掌理客家文化保存與發展之規劃、協調及推動」。

二、客家語言深耕計畫（客家委員會，2014b）

(一) 《中華民國憲法增修條文》第10條第11項「國家肯定多元文化」及「公民與政治權利國際公約」第358點及「經濟社會文化權利國際公約施行法」（簡稱兩公約施行法）。

(二) 《客家基本法》第1條「爲落實憲法保障多元文化精神，傳承與發揚客家語言文化」、第6條「加強客家文化重點發展區之語言、文化之傳承及發揚。前項重點發展區，應推動客語爲公事語言，服務於該地區之公教人員，應加強客語能力；其取得客語認證資格者，並得予獎勵。」、第8條「政府應辦理客語認證與推廣，並建立客語資料庫，積極鼓勵客語復育傳承、研究發展與人才培育」、第9條「政府機關（構）應提供國民語言溝通必要之公共服務，落實客語無障礙環境。辦理前項工作著有績效者，應予獎勵。」及第10條「政府應提供獎勵措施，並結合各級學校、家庭與社區推動客語，發展客語生活化之學習環境」。

(三) 馬英九總統第二任期「榮耀客家、藏富客庄」客家政見，辦理「客語認證起始年齡降至四歲，並建立『客語百句』認證，鼓勵客語的普及化」，並全力營造「客家文化重點發展區」優質客語使用及學習環境，期活化客語重返公共領域。

(四) 《客家委員會組織法》第2條第3款，本會掌理客語推廣及能

力認證之規劃及推動等事項。

肆 政府現行相關政策及配套措施

一、文化躍升方面（學術文化相關）

(一) 知識體系發展部分

1. 補助大學院校發展客家學術機構計畫

除持續補助大學院校推動成立客家學院、系所或客家研究中心，從事與客家學術有關之調查、研究、保存，以及開設客家通識課程外，亦鼓勵兼具「在地性」客家文化特色之創意設計、產業研發以及媒體傳播等多面向應用課程，及客家青年領袖培訓課程。以建構客家知識體系，整合國內各大學校院資源，促進客家學術研究發展與培植客家青年領導人才。

2. 獎助客家學術研究計畫

提供客家相關研究計畫（包括本土研究計畫、跨國研究計畫、民間文史工作者進入學術機構進行專題研究）之獎助，引發各界對客家研究之興趣與動能。為深化客家學術研究計畫之廣度（包括本土研究計畫、跨國研究計畫、民間文史工作者進入學術機構進行專題研究），提供個別型研究計畫及整合型研究計畫獎助，鼓勵各界從事客家研究，作為建構客家知識體系的重要能量。

3. 獎助客家研究優良博碩士論文計畫

提供國內外大學校院博、碩士班優良客家研究學位論文獎助金。

4. 計畫性培訓客家事務管理人才

為落實馬英九總統第2任任期「榮耀客家、藏富客庄」客家政見之「成立客家發展基金會，以靈活機制和豐沛資源推動客家事務」，並執行客家基本法所定客家族群權益保障及其相關法定任務，宜委由客家發展基金會辦理，或於基金會成立前與勞委會、教育部、人事行政總處等機關合作之相關培訓機構共同辦理，計畫性培育客家事務經營管理人才。

二、客家語言方面

(一) 客語薪傳師制度及推動客語沉浸式教學向下扎根

為推展客語文化永續傳承，客家委員會賡續推動「客語薪傳師」制度，辦理客語薪傳師資格認定，並透過補助客語薪傳師傳習計畫，從語言、文學、歌謠、戲劇四大類別傳習延續客家語言及文化，營造客語全方位學習之環境。另外，積極推動「客語沉浸式教學」，可向下優先於幼兒園實行，讓孩童沉浸在使用客語之優良環境，倘若教師上課時使用客語教學，且定期接受培訓課程，落實將客語教學帶回課堂上實施。

訂定績優客語薪傳師獎勵制度，對輔導學員通過客語認證執行成效績優者核發獎勵金，以茲鼓勵。此外亦就客語薪傳師辦理研習課程，加強薪傳師本身專業素養，提升客語教學品質，以培養客語師資投入客語傳承工作。

透過補助辦理客語薪傳師傳習計畫，整合客語薪傳師、家庭、學校及社區的力量，傳習客家語言、文學、戲劇及歌謠，並以19歲以下學子為主要傳習對象，普遍設置客語小學堂，傳承客家語言及傳統文化，期藉此制度建立客家語言及文化永續發展機制。

自99年度起開辦客語薪傳師傳習補助計畫，首次核定305人次客語薪傳師，開辦453班，共有8,298人次參與；100年度核定470人次客語薪傳師，開辦723班，共有12,593人次參與；101年度核定462人次客語薪傳師，開辦746班，共約12,340人次參與；102年度核定508人次客語薪傳師，開辦828班，共約12,811人次參與。總計近4年來，至少有45,742人次參與客語薪傳師計畫，對客語學習及客家文化的傳承，有其績效。

(二) 建置客家語言教學資源中心及客語資料庫

客委會為有效保存及傳承少數腔客語如臺灣大埔、饒平、詔安客語，協助其在校推動客語教學，分別成立臺灣大埔、饒平、詔安客語教學資源中心，逐年蒐集教學資料、建置網站、編輯教材及辦理教師培訓等，並辦理臺灣饒平、大埔、詔安客語辭典編纂工作。其目的係為提供大埔、饒平、詔安客語教學研究、保存、推廣的整合平臺，奠下延續客

語的基礎，使更多有興趣、有心保存及推動客家文化的人士來共同參與，協助客語之推廣、傳承及教學資源共享。

98年補助客語生活學校績優學校臺北市古亭國小等15所客語教學資源中心之相關硬體設備，以強化客語推廣教學；99年補助客語生活學校績優學校新北市永和國小等14所客語教學資源中心之相關硬體設備，辦理客語教師培訓、編輯客語教材、客語相關出版品、蒐集客語相關的田野調查資料、論文、書籍等；100年為豐富客語教學資源，編印出版「客語唐詩教材」。另與教育部共同辦理「部編版客家語分級教材」4年（97-100）計畫，依客家語分腔調編輯國小至國中9級分級教材。100年8月已印製完成第6、7級教材，計10萬冊分送各縣（市）政府及學校運用推廣；101年補助客語生活學校新竹縣東海國小等14所客語教學資源中心之相關硬體設備，以強化客語推廣教學。印製「部編版客家語分級教材」第8、9級，計7萬7,000冊分送各縣（市）政府及學校運用推廣。

(三) 客語生活學校計畫

為強化學校師生對客語之認同及提升使用客語之意願與能力，使客語在校園生活中廣受接納及使用，客委會推動客語生活學校計畫，參與校數逐年增加（97年334所、98年400所、99年442所、100年493所、101年538所、102年541所）。各校推動之實施方式，除與語文課、藝術與人文、社團及綜合活動等正式課程相結合外，並配合教育部推動「臺灣母語日」之教育精神，塑造學生人本、鄉土情懷及培養其民主素養。

98至101年辦理第五至第八屆「全國客語生活學校成果觀摩賽」，102年辦理「全國中小學客家藝文競賽」；委託各縣（市）政府辦理督導訪視，經各縣（市）政府審慎評核，推薦學校為客語生活學校績優學校。

(四) 公事客語無障礙環境計畫

為加強客語能見度，鼓勵全民學習，促進客語在公共領域發聲，使提高客語之使用符合公共化、多元化、普及化及生活化等原則，客委

會積極落實客家語言文化傳承之相關政策，於各公民營機構在大眾運輸工具、公家機構、醫院、法院等公共場所，推動公事客語無障礙環境計畫，提供客語志工、口譯及客語播音等服務。

(五) 客語能力分級認證計畫

為加強客語之使用能力，鼓勵全民學習客語，提高客語之服務品質，落實客家文化傳承之任務，自94年起辦理「客語能力認證初級考試」，並推動客語文字化工作，帶動國人學習客語的風潮，俾達成復甦、發揚及傳承客語的施政目標。

有關101至104年通過客語能力認證人數詳如表1所示，其中104年達成度未達100%，推估原因可能為受近年少子女化因素致報名人數趨緩，又因考生組成及考生能力因素影響（年齡與通過率成正比），造成通過率亦逐年下降。

表1

101-104年通過客語能力認證人數

項目	101年度	102年度	103年度	104年度
原訂目標值	13,000	13,500	14,800	15,500
實際值	14,667	13,996	17,845	14,722
達成度（%）	100	100	100	94.98

資料來源：修改自客家委員會（105）。客家委員會104年度施政績效報告。取自http://www.hakka.gov.tw/public/Data/653011494471.pdf

伍　主要研究發現

一、客家文化方面

(一) 客家文化仍未成為臺灣文化主流之一，需加強文化認同及行銷

客家為臺灣第二大族群，客家文化應為臺灣文化主流之一，但客家藝文的推展卻受限於一般大眾對「客家」刻板的印象與認知，使得客家傳統藝文欣賞人口仍多屬客家族群，且較偏中老年齡層。如何提升客家藝文團隊品質，積極協助其創新客家文化價值，並結合縣市活動及在地

產業，擴大為全國客家表演藝術嘉年華會，而能以全新的表演型態，讓大眾對客家有更深度的文化觸感及認識，進而產生認同，將是未來推動客家文化躍為臺灣主流文化一環的重要方向。

(二) 客家知識體系尚待強健，逐步匯聚客家研究能量

自92年國立中央大學成立全球第一個客家學院開起先端，迄今國內已有7所大學校院成立客家學院系所等正式學制，包含3個學院、5個學系、10所研究所、2所研究所碩士在職專班及1個博士學程，進行客家學術研究及客家研究人才培育，並開設可供全校師生選修之客家相關通識課程。惟國內、外從事客家研究的人才及資源仍相對有限，難以形成客家學術發展社群，也不易建構系統性與整體性的客家知識體系。

(三) 客家研究社群散落，需要長期性的政策補助機制

現有客家研究社群散落，常被整編至不同的學科、學門內，成為其他知識體系的附屬或邊陲，其研究議題尚未受到學界重視，分配到的研究資源亦相對有限。因此，須在體制上建立客家研究社群互動機制，促使客家學術持續向下扎根，拓展範疇，以累積堅實根基，期為客家研究開創更多元的面向。

(四) 聚落文化發展尚待創建

近年來永續發展的聚落保存概念興起，對於族群文化的傳承，逐漸回歸至文化的根源地「聚落」來思考，亦即由在地社群齊心合力，推動傳統聚落的文化保存工作，期透過人文地景與歷史風貌的重現，直接觸動人心。因此，客庄聚落當以發展人文精神為主，對所在地域的自然、史蹟及各項資產予以保存，並透過串聯地方的在地資源，共同營造客庄聚落再發展的新模式，應為最符合當今世界潮流的規劃方向。

(五) 習於「經建式」的硬體思維，缺乏軟體建置與穩定營運

過去的文化建設常編列龐大預算於硬體設施上，卻忽略後續軟體建置與經營內容，而影響其使用效能，甚至有淪為蚊子館之虞。倘能將國家支持的向度，著眼於整體文化環境的整備，而編列充足的經費，以建置穩定的客家文化公共服務場域，方能進行有計畫且持續性的文化資源

整合與推廣，從而推動客家文化軟實力的建構與發展。

二、客家語言方面

(一) 客語能力提升速度趨緩

「語言」是維繫以及傳承一個群體文化最重要的元素。依據客委會98至99年度臺灣客家民眾客語使用狀況調查結果發現，客家民眾客語聽說能力雖呈現逐年上升的趨勢，但是上升的幅度減緩。這也說明了客家民眾對於本身客家母語雖然仍相當的重視，但是現階段客語能力再提升的難度更高。而歷次調查結果也顯示，客家民眾的客語能力和其年齡高低成正比，年齡愈小者，客語的說聽能力愈低，29歲以下客家民眾會說聽客語的比例皆比整體客家民眾爲低，整體大環境的變化是影響13歲以下客家民眾不使用客語溝通的主要因素，而父母與祖父母對於客語學習的態度上則傾向於工具性思考，因此要如何落實客語向下扎根政策，做好客語的教育及復甦工作，亟需長期努力深耕，才能使客語永續傳承。

(二) 客語腔調多元　用字尚待標準化

客家民眾使用的客家語言腔調，因爲所在地區的不同而有所差異，主要的腔調以四縣腔、海陸腔、大埔腔、饒平腔與詔安腔爲主。除了以上五種主要的客家腔調外，還有北部四縣腔、海陸腔交界的「四海話」、永定、豐順、武平、五華、揭西等不同腔調的客家話。由於客語腔調具有地域性之差異，各腔調尚未全面統一標準化用字系統，因地區使用說法不一，音標亦有差異，其難度高於華語或英語，故持續研訂客語標準化文字及標音，並編輯出版推廣，仍屬客家語言發展必要之重點工作。

陸　檢討與建議

一、文化躍升方面

(一) 發揚提升客庄節慶、賦予新意

以新思維創新客家元素，豐富客庄節慶內涵，提升客庄節慶國際能

見度。

(二) 客庄鄉鎮發光、深耕在地客家

客家重點發展區展現特有歷史人文，並以整合行銷方式，展現新亮點、製造新感動，讓臺灣看見在地客家之美。

(三) 推展客家文化、鼓勵創作人才

鼓勵藝文個人或團體增加創作數量及品質，並設置文創之網路平臺，展現其成果並增加曝光機會，讓此平臺成為藝文活動辦理單位及創作人才的媒介。

(四) 大型藝術展演、提升國際交流

辦理多元類別的大型藝術展演，展現客家藝文多面向之成果，並推動優秀表演團隊參與國際活動促進交流。

(五) 客家文藝復興、創造新感動

客家音樂、文學、美術、音樂、建築、美食等，皆具有其獨特性及美感，利基於傳統，注入現代新元素，創造客家文藝新感動。

(六) 充實多元文化、締造文創經濟

展現客家多元文化面向，結合產業經濟，發展客庄特色文創。

(七) 擴大客家知識社群，開闊客家學發展空間

透過發展各校客家學術機構措施，從事長期持續性之客家學術研究，並培育各級學術研究人才，擴大客家知識社群，開闊客家學發展空間，厚植客家知識體系永續發展。

(八) 強化客家文化躍升之知識基礎

藉由獎助客家學術研究、客家研究優良博碩士論文等支持措施，挹注客家研究資源，強化客家文化躍升之知識基礎。

(九) 培植公共政策領域客家青年領導人才

階段性、計畫性開辦相關領袖培訓課程，提供客家青年有系統的教育訓練機會，培植具發展潛力的客家青年，為公共政策領域所用。

(十) 展現在地客庄風貌、接軌全球客家文化

南北客家文化園區分別扮演展現在地客庄風貌與接軌全球客家文化之領航角色，期建立客家資源網絡系統平臺，向外幅射擴張，吸引當地住民、遠道而來的旅客及未來世代的參與，帶動地方客庄觀光發展。

二、語言深耕方面

(一) 建立客家語言及文化永續發展機制

復甦客家語言，傳承及發揚客家的語言文化，保障人民學習客語之權利，促進客語在公共領域的活化。

(二) 提升客家後生學習客語興趣及使用能力

補助辦理「客語生活學校」，獎勵國民中小學學校參加客語能力認證，推動「客語家庭」制度，系統性地從家庭、學校、社區等層面傳承及宣廣客語，提升家庭成員、學生之客語能力，復甦客語成為生活語言。

(三) 培植客語教學人才，提升客語服務品質

針對客語薪傳師，加強執行傳習課程之訪查及教學輔導，辦理相關研習課程，俾提升客語教學品質，培養客語師資投入客語傳承工作。

(四) 提供多元客語學習環境，帶動客語學習風潮

透過推辦客語薪傳師資格認定及傳習、獎勵績優客語薪傳師及客語沉浸式教學等計畫，傳習延續客語及文化，促使學習客語變得更生活化，也更深入家庭及社區領域，讓客語學堂遍地開花，以營造全方位學習客語之環境。

(五) 引領非客家族群學習客語及認識客家文化，促進不同族群間相互瞭解與尊重

非客家族群認識及尊重客家文化，進而引領其學習客語，強化族群文化間之互相尊重。

柒 結論

　　本文以客家文化躍升（學術文化相關）及語言深耕兩方面政策深入探討，就文化躍升部分，文化其實是一個民族風俗民情及生活習慣的累積，客家文化需立基於傳統藝術，如何導入現代化及國際化元素，以現代元素刺激，不斷蛻變及創新，從而創造客家藝術新感動，使文化呈現多元新風貌。

　　由於客家語言不僅是客家文化的核心基礎，也是客家人最主要的認同表徵。惟綜觀當前國人使用語言仍以國語及福佬話為主，因此，如何就復甦客家語言，傳承及發揚客家的語言文化，保障人民學習客語之權利，促進客語在公共領域的活化，仍是未來行政部門策進的重點作為。

參考文獻

林立生、劉慶中（2016）。兩岸教育政策改革高峰論壇，本土語言深耕政策檢討及策進作為——以臺灣客家委員會為例。瀋陽師範大學：瀋陽師範大學教育經濟與管理研究所。

王俐容、魏玓（2013）。客家學術機構之發展。載於江明修（主編），客家研究社群省思與政策對話（頁67-101）。臺北市：智勝文化。

江明修、張奕華（2013）。緒論。載於江明修（主編），客家研究社群省思與政策對話（頁1-14）。臺北市：智勝文化。

李世暉、鄧中堅（2013）。客家研究未來前瞻。載於江明修（主編），客家研究社群省思與政策對話（頁141-181）。臺北市：智勝文化。

周錦宏、陳欽春（2013）。近20年臺灣客家研究之發展。載於江明修（主編），客家研究社群省思與政策對話（頁103-140）。臺北市：智勝文化。

客家委員會（2014a）。103至108年度社會發展中長程個案計畫——客家文化躍升計畫。取自http://117.56.91.94/KMPublic/readdocument.aspx?documentId=253298

客家委員會（2014b）。103至108年度社會發展中長程個案計畫——客家語言深耕計畫。取自http://117.56.91.94/KMPublic/readdocument.aspx?documentId=208991

客家委員會（2016）客家委員會104年度施政績效報告。取自http://www.hakka.gov.
　　tw/public/Data/653011494471.pdf

范振乾（2007）。文化社會運動篇。載於徐正光（主編），臺灣客家研究概論（頁
　　417-447）。臺北市：行政院客家委員會。

徐正光、張維安（2007）。建立臺灣客家知識體系。載於徐正光（主編），臺灣客
　　家研究概論（頁1-15）。臺北市：行政院客家委員會。

問題與討論

一、就推動「客語薪傳師」制度以及客語薪傳師傳習計畫，如何從語言、文學、歌謠、戲劇分別傳習延續客家語言及文化？

二、請舉例如何營造客語全方位學習之環境？

三、請闡述如何引領非客家族群學習客語及認識客家文化，促進不同族群間相互瞭解與尊重？

第七章

臺灣海洋普通教育政策發展——從「喚起海洋意識」到「提升海洋素養」

吳靖國、嚴佳代

君子之守，修其身而天下平。　　　　　　　　　　　　～孟子

壹 前言

2015年教育部委託臺灣海洋教育中心修訂《海洋教育政策白皮書》，並持續在2016年委託規劃「106-110年海洋教育執行計畫」，希望讓執行計畫對準白皮書，並在2017年一併頒布施行。

第一版《海洋教育政策白皮書》頒布於2007年，當年也同時公告「96-100年海洋教育執行計畫」（第一期），之後在2012年進一步規劃與公告「101-105年海洋教育執行計畫」（第二期）。也就是說，從第一版白皮書到第二版白皮書歷經10年，期間透過兩期的執行計畫來進行推動。

原本教育部委辦修訂白皮書時，希望採「微調」方式處理，也就是根據原來的架構及具體策略，因應實際推動情形來加以補充和調整。這樣的微調方式在召開第一次諮詢會議時，便提出許多不同意見，尤其出現「翻修」的建議，這也進而讓臺灣海洋教育中心整合其他相關資料，進一步努力調和「微調」與「翻修」之間的衝突。

在第一版白皮書中，明顯的兩個主軸是海洋專業人才培育及海洋普通教育推廣，前者的政策重點在於「縮短學用落差」，後者的政策重點在於「喚起全民海洋意識」（教育部，2007）。根據臺灣海洋教育中心這幾年來每年持續對國內海洋領域高中職與大專院校畢業生就業情形的調查，以海事類與水產類為例，103學年度畢業生進入所學相關職業的比率，高職部分約6%，大專部分約22%（臺灣海洋教育中心，2015），但臺灣海洋教育中心在2014年及2015年辦理的「臺灣海洋專業人才培育論壇」中，都提及就業低及無法與業界接軌的情形，事實上，這樣的問題都曾在第一版白皮書中被討論，也就是說，白皮書中試圖解決海洋專業教育的「縮短學用落差」，這10年來推動的成效十分有限，而倒是在海洋普通教育的推動上，可以看到某程度的成效（吳靖國，2016a）。

經由上述，可以反映出需要「翻修」的政策內容應該是在海洋普通

教育的發展上，而面對縮短學用落差的問題，需要的是如何改進與強化，所以朝著「微調」的方向來處理。事實上，無法在短期內縮短學用落差的問題，係深層地受到海洋普通教育的影響，本文將突顯和說明其中關鍵緣由；其次，由於本文試圖說明政策發展的變化，因此將聚焦於需要「翻修」的海洋普通教育發展上，從理念內涵與推動策略上的改變來突顯第一期與第二期白皮書之間的差異；再者，整體海洋教育政策發展中，臺灣海洋教育中心扮演著相當重要的角色，因此本文特別討論該中心的發展與國家海洋教育的發展之間的關係。

　　據此，本文首先論述海洋普通教育影響海洋產業發展的情形，其次討論第一期與第二期白皮書在推動理念與內涵上的差異，再進一步說明未來海洋教育政策上推展的具體策略，最後提出臺灣海洋教育中心在推動國家海洋教育政策上扮演的角色。

貳　海洋普通教育影響海洋產業發展

一、海洋專業教育與海洋普通教育推動年代上的落差

　　國內在海事水產人才培育的發展歷史上，最早是以高職為主，主要於1936年設立臺灣總督府立水產講習所（即國立基隆海事職校前身），歷經1943年改為臺北州立基隆水產學校及1945年臺灣光復後改為省立基隆水產職校之後，分別於1946年成立省立基隆水產職校高雄分部及1959年成立蘇澳分部（即國立蘇澳海事水產職校前身），其中高雄分部於1948年改制為省立高雄水產職校，之後又於1960年設立省立高雄水產職校臺南分部（即國立臺南海事水產職校前身）與1961年設立東港分部（即國立東港海事水產職校前身），於是形構出臺灣本島海事水產職校的現有分布狀況。另外，國立澎湖海事水產職校的前身起於1922年，臺灣光復之後才改名為省立澎湖初級水產職校，1954年增設高級部；國立成功商業水產職校（1989年設立）及中華商業海事職校（1967年創辦）都設立比較晚。就大專院校而言，省立海事專科學校（即國立臺灣海洋大學前身）設立於1953年，中國海事專科學校（即臺北海洋技術學院前身）設立於1966年，省立高雄水產職校於

1967年改制為省立高雄海事專科學校（即國立高雄海洋科技大學前身），之後於1991年設立省立高雄海專澎湖分部，並於1995年將分部改為國立澎湖海事管理專科學校（即國立澎湖科技大學前身）（吳靖國等，2016）。

　　事實上，國內海洋教育的發展一直都以海洋人才培育為主，所以在民國80年代以前，國人對「海洋教育」一詞的認知是屬於高職與大專院校中有關海事、水產、漁撈等相關專門科系進行的「海事水產教育」（maritime and aquatic/fishery education），到了民國80年代後期，才開始有相關研究提出將全民海洋素養結合到「環境教育」與「鄉土教育」的看法（吳靖國，2014a），但仍未具體反應於教育政策中。一直到2004年教育部才正視海洋普通教育，正式將海洋教育納入教育政策的推動項目，而在2007年頒布《海洋教育政策白皮書》後，才整體規劃與推動海洋教育。

　　如果從臺灣光復之後來看海洋專業教育的發展，高職從1945年、專科從1953年算起，相較於教育部在2004年將海洋普通教育納入教育政策，期間高職相差約60年、專科相差約50年（如圖1）。也就是說，當國家在招募人才進入學校就讀海洋相關科系之時，民眾並沒有獲得相當的海洋意識，對海洋是陌生的，而這樣的情形延續了60年之久，這與長期以來學校海洋相關類科招生不易、海洋相關類科畢業生不願從事海洋相關產業、海洋產業無法帶動臺灣經濟發展等現象，實在有著密切的關聯性。

圖1　海洋普通教育與海洋專業教育的發展重點及推動時程的落差

（修改自吳靖國，2016a，92）

二、海洋產業發展面臨的人才問題

從高職教育階段來看，根據臺灣海洋教育中心（2014, 2015）對海洋相關類科畢業生的調查，102學年度高職海洋相關類科畢業生1,185人，就業率25.7%（304人），進入所就讀之海洋相關產業者占3.7%（44人）；103學年度高職海洋相關類科畢業生1,325人，就業率23.2%（308人），進入所就讀之海洋相關產業者占4.2%（55人）。根據上述統計資料，以就業導向的高職教育來看，其升學率高達七成五，而真正學以致用的比率卻只有4%，也就是說，教育投入與產業需求之間的落差非常明顯，一方面顯示高職教育的定位與機制存在許多問題，另一方面也顯示出海洋產業並不是國人期待從事的行職業（吳靖國，2016a）。

臺灣海洋教育中心自2014年開始每年舉辦「臺灣海洋專業人才培育論壇」，針對海運、漁業、水產養殖、離岸風電、海洋休閒觀光、海洋文創、海洋教育等主題，邀請產官學研不同面向的專家學者面對面進行人才培育的對話，後來吳靖國等人（2016）進一步針對海運、漁業、離岸風電、海洋休閒觀光等四個海洋產業類別進行各界意見之彙整，指出除了離岸風電尚未有學校對應培育人才之系所，其他三個類別都已經有對應之系所，並且在供應的畢業生人數上也都能相對充足，但是畢業生從事與所學相關產業之比率卻相當低，而仍然造成供需失衡及教育投資浪費的情形。也就是說，當前海洋專業人才培育的問題，主要在於「素質」上的問題，包括就業意願以及對應於業界所需能力之落差；更進一步可以理解到，2007年《海洋教育政策白皮書》頒布後這10年來，縮短學用落差的問題並沒有獲得解決，海洋傳統產業不斷面臨國際法令、政治事務、人力資源競爭等壓力，以及海洋新興產業形成的產業鏈結不斷衝擊跨系、跨校、跨國的人才整合之需求，都顯示當今海洋專業人才培育必須重新思考發展定位及經營模式，對教育領導者產生極大的考驗，然而，海洋專業教育與海洋普通教育推動年代上落差的60年，卻讓海洋相關學校難以廣泛吸引學生就讀海洋類科以及投入海洋產業發展，所以近10年來在縮短學用落差上的努力成效不彰，可以

說其中根本的問題就是我們的文化底蘊裡頭仍然沒有海味兒。

三、喚起海洋意識仍然無法真正解決產業問題

這十年來，海洋教育政策在海洋普通教育方面推動喚起全民海洋意識，透過兩期「海洋教育執行計畫」，建立「教育部—臺灣海洋教育中心—各縣市海洋教育資源中心—學校教育」的運作與輔導機制，確實在某程度上產生了一些成效，逐漸讓民眾認識海洋是我們自身所處的環境，也逐漸促動海洋休閒觀光產業的萌芽，帶動國人親近海洋的機會。

即使如此，海洋人才供需問題仍然無法解決，學生從事海洋職業意願仍然低落，關鍵之處在於：讓民眾獲得海洋意識，只能促使民眾願意參與海洋活動，但並沒有讓民眾願意選擇投入海洋產業，因為投入海洋產業需要的是能讓民眾選擇將海洋做為自己的內在價值，甚至是成為自身發展及日常生活的元素，這樣的內在涵養不只是讓學生獲得海洋意識，應該要進一步培養學生的「海洋素養」（吳靖國，2016a）。

在圖2中，「喚起海洋意識→提升海洋素養→優質海洋文化」這個歷程是海洋教育翻轉文化內涵的歷程，從「由陸看海」到「由海看陸」的文化翻轉需要三代的時程。這個歷程是人們內在集體潛意識的轉換歷程，要從內在對海洋的「感受與理解」、「價值與信念」到「準則與行動」，才能真實地讓海洋文化精緻與優質地發展起來，也就是說，在當前推動海洋意識的措施中，希望讓民眾感受海洋、理解海洋，只能讓民眾逐漸認識海洋、願意親近海洋，但是海洋不一定會成為每個人內在職涯發展的元素，因為人們的價值體系中還沒真正讓自己與海洋連結在一起，所以透過教育歷程讓人們的內在進一步蘊含海洋素養，海洋與每個人自身的生命依存和生活價值才會緊密關聯起來。

這正是目前學校教育無法廣泛吸引人才投入海洋研究與產業發展的主要原因，只有海洋意識無法真正讓民眾投入海洋產業，必須透過海洋素養，讓海洋成為人們的價值與信念，成為職涯發展中的元素，才能讓年輕人願意選擇海洋產業。10餘年來，教育者持續努力喚起人們的海洋意識，然而海洋意識尚無法真正全面進入都會、鄉村及山上學校，畢竟需要30年的努力才能充分讓國人感受和理解海洋與自己的關係，而

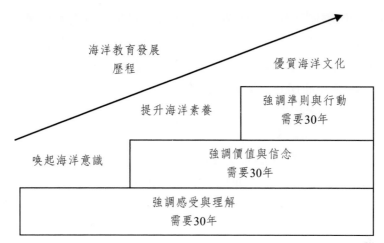

圖2　海洋教育進階發展之歷程（修改自吳靖國，2016a，92）

目前僅僅推動了10餘年，文化內涵翻轉之路正是百年樹人之途。

參　第一期與第二期《海洋教育政策白皮書》的差異

一、第一期白皮書中的海洋普通教育思維

在2007年的《海洋教育政策白皮書》中對臺灣以往海洋教育的發展情形，從「海洋素養問題」、「教育政策問題」、「人才與產業落差問題」三個面向進行檢討，其中有關海洋普通教育的思維，可以在白皮書中找出多處關鍵性的陳述和影響脈絡，乃就從頁數的先後說明如下（教育部，2007）：

第9-10頁指出「解嚴以前，海洋與海岸屬於國防重地並受到嚴格管制」，陳述出海洋教育的推動受到政治上的影響，因為臺灣與中國大陸之間的政治關係，讓海岸成為軍事重地，禁止人民靠近海邊，無法親近海洋。

第10頁指出「受到中原大陸思維文化的影響，教育也以陸權國家『由陸看海』的觀點來實施」，陳述出海洋教育深受文化思維上的影響，由陸地思維主導教育發展。

第25頁指出「把海洋視為世界的邊緣盡頭」，陳述出海洋成為一

種侷限，不但限制了民眾的行動，也進一步限制了視野和活動空間。

　　第26頁指出「使高汙染產業對臺灣的陸地及海域環境造成衝擊與破壞……，使得沿岸水域的養殖漁業遭受毒害；而近海以至遠洋的棲地破壞、高密度捕撈以及全球環境變遷等，使得海洋生物資源漸趨耗竭」，陳述出民眾因為不瞭解海洋與自身的關係，於是破壞了海洋環境生態，進而影響了產業發展。

　　第27頁指出「對海洋缺乏認同和保護的意識」，陳述出民眾無法認同海洋對自身的影響，進而也無法建立起人們與海洋的互動關係。

　　第28頁指出「除社會的海洋禁忌文化外，學校基於安全考量限制或不鼓勵海岸、海洋體驗學習」，陳述出懼海的文化思維進一步影響了教育的活動範圍和活動內容。

　　第29頁指出「自幼便被教導避免到海邊戲水或從事海上職業，戒慎於『討海人半條命』」，陳述出傳統文化思維影響了家長與學生在意識上的判斷和選擇，侷限了行動與未來發展。

　　第29頁指出「對海洋的無知，解不開對海洋之恐懼感，甚少有投身於海洋志業」，陳述出學生內在沒有海洋元素，在職涯發展中喪失投身海洋的選擇，進而影響了海洋產業所招募的人才素質。

　　綜合上述，大致可以尋找出白皮書對海洋普通教育的反省和思考脈絡：在政治意識型態與傳統文化思維的影響下，家長的視野與教育的視野都受到了侷限，於是教育環境中缺少了海洋元素，遂進一步侷限了學生視野，如此長期發展的結果，不但無法建立起人與海洋的適切互動，而且也無法讓學生充分瞭解海洋產業發展情形，深刻影響了海洋專業人才培育。這個影響歷程可以用圖3來表示。

　　由此可以看出，臺灣推動的海洋教育必須先從「海洋意識」著手，雖然政策檢討與推動策略上也提及「海洋素養」相關用語，但實際做法上也都從克服懼海情節、鼓勵親近海洋、提供認識相關海洋環境等方面著手，這些都屬於喚起海洋意識的做法，還沒有真正從提升海洋素養的理念來規劃和推展海洋教育（吳靖國，2016b）。再者，必須進一步關注的是，白皮書第11頁指出「應更發揮臺灣的海洋環境特色，塑造具海洋風味的精緻文化，發展海洋思維的全民教育，讓臺灣成為擁有文化

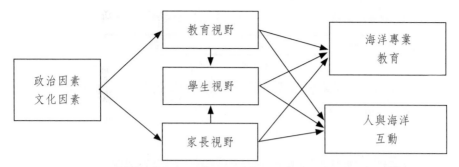

圖3 《海洋教育政策白皮書》中對海洋意識的反省和思維脈絡

美感與文明質感的現代海洋國家」，這個內涵可以視為海洋教育的終極理想，反映出期許能夠養成「海洋文化人」（marine-cultural people）的理想。

然而，從「喚起海洋意識」到「養成海洋文化人」，兩者之間存在著一條鴻溝，似乎難以銜接在一起。

因為喚起海洋意識的發展重點偏向於知識與理解的層次，而海洋文化人所展現的則是個體行動在日常生活中形成的集體普遍作為，這是一種文化裡頭蘊含在個體行動中的「習性」（habitus）。事實上，人的內在活動中只有「理解」並不會造成「行動」，其中還必須經過情意與價值的認定，也就是說，教育歷程若少了讓個體的情意與價值接續於理解而進行發展，即使考試都得一百分，仍然沒辦法產生行動力，所以只有提出喚起海洋意識與養成海洋文化人，仍然會是落空的，關鍵之處在於還欠缺引入「海洋素養」，加入海洋素養之後才能整體形成理解、價值與行動之間的關係（吳靖國，2016a）。也就是說，「海洋素養」是銜接「海洋意識」與「海洋文化人」的橋樑，就如圖4所示。

二、海洋素養做為第二期白皮書的核心理念

根據上述，新修訂的《海洋教育政策白皮書》是以「提升海洋素養」做為核心理念，貫串於海洋普通教育的發展目標與具體策略中。

第二期白皮書的第五章「海洋教育發展目標及具體策略」共有三節，包括第一節「強化海洋教育推動機制」、第二節「提升全民海洋素

圖4　海洋素養作為連結海洋意識與海洋文化人的橋樑

（引自吳靖國，2016a，91）

養」、第三節「提升海洋專業人才素質」，可以看出仍然保留海洋普通教育與海洋專業教育的架構，其中第三節屬於海洋專業教育範疇，不在本文討論範圍，故不納入說明。以下就另外兩個部分進行說明：

(一) 在「強化海洋教育推動機制」方面

在第二期白皮書中提出五個主要具體策略：

1. 各海洋教育資源中心訂定海洋教育推動計畫，鼓勵設置推動海洋教育專責人員，落實執行海洋教育，並辦理海洋教育人員之增能培訓及成果發表。

2. 強化海洋教育諮詢與輔導機制，協助各海洋教育資源中心健全海洋教育課程發展與教學規劃。

3. 由教育部邀集相關部會、學界、民間非營利組織及業界代表組成海洋教育推動委員會，建立合作平臺，整合相關資源，共同推展海洋教育相關計畫。

4. 建立各類資料庫及海洋教育資訊交流平臺，包括海洋人才供需調查、海洋素養調查、海洋教育學習平臺，以及產業界、學校體系、政府機構及民間非營利組織等之資源與成果資訊。

5. 鼓勵學校與民間組織或企業共同規劃海洋教育活動，以促進投資海洋教育相關軟硬體設施。

其中與第一期白皮書差異較大的部分包括五項：

第一、各地方政府訂定海洋教育推動計畫：目前由各海洋教育資源中心每年提出維運計畫向教育部申請經費，造成以辦理活動為主，故第二期白皮書希望各地方政府規劃四年發展計畫，逐年建立發展基礎，尤其關注於課程與教學，將海洋素養落實在課室中。

第二、設置推動海洋教育專責人員：目前除臺北市之外，其他各海洋教育資源中心沒有設置專職推動人員，尤其許多資源中心設於偏鄉學校，人力本來就不足，故造成兼任老師負擔沉重，推廣之效果有限。由於人事權屬於各縣市政府，故白皮書中僅以鼓勵用詞來呈現。

第三、建立海洋教育諮詢與輔導機制：中央諮詢與輔導機制目前由臺灣海洋教育中心扮演其角色，部分地方政府設有海洋教育輔導團，或者採用不同方式提供諮詢與輔導，在第二期白皮書中予以明確化。

第四、建立長期資料庫：將目前臺灣海洋教育中心執行的海洋人才供需調查、海洋素養調查、海洋教育網路學習平臺等納入長期辦理項目。

第五、民間組織或企業參與海洋教育：國內海洋教育NGO組織逐漸發展成熟，以及企業界也逐漸關注海洋環境問題，故第二期白皮書進一步聚集相關能量，以鼓勵共同投入於推動海洋教育。

(二) 在「提升全民海洋素養」方面

在第二期白皮書中提出了十項具體策略：

1. 促進各級學校發展海洋教育，包括：(1)建立十二年國教各學習領域教科書融入海洋教育之檢核及審查機制；(2)配合十二年國教課程綱要，鼓勵學校研發海洋特色課程；(3)鼓勵各大學校院通識教育開設海洋相關課程；(4)鼓勵各師資培育機構開設海洋教育課程，強化各級學校教師職前教育與在職進修之海洋相關知能；(5)持續補助推動游泳教學及提升游泳師資素質，並鼓勵親海活動；(6)編撰國民中學及高級中等學校海洋教育職涯試探教材，並提供海洋職涯試探活動，以促進學生認識海洋產業發展。

2. 提升各級教育行政人員及學校行政人員的海洋教育相關知能。

3. 教育部將具海洋教育功能之團隊納入既有之輔導機制，並鼓勵各直轄市及縣（市）成立具輔導海洋教育功能之相關組織，增進國中小教師海洋教育素養，以研發海洋相關課程。

4. 定期進行學生海洋素養調查，檢討海洋教育推動情形，並提出改善做法。

5. 鼓勵各級學校、部屬社教機構等參與環境教育相關認證，並整合各方資源，共同推展及參與海洋相關節慶與教育活動，以強化海洋人文素養及海洋生態保育。

6. 全國海洋相關社教館所設置海洋科普知識研發與推廣中心，負責研發海洋科普教材，並促成區域聯盟，共同擬定及推動海洋前瞻與新興議題，提供海洋體驗與科普相關活動。

7. 鼓勵大學校院及海洋相關社教機構提供校外教學參訪學習，並規劃海洋相關活動設施，以促進民眾參訪體驗。

8. 補助或鼓勵各級學校、海洋相關組織、機構或單位參與國際海洋活動與交流參訪，以及辦理海洋國際學術研討會與參與海洋國際組織。

9. 因應時代變遷，加強宣導家長及社會大眾對海洋職業的正向價值觀，以及尊重子女的職業選擇權。

10.建立多元宣導策略與管道。

其中與第一期白皮書差異較大的部分包括六項：

第一、建立海洋內容融入教科書的審核機制：不同於第一期白皮書中強調編製海洋教育補充教材，第二期白皮書具體從教科書著手，讓書商提出檢核表，以確實掌握各領綱包含的海洋教育學習內涵是否真正轉化到教科書中。

第二、鼓勵各師資培育機構開設海洋教育課程：從教師職前教育著手，讓師資生獲得海洋素養，以期在未來擔任教師時能顯現在課程與教學實踐中。

第三、實施學生海洋素養調查：三年調查一次，一方面增進各校對海洋素養的重視，另一方面建立長期資料庫，瞭解臺灣推動海洋教育後學生的學習變化情形。

第四、將海洋教育融入環境教育法：一方面為海洋教育建立法制基礎，另一方面也參與相關認證，建立海洋環境教育機構或海洋環境教育中心，以期更廣泛推動海洋教育。

第五、海洋專業知識科普化：強化國人的海洋科普知能，設置海洋科普知識研發與推廣中心，研發海洋科普教材與讀本，增進海洋教育的

區域性發展。

第六、海洋教育進入學前教育：將海洋元素提供給學前教育教師，以期適度融入教學活動，讓學童及早接觸海洋相關內涵；雖然「學前教育」一詞尚未正式進入白皮書中，但在目前規劃的第三期（106-110年）「海洋教育執行計畫」中，已經在「強化各級學校教師在職進修」中納入學前教育教師的在職進修。

綜合上述，由於海洋素養涉及內在價值與態度，故需要透過教學導引來深化學生的價值與信念，因此，在上述各項具體策略中希望從第一期白皮書強調的各種海洋體驗活動，逐漸揚棄辦理一次性活動的方式，轉化成為第二期白皮書強調海洋課程與教學的實踐，並從永續推動的角度，逐漸建立運作機制，尤其在成立臺灣海洋教育中心之後，從中央海洋教育政策發展、銜接地方推動機制、檢討與提供各項協助、到提出研究與統計結果等，逐漸統整與規劃臺灣海洋教育的整體發展。

肆　臺灣海洋教育中心對政策發展的影響

一、中心的設立背景與發展情形

臺灣海洋教育中心的設置經歷幾番波折，從海洋教育政策發展（吳靖國，2014b）的中央主導期（2007-2011年）就已經被提出來，但卻在政策消褪期才核定成立。

面對海洋教育逐漸消褪的這種深層憂慮，進一步反應在2012年12月26日召開的「101年教育部海洋教育推動小組會議」，會議中由張清風委員提案設置全國性海洋教育中心，經過委員討論一致贊同，並決議將其定位為結合部會及各地方政府相關機構與中心資源之全國性機構，並由國立臺灣海洋大學提出設置規劃書，經教育部核定於2013年9月1日成立「臺灣海洋教育中心」，成為國立臺灣海洋大學編制內正式組織一級學術單位，將其性質界定為係由教育部輔導而處理全國性海洋教育相關業務之單位（吳靖國，2014b：47）。

當時也因為教育部綜合規劃司的支持和要求，而讓這個單位成為學校編制內之正式組織，並每年給予一定額度的補助，因此得以立基於持

續推動海洋教育的基礎。在中心揭幕典禮中，綜合規劃司王俊權司長接受媒體訪問時強調，這個單位如果運作上逐漸發揮積極效用，未來也希望真正可以轉成國家行政組織編制內單位，所以對於臺灣海洋教育中心的發展也似乎寄予一種高遠的期待。

中心設立之初被賦予的功能，主要在掌握國內海洋教育的發展現況與遭遇問題，並提供海洋教育之輔導諮詢，以及長期統整海洋教育之相關執行成果及資源；其具體目標有四項：第一、調查人才供需情形；第二、整合全國相關資源；第三、提供政府相關協助；第四、提升全民海洋意識。其第一期之四年計畫（102-105年）規劃辦理「海洋教育統計調查與網路建置」、「協助地方政府推動海洋教育」、「海洋教育成果彙整與傳播」及「共構海洋教育學習圈」四個發展主軸之相關事項，但由於經費補助無法因應一開始所規劃之理想，故在有限的經費和人力之下逐年建置相關基礎，逐年執行的項目如下：

(一) 2013年（9-12月）

完成「建置海洋教育網路學習平臺」、「盤點2007-2012年海洋教育推動成果」及「編製2013年海洋教育統計年報」三項。

(二) 2014年

完成「維運海洋教育網站學習平臺」、「辦理海洋教育分區巡迴服務」、「編製學生海洋素養評量表」、「研發與推廣高中以下海洋教學模組」、「編製海洋職業生涯發展宣導手冊」、「試辦建構北區海洋教育學習網絡」、「編製2014海洋教育統計年報」及「辦理2014臺灣海洋專業人才培育論壇」八項。

(三) 2015年

完成「維運海洋教育網站學習平臺」、「辦理海洋教育分區巡迴服務」、「進行學生海洋素養調查」、「試辦全國海洋教育週」、「《海洋教育政策白皮書》之檢討與修訂」、「建構海洋休閒觀光產業職能模型」、「初步規劃海洋休閒觀光職能導向課程」、「編製2015海洋教育統計年報」及「辦理2015臺灣海洋專業人才培育論壇」九項。

(四) 2016年

執行「維運海洋教育網站學習平臺」、「辦理各縣市海洋教育資源中心巡迴諮詢服務」、「研發學生海洋素養調查試題」、「辦理全國海洋教育週」、「規劃106-110年海洋教育執行計畫」、「試辦海洋休閒觀光職能導向課程」、「規劃海洋教育者職能模型」、「研發國高中海洋職涯試探課程」、「編製2016海洋教育統計年報」及「辦理2016臺灣海洋專業人才培育論壇及2017亞洲海洋教育者協會會前會」十項。

二、中心第二期發展計畫

因應2017年將頒布新修訂白皮書及對應規劃之第三期「海洋教育執行計畫」，臺灣海洋教育中心進一步向教育部提出「臺灣海洋教育中心106-110年海洋教育發展計畫」（第二期計畫）。由於中心之設立被賦予永續推動海洋教育之責任，故不從任務導向來做為發展之重點，而從長遠的眼界來建立整體發展機制，發展歷程兼顧三個面向：第一、發展海洋教育政策之需要；第二、業務內容進階發展與相互銜接；第三、組織穩定與持續運作。就長期的發展歷程來看，各階段之發展重點：第一期（102-105年）「建立運作機制」、第二期（106-110年）「強化基礎建設」、第三期（111-115年）「促進精緻發展」，如圖5所示：

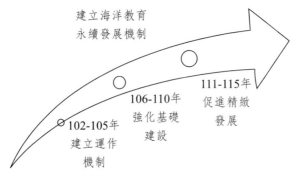

建立海洋教育
永續發展機制

111-115年
促進精緻
發展

106-110年
強化基礎
建設

102-105年
建立運作
機制

圖5 臺灣海洋教育中心中長期發展重點

第二期計畫發展重點以「強化基礎建設」爲主軸，係以第一期建立之組織架構與運作模式爲基礎，配合實際可以掌握之人力、財務資源與業務範圍，逐步建立國內海洋教育的推動與發展制度，以做爲永續發展的基礎。在計畫的構思與規劃上，掌握下列四個理念：

(一) 延續前期計畫重點

由於該中心屬於國立臺灣海洋大學所屬機構，對於校外其他單位並沒有權力關係，故無法使用行政運作來進行相關業務之推展。因此，中心第一期計畫的重點在於建立運作機制，包括與學校單位、各縣市海洋教育資源中心、教育部指導單位、產業界等，透過委辦計畫、召開相關會議、論壇、統計調查、諮詢服務等方式，逐漸建立起互動關係，並取得彼此互動的信任度。在業務推動上，各項重點發展項目進一步延續到第二期計畫，並成爲第二期計畫之基礎，進而規劃進階性發展。

(二) 建立實質互動機制

第二期計畫除了延續第一期計畫重點，並從建立各項互動機制著手，包括透過海洋教育統計調查逐漸建立定期上網填查資料之機制；透過學生海洋素養調查逐漸建立試題研發、預試、正式施測之運作機制，並導引學校教師實踐海洋素養教學；透過海洋教育者認證計畫逐漸建立培訓、認證、服務、增能之運作機制，並導引各縣市逐漸成立海洋教育者團隊；透過海洋職能導向課程之研發逐漸建立校際合作與學生認證機制，並促成跨校海洋專業教師學習社群；透過協助地方發展海洋教

育計畫逐漸整合各項既有之措施，建立教育部、臺灣海洋教育中心、各縣市海洋教育資源中心之間的運作模式，以協助各縣市精緻發展海洋教育。

(三) 開拓資源發展空間

第二期計畫著重於海洋教育資源整合與應用，尤其在社會資源方面，包括協助各縣市對在地海洋教育社會資源的盤點與運用、連結學校教育與社會教育、引入海洋NGO組織與海洋相關產業資源、促進海洋專業教育連結於推動海洋普通教育、擴大海洋教育網路資源之蒐集與應用等。再者，藉由海洋教育者認證計畫，開發潛在的海洋教育工作者，再由各縣市海洋教育資源中心加以組織與應用，成為協助學校推動海洋教育之人力資源。

(四) 連結國際發展情形

為了瞭解國際海洋教育之發展情形，吸收國際海洋教育優質經驗，以作為促發國內海洋教育發展之元素，第二期計畫乃藉由參與亞洲海洋教育者協會（AMEA, Asia Marine Educators Association）之委員代表，進一步連結美國國家海洋教育者協會（NMEA, National Marine Educators Association）及歐洲海洋科學教育者協會（EMSEA, European Marine Science Educators Association）等，並藉由「海洋素養」議題進行相關合作，建立互動網絡，以隨時掌握國際海洋教育發展動態，提供國人瞭解發展情形，並期能促發臺灣成為亞洲海洋教育中心，逐漸導引亞洲海洋教育之發展。

(五) 結合新修訂海洋教育政策白皮書

因該中心於2015年協助修訂《海洋教育政策白皮書》及2016年協助規劃「106-110年海洋教育執行計畫」，而第二期計畫亦對準兩者，將計畫期程訂為5年，並配合海洋教育執行計畫之內容，進一步轉化為計畫具體執行項目，以期真正落實新修訂之白皮書內容。

根據上述，臺灣海洋教育中心規劃之「106-110年海洋教育發展計畫」各發展項目如圖6所示。

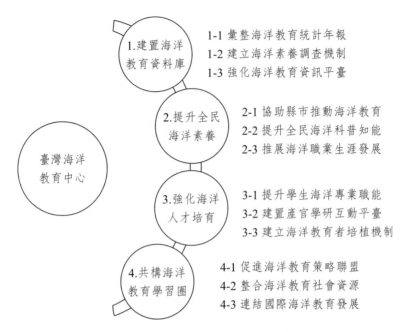

1.建置海洋教育資料庫
　1-1 彙整海洋教育統計年報
　1-2 建立海洋素養調查機制
　1-3 強化海洋教育資訊平臺

2.提升全民海洋素養
　2-1 協助縣市推動海洋教育
　2-2 提升全民海洋科普知能
　2-3 推展海洋職業生涯發展

臺灣海洋教育中心

3.強化海洋人才培育
　3-1 提升學生海洋專業職能
　3-2 建置產官學研互動平臺
　3-3 建立海洋教育者培植機制

4.共構海洋教育學習圈
　4-1 促進海洋教育策略聯盟
　4-2 整合海洋教育社會資源
　4-3 連結國際海洋教育發展

圖6　臺灣海洋教育中心第二期計畫發展項目

三、中心在海洋教育政策發展中的角色

　　這三年來，臺灣海洋教育中心的發展緊密結合教育部及各縣市海洋教育資源中心，從協助教育部修訂《海洋教育政策白皮書》與規劃「106-110年海洋教育執行計畫」來看，實質上已經影響了國內海洋教育政策的發展方向，尤其在「海洋教育統計調查」、「學生海洋素養調查」、「海洋教育者認證」、「海洋教育諮詢服務」、「亞洲海洋教育發展」等，都是由該中心逐步發展到較成熟之後，才進一步納入修訂白皮書及第三期海洋教育執行計畫，故呈現出某程度主導海洋教育政策發展之意味。

　　再者，教育部為了落實白皮書內容，其中建置「海洋教育網站學習平臺」，整合各方海洋教育資訊與研發內容，並進一步加以應用與推廣，也已經落在該中心的業務上，其所建置之平臺已成為國內海洋教育整合力最強的網路學習平臺。在2016年，國教署委託「2016協助地方

發展海洋教育計畫」中，由該中心整合分散在不同單位執行的海洋教育內容，包括維運計畫審查、課程與教學發展、教師增能、全國海洋教育成果觀摩研習、各縣市海洋教育網頁評選、巡迴服務等，進一步協助國教署研訂「補助直轄市及縣（市）政府推動海洋教育作業要點」，以協助各縣市擬定四年發展計畫，並由該中心組成巡迴諮詢服務團隊，直接到各縣市海洋教育資源中心提供相關協助；可以看出來，該中心已經逐漸將中央政策發展與地方執行策略之間聯繫起來。

　　該中心的組織架構分為政策發展組與整合傳播組，剛好對應於上述兩段內容所標示出來之角色，依目前的發展情形來看，未來海洋委員會正式成立之後，該中心在國家海洋教育的推動上，應該會擔負更重大的任務。

伍　結語

　　臺灣本來就是一個海島，我們生活其中卻未能覺知自身的處境，而讓海洋普通教育空白了半個世紀，這是教育上十分嚴重的問題，所以也讓國家各層面的領導者在各項決策中未能置入海洋視野，不但嚴重影響海洋專業人才培育，也讓臺灣的海洋產業一直無法積極發展，可以說長久以來國家都一直浪費著海洋資源。

　　在「喚起海洋意識→提升海洋素養→優質海洋文化」的海洋教育發展脈絡中，國內這10幾年來推動的海洋普通教育內涵，可以說是專注於最開始的喚起海洋意識，雖然目前全民海洋意識仍然不普遍，但對於臨海學校及部分已經從事海洋教育較深入之學校，應該給予更積極的導引，因此在頒布《海洋教育政策白皮書》10年之後，進一步以「提升海洋素養」作為修訂之核心理念，在具體策略及推動過程中也兼顧喚起全民海洋意識的相關做法，以期能逐漸讓海洋成為民眾生命價值與生活態度的一部分，而彌補教育環境中長期缺乏在學生職涯內涵中融入的海洋元素。

　　海洋教育之路，是翻轉文化內涵的歷程，一開始的阻力必然很大，但必須有計畫地逐步耐心前進，定期檢視政策執行情形，並適時對海洋教育政策進行進階性的修訂和推動。這個任務需要一個前瞻、政治中

立、永續運作的機構來執行，而臺灣海洋教育中心是目前角色扮演相當
適切的單位。

參考文獻

吳靖國（2014a）。海洋教育體系建制——國民教育與社會教育的面向。載於邱文
彥、黃向文（主編），**科研教育與海洋文化**（頁145-166）。基隆市：國立臺
灣海洋大學；新北市：臺灣研究基金會。

吳靖國（2014b）。臺灣中小學海洋教育政策評析。載於吳清基（主編），**教育政策
創新與行政發展**（頁39-68）。臺北市：五南。

吳靖國（2016a）。從海洋專業教育問題省思海洋普通教育的發展。**臺灣教育評論月
刊**，**5**(8)，89-93。

吳靖國（2016b）。海洋意識、海洋素養與海洋文化人：臺灣海洋教育經驗的省思。
中國海洋大學高教研究，2016(2)。

吳靖國、嚴佳代、呂江泉、林鑫堉、徐承堉、許洪烈（2016，9月）。臺灣海洋專
業人才培育的現況與未來。載於財團法人臺灣研究基金會、國立臺灣海洋大學
（主編），**「第四屆海洋與臺灣研討會」論文集**（頁90-109）。臺北市：行政
院公務人力發展中心。

教育部（2007）。**海洋教育政策白皮書**。臺北市：教育部。

臺灣海洋教育中心（2014）。**2014海洋教育統計年報**。未出版。

臺灣海洋教育中心（2015）。**2015海洋教育統計年報**。未出版。

問題與討論

一、臺灣的海洋教育政策發展，為何要從「喚起海洋意識」轉換為「提升海洋素養」？

二、為了推動海洋素養，在具體策略上可以怎麼做？

三、臺灣海洋教育中心在海洋教育政策發展與推動上扮演什麼角色？有哪些具體的影響力？

四、依你的瞭解，臺灣海洋教育政策出現什麼問題？要如何改進才會更好？

第二篇
教育實務

第八章

國民小學專業發展學校認證指標之研究

舒緒緯、湯維玲

「眾裡尋他千百度，驀然迴首，那人卻在，燈火闌珊處。」

～辛棄疾：青玉案

 前言

　　教育乃百年樹人大業，而師資素質之良窳更是決定教育成敗的關鍵。師資教育可分為三個階段：職前教育、實習、在職教育，其重點各有不同。其中實習介於職前教育與在職教育之間，肩負連結教育理論與實踐的功能（楊深坑、歐用生、王秋絨、湯維玲，1994）。亦即教育實習是一種觸媒、一種轉化機制，將一位準教師蛻變成具備專業知能的合格教師，故教育實習之重要性不言而喻。而實習教師進行教育實習的處所，則在各教育實習機構，故教育實習機構在師資培育過程中，扮演著極為重要的角色。美國自1983年發表「國家在危機中」（A Nation at Risk）報告書後，陸陸續續提出有關教育改革的報告書，而師資培育即為改革的焦點之一。在眾多師資培育改革的政策中，專業發展學校（Professional Development School, PDS）的設立，打破傳統以來大學與中小學在教育實習工作上不平等的關係。PDS強調中小學與大學合作夥伴關係的建立，並透過彼此的合作與努力，共同達成師資培育、教師專業成長、學生成績提升的目的。易言之，PDS設立之目的，即在改革師資培育制度，並經由校際合作的方式，以建構優質的教育實習環境，培育優良的師資。

　　有鑑於PDS確能改善師資培育大學（以下簡稱師培大學）與中小學間的關係，並增進教育實習效能，因此在相關法令中，對於教育實習機構的遴選，均有明確與較為嚴謹的規定。依最新頒布之《師資培育之大學辦理教育實習作業原則》（以下簡稱教育實習原則）（2014.09.15公布）第14條之規定，教育實習機構包括：「1.地理位置便於師資培育之大學輔導者。2.行政組織健全、合格師資充足及軟硬體設施齊備，足以提供充分教育實習環境者。3.曾獲主管機關校務評鑑評定優良或通過基礎評鑑者。4.經師資培育之大學主動推薦者。5.首長具合格教師證書者。6.近三年無重大違規事件經主管機關要求限期改善而未改善者。」

　　法令規定雖然完備，但徒法不足以自行，在實際的做法上，各師資培育機構對於教育實習機構缺乏嚴謹的篩選機制，只要實習生提出申請，凡是公立或立案之私立中小學，都能成為合格的教育實習機構。也因缺乏認證的機制，部分無法幫助實習教師專業成長的中小學，仍然扮演所謂「教育實習機構」的角色，不僅無助於師資素質的提升，甚至傳達錯誤的教育理念，影響教育實習成效至巨。因此薛梨眞、朱潤康（2007）分析教育實習的問題時，發現不論是實習一年的舊制或實習半年的新制，實習學校缺乏篩選機制，一直是個存在的問題。故如何建立起完備的實習學校篩選機制，以提升實習成效，誠為當務之急。

貳　美國PDS的發展

一、沿革

　　美國的公立學校教育，一直是大眾注目的焦點，尤其是1980年代所提出的「國家在危機中」報告書中，更讓美國政府與大眾意識到美國公立學校教育的嚴重性，因此興起第一波的教育改革。但是第一波的教育改革並未能收到預期的成效，因此許多學者認為教育改革要成功，師資培育乃是其核心關鍵，故改革師資培育的呼籲甚囂塵上（符碧眞，1997）。也因為大眾持續對教育改革的關注，終於導致出現兩篇有關師資培育改革的報告：Carnegie Forum on Education and the Economy的「21世紀的師資培育」（A Nation Prepare: Teachers for the 21st Century），以及Holmes Group的「何姆斯報告書」（Holmes Group Report）。兩者均重視師資培育機構與中小學之間的聯繫，建議成立新型的實驗學校。卡內基報告稱之為「臨床學校」（Clinic school），何姆斯報告書稱之為專業發展學校（邱兆偉，1994；鍾蔚起，1990）。之所以有此構想，主要係受到教學醫院制度的影響（Boyle-Baise & McIntyre, 2008）。眾所周知，教學醫院除與一般醫院的工作相同外，並兼具培育醫護人力之重要任務。反觀一般教育實習的場所，雖然都是經過簽約的特約學校，但是否所有特約學校都能如同教學醫院，提供實習生一個優質的實習環境，不無疑問。甚至有些教育實習機構，不僅

未能提供優質的實習環境，反而讓實習生沾染不良的教育風氣。因此設立一種如同教學醫院般的專業學校，則成為許多學者專家共同的看法。但PDS並非新設的學校，而係找尋有意願之學校進行實驗，並打破長久以來，大學與中小學之間的隔閡與不對等的關係，將師資培育甚至教育改革的成效，視為雙方共同的責任（趙慧，2001），因此大學教師必須走入中小學校園，幫助學校成為教師研究和進修的場所（王朝茂，1991），雙方建立一種互惠合作的新模式。亦即PDS強調大學、P-12學校、學區與專業社群間的密切合作，而這種教育夥伴合作關係的建立，經過許多實證研究，確能提升教師效能（高薰芳，2000；Boyle-Baise & McIntyre, 2008）。

　　長久以來，教育工作被視為孤獨的行業，教師習以單打獨鬥的方式進行教學工作。由於歷史的沿革、學校結構的設計與安排，更助長了這種趨勢。這種孤立的氛圍，很容易形成所謂的「停滯不前」的學校（stuck school）（黃錦漳、葉建源，2000），影響教師的成長與學校的進步。由於大學與中小學的體系不同，要打破認知的差距與行政的壁壘，更需要以平等互惠的態度，保持流暢的溝通管道，建立完善的對話機制，才能建立長久的夥伴關係。而這種新關係的建立，完全奠基在合作的基礎上，故合作乃是PDS的核心概念（趙慧，2001）。所以Fullan與Hargreaves就認為教師間有四種等級的協同合作，依序為講述軼事、協助、分享和緊密合作，而緊密合作才算是團隊工作，它能使教師緊密地靠在一起，解決難題，並共同肩負起改進學校的責任（引自黃錦漳、葉建源，2000）。因此Fullan（1998）認為理想的教育學院應有十項任務，其中第八項即為與中小學和其他機構建立夥伴關係。夥伴關係一經建立，中小學可經由與大學教師長期的合作，成為傑出的典範與探究中心，而這也正是PDS設立的主旨之一。所以有效能的PDS會把學術研究的結果應用到教學現場，以解決在教學過程中所發生的問題（Boyle-Baise & McIntyre, 2008）。把這種校內教師合作的精神擴大至不同機構間的合作，就是Fullan（1991）所謂的以「聯合戰線」取代「單打獨鬥」，而這也將是未來教育變革的走向之一。

二、PDS的認可標準

因爲PDS的辦學績效參差不齊，故全美師資培育認可委員會（National Council for Accreditation of Teacher Education, NCATE）花了3年時間，發展出一套「專業發展學校規準」，且成爲許多PDS的指引與評估標準（湯維玲，2009）。

NCATE所發展的「專業發展學校規準」共有五項標準（standard），而每一個指標下面又有若干個因素（element），茲說明如下（NCATE, 2001）：

標準一：學習社群

PDS是一個學習導向（learning-centered）的社群，透過探究本位（inquiry-based）的實踐，以支持學前教育至12年級（P-12）學生與夥伴的統整學習與發展。其因素有：

(一) 支持多元學習者：PDS以統整的方式，提供一個能同時支持P-12學生、應屆畢業生、教職員，以及其他專業人員學習的環境。

(二) 以研究爲基礎的工作與實踐，並聚焦於學習：在PDS與合作大學的實踐都以研究爲基礎，並且以此結合學習、績效責任、專業成長。

(三) 發展一個以研究與實踐者知識爲基礎的教與學之專業願景：因爲參與PDS的夥伴深信實踐是最佳的學習，所以他們准許P-12學生、應屆畢業生、教職員，以及其他專業人員去證明其所知與所能。

(四) 扮演改變的工具：師資培育改革與學校改進的交集，乃是PDS所關注的焦點，因此，提供改變的方法與實踐即爲研究本位的重心。

(五) 擴大學習社群：PDS的合作關係包括多元的合作機構，並且不同層級學校的關係也得以建立。

標準二：績效責任與品質保證

PDS的夥伴秉持對教與學的專業標準，向自己與公眾負責，因此系統地檢驗其實踐，並為P-12學生、應屆畢業生、教職員，以及其他專業人員建立指標。其因素有：

(一) 發展專業績效：以地方、州、全國的標準進行檢測，以瞭解其成效。

(二) 向大眾確保績效：PDS夥伴對大眾提出證據，以瞭解P-12學生、應屆畢業生、教職員，以及其他專業人員的知識與能力。

(三) 設定PDS的參與指標：經認證通過的PDS夥伴機構，證明其有能力使用研究結果來改善實務工作。

(四) 發展評量、蒐集資訊、與善用結果：PDS夥伴系統地檢驗P-12學生、應屆畢業生、教職員，以及其他專業人員的學習結果，並定期蒐集相關資訊，並善用結果以做為持續改進的依據。

(五) 投入PDS的脈絡：為使PDS的夥伴關係得以維持，必須持續地與相關機構或社群進行對話。

標準三：合作

PDS的夥伴從原本各自獨立的情況，變成互依互賴，並且為完成PDS的任務而全心全力的投入。其因素包括：

(一) 從事共同的工作：PDS夥伴以分工合作的方式來改進P-12學生、應屆畢業生、教職員，以及其他專業人員的學習結果。

(二) 重新設計足以提高合作與均衡發展的角色與結構：PDS夥伴共同設計組織架構，使規則與資源分配等合作關係，都能考慮到合作機構的相互支援與責任平等。

(三) 能有系統地認識並讚許與夥伴的合作關係及其貢獻：能欣賞、肯定PDS夥伴的貢獻，是形成良好文化與回饋結構重要的一環。

標準四：差異與公平

能公平處理夥伴間的關係，並會根據需要調整政策，確保對所有參與者形成公平的學習結果。其要素包括：

(一) 確保公平的學習機會：PDS夥伴系統地分析資料，處理不同族

群間的學習落差，並反思不同學習者獲取知識與公平性的議
題，以確保每人都能獲得公平的學習機會。

(二) 對政策與實作進行評鑑，以支持公平學習結果的獲得：PDS夥
伴有系統評鑑課程、教學方法、評量策略對參與者的影響，並
依據評量結果，提出適當的改進策略。

(三) 招募與支持不同的參與者：PDS夥伴機構招募不同的參與者參
與此一方案的實施，並在學習、財務、社會等方面給予持續地
支持，以增進其成功的機會。

標準五：結構、資源與角色

PDS夥伴使用權力及資源來闡述其任務並設立管理架構，以支援相
關人員的學習與發展。其要素包括：

(一) 建立管理及支援架構：PDS夥伴整合中小學及大學的運作，將
工作描述、課程架構，統整於核心價值及文化中，亦即融合成
爲合作機構。

(二) 確認邁向目標的進步情形：PDS夥伴機構針對需求與效能實施
評鑑，以瞭解其是否符合組織的任務與目標。

(三) 創造PDS角色：PDS夥伴機構創造並修正現行角色，超越傳統
的機構界限及傳統角色以支持PDS的任務。

(四) 資源：夥伴機構爭取及分配資源，包括時間、空間、獎勵、專
業知能……等，以支持PDS的推動與進行。

(五) 使用有效的溝通：PDS合作機構建立溝通管道，連接學區與大
學，以交換有關的工作計畫、資源和架構的資訊。

參　我國教育實習制度之探討

一、我國教育實習制度的沿革

教育部於1938年頒布《師範學院規程》，明文指出師範學院學生
須修業5年（學科4年，實習1年）。1944年爲健全師範學院學生實習制
度，頒布《師範學院學生教學實習辦法》，規定教學實習分見習、試教
及實習三部分。其後雖對實習辦法作多次修訂，但基本上仍維持師範大

學（或師範學院）結業生須實習一年，成績及格方能取得正式教師資格的規定。而在小學教師部分，教育部於1941年訂定「師範學校（科）學生實習辦法」，明文規定實習包括參觀見習、教學實習及行政實習等三種，以提高師範生之專業知能（引自舒緒緯，2008）。

1994年《師資培育法》公布施行，師資培育新制正式上路。此次修法的重點有五：包括：1.師資培育管道多元化；2.建立教師資格檢定制度；3.公自費並行；4.加強教育實習；5.加強辦理教師在職進修（立法院祕書處，1994）。其中教育實習的強調，旨在改正過去教育實習有名無實之弊。1995年教育部公布《高級中等以下學校及幼稚園教師資格檢定及教育實習辦法》（以下簡稱檢定及實習辦法），對於教育實習期限、教育實習輔導辦理方式、實習教師實習事項、成績評量等都有明確之規定，以供遵循。其後本辦法分別在1998、1999、2000、2001、2002年又做部分的修訂。但因實習教師人數日多，實習津貼的發放成為政府沉重的負擔，再加上大環境的改變，師資培育人數逐漸供過於求，故教育部乃積極修訂《師資培育法》，並於2002年公布施行。此次修法最主要的改變有三：1.教育實習由一年改為半年；2.取消實習生每月8000元的實習津貼，且必須繳交4學分的實習費；3.實習及格後，尚須參加教師資格檢定考試，及格者才發給教師證書。由於新修訂之《師資培育法》將實習視為師資職前教育的一環，故教育部遂於2003年8月27日明令廢止檢定及實習辦法，並於2005年9月7日頒發《教育實習原則》，以便師培大學在辦理教育實習時，有所依循，而《教育實習原則》又於2012年及2014年做小幅度的修正。

二、我國教育實習制度的問題

《師資培育法》之公布施行，其目的除在師資培育多元化外，亦想藉由本法之施行，落實教育實習制度，以提升師資素質。但不論是第一代師培，抑或是第二代師培，教育實習的問題仍層出不窮，茲將其說明如下：

(一) 法規制度的問題

1. 教育實習時間太短，實習指導工作流於形式

新制教育實習由1學年縮短為1學期，實習教師無法獲得完整的實習歷程，對於實習成效及相關經驗的獲得，有不利的影響（林君美，2007）。再者實習教師又要準備教師資格檢定考試或教師甄試，無暇專注於實習上（薛梨真、朱潤康，2007），因此實習學校亦不敢有太多的要求，故對實習的要求日漸寬鬆，影響教育實習的成效（江秖玟，2007；邱素青，2005；楊慧玲，2006）。

2. 跨區實習，巡迴輔導難以落實

由於法令並無禁止實習教師跨區實習，因此部分實習教師會選擇住家附近的學校為實習場所，導致師培大學之實習指導教師的巡迴輔導必須南北奔波，耗費甚多時間在交通往返上，相對地對實習教師的輔導便顯不足（丁志權，2004）。

3. 協調不足、分工不清、責任不明

依《師資培育法》第16條之規定，「主管機關應督導辦理教育實習相關事宜，並給予必要之經費與協助。」此處所謂必要之經費與協助，依《教育實習原則》第19條之規定，包括給予「(一)督導所轄教育實習機構訂定教育實習計畫。(二)協助師資培育之大學遴選優良實習輔導教師。(三)給予所轄教育實習機構必要之經費補助。(四)派員訪視所轄教育實習機構辦理教育實習情形。」故由上述法令之規定，可以得知各級教育行政機關應主動並協助教育實習的實施。不過事實上，教育部除了每年有所謂「三師三獎」的選拔，以鼓勵優秀的實習指導教師、實習輔導教師、實習教師外，並無其他具體或有效的輔導及協助措施。至於地方教育行政主管的協助，更是付諸闕如。當實習學生發生適應不良問題時，往往是實習指導教授自己與相關人員協調解決，極難獲得有關單位的奧援。

(二) 教育實習機構的問題

1. 教育實習內容名不符實

教育實習的內容包括教學實習（含級務實習）、行政實習、研習等三大部分，而且教學實習應是重點所在，但少部分學校未對教育實習制度作完善的規劃，以致實習課程缺乏系統規劃（李宜珊，2007；曾靖淇，2009），實習生被視為廉價勞工，大都在處理行政瑣事，形成以行政實習為主、教學實習為輔的本末倒置現象，嚴重干擾教學實習的進行（林適湖，2003；邱素青，2005；薛梨眞、朱潤康，2007）。而且行政實習的內容多為協助處理雜務，很少讓實習生在相關人員指導下，瞭解並完成行政工作，故對實習生的助益並不大（鍾瓊如，2000）。甚至將實習生視為補充人力，賦予太多份外工作，造成其實習時的困擾，並嚴重影響其權益（曾靖淇，2009）。

2. 實習輔導教師制度不健全

實習輔導教師應是實習生在實習過程中最重要且最具影響力者，雖然相關法令對於實習輔導教師的資格有所規範，但實際上這些規範皆屬於形式上的基本要求，較無法觸及實質面之實習輔導知能。也因此中小學在推薦實習輔導教師時，往往採自願或輪流制，並非考量其輔導專業能力（楊慧玲，2006）。甚至將實習生視為備用人力，將其分派至有特殊學生或兼行政職教師之班級，協助教師處理級務或特殊學生的問題，不僅影響其權益，亦不利於其專業知能的提升。此外，對於現職教師而言，擔任實習輔導教師反而是一種負擔，再加上誘因不足，往往使學校教師無意擔任輔導實習教師。再者，由於缺乏實習輔導教師的培訓制度或支援系統，使得實習輔導教師面對問題時，無法獲得即時及有效的協助，有時必須一個人承擔所有的責任，也影響其擔任實習輔導教師的意願（陳秋利，2003）。

(三) 師培大學的問題

1. 人力不足、教學及實習指導工作兩頭燃燒

各師培大學之相關教師除必須兼顧教學、研究、服務之工作外，尚需承擔教育實習指導的任務，同時各種評鑑工作更加重大學教師的壓力與負擔。尤其是前述實習生跨區實習的情形頗為嚴重，更是使師培大學教師對教育實習指導工作，避之唯恐不及。而在無法推辭的情況下，只能利用有限的時間進行教育實習指導工作，其成效如何，不言而喻（吳清明，2001）。

2. 指導人數過多，影響實習成效

如前所述，由於實習生跨區實習之故，實習指導教授必須南北奔波以完成其工作，也影響指導成效。因此增加實習指導教授人數，減少其指導學生人數，不失為一可行之策。但因為經費的考量，師培大學專任實習指導教師指導師資生人數偏高，使其較不易落實巡迴輔導之效能（陳素艷，2005），也較無法積極扮演鼓勵、支持與協調者角色，為實習生提供適時的協助與指導（楊慧玲，2006）。

肆　研究設計與實施

一、研究工具的編製

(一) 預試問卷的編製

為瞭解PDS認證制度之規準與運作，本研究乃依文獻探討及赴美實地訪問之結果，編製成訪談大綱，對屏東教育大學附設實驗國小20位教師進行訪談，並依訪談結果編製成問卷初稿。其後又舉行兩次座談會，邀請學者專家對研究工具進行審查。根據與會學者專家之意見，對問卷初稿進行部分的修正後，編製成預試問卷。

(二) 進行預試

預試問卷編製完後，即實施預測。預試學校的選取，除兼顧地域及學校規模的平衡外，亦將其是否通過教育部優質實習學校的審查列為考量的重點。依據前述之考量，共選取高、屏地區5所國小，150位教師

進行預試。

(三) 問卷信效度

預試問卷回收後，即以SPSS for Windows17進行統計分析，對問卷的效度、信度進行考驗。其中各因素所能解釋的總變異量為66.242%，而分層面之信度由.624至.934，整體之α值為.945。

二、進行問卷調查

(一) 選取研究對象

因為本校位於屏東，與高雄、屏東地區之國小之互動較為密切，因此乃以高屏地區之公立國小為研究對象，共抽取82所國小，1,087位合格專任教師進行問卷調查。

(二) 實施問卷調查

2010年3月20日起陸續以郵寄的方式，將附上回郵信封之問卷郵寄至各樣本學校，委請校長轉發給相關人員填答。問卷共發出1,087份，至4月20日共回收問卷893份，回收率為82.15%。

三、焦點座談

問卷回收並經統計處理後，為使指標之建構更具可行性，乃邀請專家學者舉行諮詢會議。會議中，先行說明本研究之目的，並將問卷調查之分析結果作為背景資料，針對指標內容進行討論與修正，並依據與會學者專家的意見，將部分指標的內涵加以修正，再送請學者專家審查與提供建議，最後參酌建議將指標定稿。

伍　結論

一、PDS的基本原則為平等互惠與共同合作

優良師資的培育一直是先進國家關切的重點，也是師資培育重要的議題。以往之教育實習，師培大學及教育實習機構之關係並不十分密切，而且彼此之地位並不對等，師培大學予人高高在上的感覺。但是培

育優良師資並非單一機構的責任，PDS就提供平等互惠、互助合作的機制，爲師資培育共同努力。

二、PDS認證指標的建立經過嚴謹的歷程

本研究依文獻探討並考量國內教育生態，編製「專業發展學校認證指標問卷」。經由專家會議、問卷調查、焦點座談等程序與方式，發展出國民小學PDS認證指標。

三、PDS之認證項目分4個層級，48個具體指標

本指標由抽象到具體，由上而下共分4個層級，第一層爲「標準」，第二層爲「層面」，第三層爲「規準」，第四層爲「指標」。茲將指標之內涵詳述如下：

標準一：資源與合作

所謂資源與合作係指PDS所必須具備的人力、資源，以及在合作的基礎下，雙方所進行的各種提升教育實習成效的活動。標準一其下有4個層面、8個規準、26個指標。

層面一：人力

所謂人力係指教育實習機構及師資培育機構所提供有助於提升教育實習成效的優質人力。

規準一：爲彰顯專業發展學校從事實習輔導之能量，學校必須具備一定之規模，同時應有可供檢證之資料。

指標1：學校規模必須在25班以上（各縣市小校比率超過全國平均值者，則爲12班以上）。

指標2：學校在5年內曾獲各級政府或民間機構頒發之榮譽獎項（例如：經典特色學校、特色小學、績優實習學校、標竿一百學校……等）。

指標3：學校合格之專任教師至少應有34位（小校之專任教師應有17人以上）。

指標4：實習輔導教師均備有教學檔案。

規準二：為展現合作的誠意，師資培育機構應提供人力，促進專業
發展學校教育的進步。

指標5：師資培育機構應支援專業發展學校社團活動、課外活動或
假期營隊所需人力。

指標6：師資培育機構應支援專業發展學校在學生課業、心理輔導
與諮商所需人力。

層面二：資源

係指師資培育機構基於互惠原則，提供相關資源予教育實習機構。

規準三：為增進專業發展學校教師之專業能力，師資培育機構應提
供有關之資源，以協助其專業成長。

指標7：師資培育機構應提供專業發展學校實習輔導經費。

指標8：師資培育機構應發給實習輔導教師津貼。

指標9：師資培育機構應發放津貼給專業發展學校實習輔導業務承
辦人員。

指標10：師資培育機構應提供專業發展學校人員借閱（用）圖
書、視聽資料、教學設備等軟硬體設施。

指標11：師資培育機構應建置專屬網站，提供相關資料以供實習輔
導與溝通之用。

指標12：師資培育機構應發給實習輔導教師識別證，優惠停車及
進出之用。

規準四：為增進專業發展學校教師之專業能力，師資培育機構應提
供或舉辦有關之協助或活動，以協助其專業成長。

指標13：師資培育機構應協助專業發展學校辦理各科教師專業成
長活動。

指標14：師資培育機構應開設專班或專門課程以供專業發展學校
人員進修或研習。

指標15：師資培育機構應為實習輔導教師舉辦有關教育實習輔導
之研習活動。

規準五：為增進實習學生之專業能力，專業發展學校應提供有關之
資源，以協助其專業成長。

指標16：專業發展學校應提供實習學生各項教學設備（如教材、
　　　　教具、教學媒體、軟硬體設備）。

層面三：活動

係指爲提升教育實習成效所進行的各種活動。

規準六：爲增進實習成效，協助實習學生之專業成長，專業發展
　　　　學校或師資培育機構應舉辦或安排相關活動，以達成此
　　　　目標。

指標17：專業發展學校於實習學生教學演示後應舉辦檢討會。

指標18：專業發展學校應定期舉辦校內教育實習座談會。

指標19：專業發展學校應事先爲實習學生安排有關教育實習事
　　　　宜，並輔導其擬定教育實習計畫。

指標20：實習學生的實習內容應以教學實習及導師（級務）實習
　　　　爲主，行政實習及研習活動爲輔。

層面四：合作

係指師資培育機構以及專業發展學校本於平等互惠原則，進行各種
合作。

規準七：爲展現平等互惠的夥伴關係，師資培育機構與專業發展學
　　　　校應共同合作，舉辦相關活動或定期溝通，以提升實習成
　　　　效及學校效能。

指標21：師資培育機構與專業發展學校應定期召開會議討論實習
　　　　相關事宜。

指標22：師資培育機構與專業發展學校應定期溝通聯繫，以發展
　　　　平等互惠的夥伴關係。

指標23：師資培育機構與專業發展學校應共同進行教育研究。

指標24：實習指導教授應定期與實習輔導教師溝通聯繫。

指標25：師資培育機構輔導專業發展學校研擬各學年度實習教師
　　　　之實習輔導計畫。

規準八：學習是師生雙方共同的責任，因此對於教育實習的安排與
　　　　進行，實習輔導教師與實習學生必須在共同合作的基礎下
　　　　實施。

指標26：實習輔導教師與實習學生應共同安排任教科目與教學活動。

標準二：組織與績效

係指專業發展學校運作以及績效回饋的機制。標準二包含3個層面、3個規準、11個指標。

層面五：認可條件

係指國民小學成為專業發展學校的條件或資格。

規準九：師資培育機構為提升專業發展學校之效能，並幫助教師及學生成長，應給予適當的協助，並在互惠的基礎上進行互動。

指標27：辦學績優的合作契約學校應成為專業發展學校。

指標28：符合教育優先區申請指標的合作契約學校應成為專業發展學校。

層面六：組織運作

係指師資培育機構及教育實習機構設立組織處理相關業務。

規準十：師資培育機構與教育實習機構應設置專責單位或人力，以協助處理專業發展學校事宜。

指標29：師資培育機構應有專責單位或人力處理專業發展學校相關業務。

指標30：專業發展學校有專責單位或人力處理相關業務。

指標31：專業發展學校應成立教育實習輔導委員會。

層面七：合作績效

係指有關單位依據執行成效給予獎勵。

規準十一：為鼓勵相關人員之全心投入，對於教育實習輔導工作績效良好者，有關單位應訂定辦法給予獎勵。

指標32：師資培育機構應給予輔導績效良好人員獎勵（如考研究所加分優待、研習活動報名優先錄取……）。

指標33：教育行政主管機關得提供輔導績效良好人員出國參訪教育實習機構的機會。

指標34：教育行政主管機關應給予實習輔導績效良好之專業發展學校績效獎金。

指標35：教育行政主管機關應給予實習輔導績效良好人員公假進修。

指標36：教育行政主管機關或學校應給予實習輔導績效良好人員記功嘉獎。

指標37：專業發展學校應列為校務評鑑的特色並予以加分。

標準三：素質與責任

係指對於實習輔導教師資格的要求，以及師資培育機構與專業發展學校應承擔的責任。其下有2個層面、2個規準、11個指標。

層面八：素質認可

係指對於實習輔導教師資格的要求，以確保教育實習品質。

規準十二：有關單位應訂定教育實習輔導教師所必須具備之條件，方能協助實習生完成實習工作，而此種標準應根據社會變遷做適當的調整。

指標38：實習輔導教師為學校專任合格教師，且應參加實習輔導教師的相關研習活動。

指標39：實習輔導教師任教年資至少3年以上，且在本校有2年以上的服務年資。

指標40：實習輔導教師有能力、有意願指導實習學生。

指標41：實習輔導教師具備大學以上學歷。

指標42：已通過教學輔導教師認證者優先考量聘為實習輔導教師。

指標43：具研究所以上學歷之教師優先考量聘為實習輔導教師。

指標44：獲得人民團體或縣級以上教育行政機關所頒發之優良教師獎項之教師優先考量聘為實習輔導教師。

層面九：素質責任

係指師資培育機構及專業發展學校為確保教育實習品質所應承擔的責任及義務。

規準十三：專業發展學校與師資培育機構的關係，比一般合作契

　　　　　　約學校更為密切，所以師資培育機構應提供各種協助，使其成為有效能的學校，如此一來，實習生或該校學生都會因而受惠。為檢視實習成效，必須有適當的回饋機制，才能確保其品質。

指標45：師資培育機構協助合作契約學校發展成為專業發展學校，有助於提升實習學生的專業知能。

指標46：師資培育機構協助合作契約學校發展成為專業發展學校，有助於提升國小學生的學習成就。

指標47：師資培育機構協助合作契約學校發展成為專業發展學校，有助於提升學校的整體效能。

指標48：專業發展學校應定期提供相關資料給師資培育機構，以反映實習成效。

四、PDS認證項目中第四層的指標，即為評鑑或認可的具體規範

　　本研究所發展出的48個指標，即為評鑑或對教育習機構進行認可時的具體規範或檢核內容。因此有關單位在進行師資培育政策的研討，或是教育現場的實際運作，都可以根據這些指標來做檢核。

參考文獻

(一) 中文部分

丁志權（2004）。落實以學校為基地的實習輔導制度。檢索日期：2011.03.05。取自：http://www.wendangpan.com/543133541/

王朝茂（1991）。美國「荷姆斯報告」對我國師資培育改革的啟示。高市鐸聲，**2**(1)，71-80。

立法院祕書處（1994）。師資培育法案。臺北市：作者。

江秌玟（2007）。影響實習教師實習困擾之相關因素研究──以94學年度半年制實習教師為例（未出版之碩士論文）。國立中央大學學習與教學研究所，桃園縣。

李宜珊（2007）。**臺北縣市國民中學教育實習實施現況之研究**（未出版之碩士論文）。國立臺灣師範大學教育學系，臺北市。

邱素青（2005）。師資培育制度的理論與實際。**臺灣教育，631**，54-62。

邱兆偉（1994）。美國師範教育改革的主導趨勢——專業發展學校的發展與成果。**比較教育通訊，33**，4-21。

吳清明（2001）。**師資培育機構與中等學校教育實習機構合作關係暨相關問題之研究**（未出版之碩士論文）。國立政治大學教育學系，臺北市。

林君美（2007）。**中等學校教育實習輔導實施現況之研究**（未出版之碩士論文）。國立臺北科技大學技術及職業教育研究所，臺北市。

林適湖（2003）。**實習輔導學校實習制度之訂定與實習教師之權利、義務探討**。發表於我國中小學師資培育的回顧與前瞻學術研討會。臺中：國立臺中師範學院。

師資培育之大學辦理教育實習作業原則。2014年9月15日。

符碧眞（1997）。美國專業發展學校對我國新制師資培育制度之啓示。**教育研究資訊，5**(5)，31-44。

陳素艷（2005）。**師資培育大學教育實習輔導制度之研究——以中等學校爲例**（未出版之碩士論文）。國立臺北科技大學技術及職業教育研究所，臺北市。

黃錦樟、葉建源編譯（2000）（M. Fullan & A. Hargreaves原著）。**學校與改革——人本主義的傾向**。臺北市：稻田。

曾靖淇（2009）。**實習教師與實習生專業成長與實習困擾之研究**（未出版之碩士論文）。國立屏東教育大學教育行政研究所，屏東縣。

舒緒緯（2008）。臺灣地區中小學師資素質管理制度之探討。載於楊深坑、王秋絨、李奉儒主編，中小學教師素質管理制度比較研究，203-242。臺北：高等教育。

湯維玲主持（2009）。**專業發展學校認證制度之研究**（計畫申請書）。國立屏東教育大學。

楊深坑、歐用生、王秋絨、湯維玲（1994）。**各國實習教師制度比較**。臺北市：師大書苑。

楊慧玲（2006）。**我國國民小學教育實習制度之研究**（未出版之碩士論文）。臺北市立教育大學國民教育研究所，臺北市。

趙慧（2001）。從專業發展學校看美國教育改革。**全球教育展望，7**，17-22。

鍾蔚起（1990）。從1980年代美國教育改革報告看師範教育發展趨勢。**教育文粹，19**，146-158。

鍾瓊如（2000）。**國民小學實習教師教育實習內容與實習困擾之研究**（未出版之碩士論文）。國立臺北師範學院國民教育研究所，臺北市。

薛梨眞、朱潤康（2007）。半年全時實習問題探究。**教育研究與發展期刊，3**(1)，209-238。

(二) 英文部分

Bolle-Baise, M. & McIntyre, D. J. (2008).What kind of experience? Preparing teachers in PDS or community setting.In Marilyn Cochran-Smith, Sharon Feiman-Nemser, D. John McIntyre; and Kelly E. Demers (EDs.), *Handbook of research on teacher education: enduring questions in changing contexts*, 307-332. 檢索日期：2013.05.08 取自：http://0-www.tandfebooks. com.lib1. npue. edu. tw/isbn/0203938690

Fullan, M. (1991). *The new meaning of educational change (2ⁿᵈ ed.)* N.Y.: Teachers College Press.

Fullan, M. (1998). *Change forces-probing the depths of educational reform*. Philadelphia: The Falmer Press.

NCATE (2001). *Standards for professional development schools*. Washington, DC: NCATE.

問題與討論

一、專業發展學校主要的理念為何？

二、教育實習在師資培育過程所扮演的角色及功能為何？

三、如何提升中小學教師擔任教育實習輔導教師的意願？

第九章

精進教學計畫發展與展望

李俊湖

達則兼濟天下，窮則獨善其身。　　　　　　　　　　～孟子

壹　緒論

精進教學計畫是教育部協助各直轄市、縣（市）政府推動課程政策、整合輔導團發展及提升教師教學能力的整合型補助計畫，自2007年開始實施，目前已成為各直轄市、縣（市）推動課程永續發展、教學輔導人才培育與基層教師精進教學不可或缺之計畫（張素貞、吳俊傑，2011）。精進教學計畫需要整合教育人力資源，型塑教育學習社群，發展教育專業團隊，增進教育人員專業能力，以提升教學成效與學生學習品質。因此，地方政府於每年度9月起，開始規劃次年度之精進教學計畫，經過「前置規劃」擬定推動方向與重點，再藉「自評輔導」階段整體規劃其精進課程與教學之作為，然後經教育部審查通過後提供經費補助，於次年1月份起執行相關計畫。

教育部為了讓本計畫能發揮預期成效，除了研訂補助要點，提供經費支持；並組織輔導諮詢團隊，協助地方政府掌握本計畫之精神，其主要工作內涵包括：1.研訂補助要點，俾讓各直轄市、縣（市）順暢轉化中央課程教學政策，並能呼應其整體發展需求；2.發展本計畫的檢核與輔導評估指標，並探討推動小組委員之角色任務、輔導檢核工作重點及核心概念等內容，以做為輔導諮詢委員聚焦輔導重點，並供直轄市、縣（市）政府承辦人、課程督學瞭解執行事項；3.由教育部聘請具課程與教師專業成長領域專長之學者專家與縣市教育人員組成的精進教學輔導諮詢團隊，以協助直轄市、縣（市）政府規劃並瞭解執行成效。

此外，為了協助地方政府推動課程與教學發展，另籌組團隊撰寫《輔導工作手冊》，同時辦理「課督及撰寫人員工作坊」，以幫助承辦人員明確掌握年度計畫目標、重點及方向並增能相關人員以求有效規劃。其次，基於提供專業支持及肯定教學輔導團隊教學輔導之投入與貢獻，特辦理「國民教育輔導團領域輔導小組運作績優團隊獎勵」，來鼓勵能運用有效輔導策略，協助學校及教師精進教學之教學輔導團（教育部，2014）。

　　總之，教育部期待精進教師教學計畫，能有效提升教學專業能力。因此，聘請專業輔導諮詢委員，協助縣市政府提升輔導團、課程教學領導人及學校教師之專業能力，並藉由教育專業人員共同努力，以增進學生學習成效。顯然本計畫是改進教師教學的重要方案，當然教育人員「持續專業發展」（Continuing Professional Development）就成為本計畫核心理念。其次，本計畫涉及教育人員的成長方案，其規劃、實施與成效評估同等重要，因為唯有設計完備專業領導方案，才能有效協助教育人員發展。因此，本文先簡要敘述精進教學的重點；然後討論專業發展、成效評估及領導有關概念；接著說明精進教學目前的發展與問題；最後提出未來的展望。

貳　文獻探討

一、專業發展與專業學習

　　國家社會出現危機，社會大都歸因於教育問題，因而極力主張改革教育，最常被指責的就是教師的教學，自然教師專業問題就成為社會關注的議題。Lieberman與Miller（2014:4-6）以美國三次教育改革為例，來說明與教師專業發展的關係。首先，在1957年俄國Sputnik號人造衛星升空後，美國學校因未能積極發展數學與科學教學而被責怪，因而開始加強數理學科的教學，但是並未獲成功；其次，至1980年因日本經濟日益強大，企業及意見領袖再一次把焦點放在學校，出版「國家在危機中」（A Nation at Risk）報告，又把改革置於課程與教學，此次也一如上次改革，由校外專家為學校教師辦理工作坊，以期改善教學問題；第三次，在2001年布希總統簽署「不讓任何一個學生落後」（No Child Left Behind，簡稱NCLB）法案，主張以績效責任（accountability）、標準測驗（state-developed tests）、教師效能（teacher effectiveness）、科學為基礎的專業發展（scientifically based staff development）企圖與學生學習成就連結，此次也採取由上而下主導的工作坊、教師訓練、規範性課程與教學及測驗等方法改革。以上三次教育改革都來自社會，多由意見領袖發動，也認為國家社會競爭力落後的根

源來自教育，因而大力改革課程與教學，同樣迫使教師參與更多專業發展活動，但是效果卻不十分顯著。

　　伴隨著由上而下改革之同時，另一股整體學校改變（whole-school change）與學校重建（school restructuring），以及以教學文化改變學校文化……等，來自學校由下而上改變的呼籲，也日益受到重視。採取這種改革觀點的人士主張教學是複雜的任務，需要同時改變學校制度、規範、行為和價值觀才可能達成，因而教師專業發展也異於由上而下的改革方式。他們倡導新學校文化，強調為教師提供同儕交流的機會，讓同儕有機會相互學習；他們不僅鼓勵和支持學校所有成員全面參與，也關切學校與個人之間的平衡和需要。因此，協同教學和規劃、集體課程編寫和發展評量、同儕觀察、教師研究與工作團隊等方式，就成為他們所極力倡導的專業發展途徑（Lieberman & Miller, 2014:6-7）。

　　總之，由上述不同發展的方向與方式來看，強調由上而下的訓練模式，主張提供事先設計完善的教學包與教學策略，透過外來專家的指導，他們期望教師研習後，能運用於課堂教學；然而，另一種由下而上的思路，則是藉教師同儕，針對教學問題，檢討修正後，提供解決策略的方式來改進教學。Timperley及Lieberman與Miller等人認為：前者是專業發展（professional development）；後者是專業學習（professional learning）。他們認為兩者雖都包含意圖（intentional）、持續（on-going）、系統歷程（systematic processes）以及長時間發展（Over time）等相同理念。但是兩者在概念與理念上卻有根本的差異。首先，Timperley（2011:4-5）認為：前者指提供教師某些資訊，來影響其教學實務；後者則隱含著個人挑戰先前假定，透過資訊互動，以產生專業知識，進而創造新意義的內在歷程，來解決內在問題。

　　顯然，教師專業發展僅止於參與，專業學習則需要教師主動連結（engage）。正如Timperley所言：實現轉型變革不是靠短暫和膚淺的參與就能達成，學習必須持續和深入，才能解決低成就學生根深柢固的教育問題，因此，教師基於學生學習問題，進而主動尋求改變的歷程就是專業學習。換言之，深度的改變需要教師與同儕，花費大量時間反思自己的教學，學習才可能發生。同樣的，Lieberman與Miller

（2014:8-9）也認同專業學習與在職／教職員發展的理念有明顯差異，並認為過去盛行的在職進修訓練（training model of inservice）及教職員發展（staff evelopment）模式，已逐漸轉為在實務中成長（growth-in-practice model）的方式，此種新模式就是專業學習。他們也比較專業學習與在職／教職員發展的差異（Lieberman & Miller, 2014:9）：

(一) 專業學習是一種隨著時間的推移持續性的智力學習。學習過程在於促進理念發展及連結同儕對話；在職／教職員發展則是在片段瑣碎事物上，強調規範性技巧應用的技術性工作。

(二) 專業學習通過對實務的合作探究以創新知識；在職／教職員的發展則是藉由直接教學的方式轉移知識，讓教師成為知識的消費者。

(三) 專業學習依賴於校內外教師與專家知識；在職／教職員發展依賴於外部專家知識。

(四) 專業學習側重於具體實務問題，並考慮教師的知識與經驗；在職／教職員發展側重於實施新課程的一般問題和政策，並傾向於一體適用（one size fits all）的做法。

(五) 專業學習假設教師將積極進行反思，分析和批判；在職／教職員發展則假定教師會被動遵守教導的內容。

顯然，專業學習與教職員發展在學習假定、具體做法及目的上均有明顯不同。Campbell與McNamara（2010）更進一步自教師研究與探究角度說明專業學習特點，他們認為專業學習雖有行動學習（action learning）、批判性團體（critical friendship groups）、同儕教練（peer coaching）、批判性評鑑（critical evaluation）與分析（analysis）等不同用語，但都一致要求教師利用系統性調查，蒐集與綜合理論與實務知識，這就是實務者研究與探究（practitioner research and inquiry）的歷程。由此可知，專業學習是將知識同化（assimilation）而非蒐集（gathering），教師透過行動研究獲得的知識，管理教室與學校的改變，因此專業學習確能增進教師改革及改進教學的擁有感（ownership）。另一方面，Groundwater-Smith與Campbell（2010）也自知識的發展來說明專業學習的特性。他們認為知識並非可以透過技術性

管道傳遞的自存（self-contained）可攜物，知識是位於社會歷史空間（socio-historical space）由社會建構而成，廣義來看鉅觀（macro-context）發展固然有共通性，但也有其特殊性；反之在微觀脈絡（micro-context）上，則有其變異性與複雜性，所以每個探究就是正在發生（in situ），專業學習是參與專業探究，也是一種批判性反省的態勢。因此，如果一方有權利扮演代理人（agency）來設計方案，另一方僅僅實踐應用，則真實性專業學習就不可能真正落實，甚至可能產生抗拒。

　　總之，專業發展概念隱然存有「我設計你發展」的意涵。專業學習則是教育人員主動自我發展改進的歷程。隨著時間的推移，已逐漸看到專業發展的困境，進而逐步轉向專業學習。

二、專業發展新趨勢

　　在專業發展的具體策略與方案層面上，傳統的專題演講研習方式已受到質疑，因而出現許多具體務實成長方式。此外，方案的成效也日益受到重視，以下分具體務實策略、成效評估及領導概念與發展等三方面說明：

(一) 具體務實策略

　　專業發展有許多途徑與做法，Forde（2011:17-18）提到教學導師（mentoring）、教學輔導（coaching）、同儕支持學習（peer-supported learning）與專業學習社群（professional learning communities）等四種常見的做法。Zepeda（2015:34）則認為：隨著科技日新月異的發展，同時也提供日益複雜和豐富的數位學習環境。因此，教師可以利用這些系統工具與來自全國甚至全世界，具有相同興趣的教師一起學習。例如：透過專業學習網絡（Professional learning networks，簡稱PLNS），其方式類似專業學習社群，讓參與學習教師透過部落格（blogging）、推特（Tweeting）、臉書（Facebook）和Pinterest等不同類型社交媒體平臺，來進行崁入工作（job embedded）的學習。Zepeda認為嵌入式學習，它不限時間、空間，可以是正式的和非正式的；學習來源包括自己學生的案例以及學生的作品，只要透過與同儕對

話及分析省思學生學習資料，讓教師在討論談話過程就是學習，所以也是新的學習方式。

另外，Beck、D'Elia與Lamond（2015）則採取發展性觀察方式來改進教師教學。他們反對利用觀察做為教師表現的評鑑（Performance Evaluations），而倡導校內教師採取同儕觀察過程（Peer Observation Process，簡稱POP），利用持續有效過程討論教學事務，以協助專業發展。他們認為：當教師打開教室大門，探究自己教學實務（engage in inquiry into their own practice），就會展開教學對話，討論所觀察到的教學問題，並進行教學改變。他們也發現POP能增進學生測驗成績、學校文化及教師專業。

由上述說明可以瞭解專業發展已由傳統研習，轉向以實際工作場域及實務工作為發展內涵的改變，教師也藉助同儕分享討論，提升專業知能，改進學生學習成效。

(二) 成效評估

Guskey（2014:447）指出：早期教育人員視專業發展為一種權力，但是近年來，由於經濟狀況下滑導致教育預算減少，政府官員開始關注方案的績效責任，也要求專業發展的經費，要在學校教育現場發揮其應有的成效，因而成效評估就日益受到社會大眾的重視。

Guskey也認為：建立良好的成效評估，並不一定需要高成本及複雜程序，重要的是可靠和有效的具體作為。因此，需要周詳的規劃，提出好的問題，以及採取適當措施恰當地蒐集資料，以找到有效的答案。顯然在專業發展過程及結果，要進行精細化的思考，蒐集充分可靠的資訊，才是有意義評估的重要基礎。

成效評估首先需要建立評估架構，Kirkpatrick是最早提出成效評估架構之學者，他運用參與者反應、學習及改變的行為、以及轉移到關心組織利益或業務成果的架構來評估培訓成效。另一學者Gusky則使用Kirkpatrick的定義，進一步擴展模型及問卷和相關表件成為：參與者反應、參與者學習、組織支持、參與者行為、學生學習結果等五種層面，並運用於教師專業發展評估上（引自張素貞、李俊湖，2014）。

三、領導概念與發展

　　學校領導概念由重視行政領導，逐漸強調課程教學領導。近來，基於學生學習之需要，教師領導與學習領導也日益受到認同，以下逐一說明。

(一) 強調整體學習領導

　　一般都認同領導是界定組織成功的核心，同樣的在教育上也證明，領導是學校及學區成功要素中的重要因素。在過去的30年，許多研究人員在高表現學校和學區看到有一種特殊類型的領導出現，這種類型的領導為「學習領導」（leadership for learning）、「教學為焦點的領導」（instructionally focused leadership）或「改進學校的領導」（leadership for school improvement）。這種類型的領導包括：1.持續專注於學校教育、學習、教學、課程和評量核心科技的領導能力及；2.所有的學校教育（如管理，組織，財務）的努力，要以提高學生的學習服務為核心（Murphy, Elliot, Goldring, & Porter, 2007）等兩項重點。

　　學習領導也強調教育社群內人人都是領導者，正如Safford、Stacey與Hancock（2011: 1）所言：在學校的每一位成人都是專業人員網路的一員，他們在學生學習的環境中，都負有為學生健康安全學習與發展之責任。Swaffield與MacBeath（2009）也以分布領導概念來詮釋領導與學生學習關係，並以系統學習、學校學習、專業學習與學生學習等四層次學習關聯圖（圖1）來說明人人都要學習的理念。上述四層之間在學

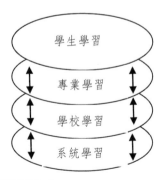

圖1　學習層次關聯圖（Swaffield & MacBeath, 2009, p.43）

習本質上有相互關聯和不可分割的關係，學習貫穿各層中是最重要的焦點，學習能讓校內與跨校活動流動，而領導是連接組織及促使實現的主要動力。換言之，教育系統中必須所有的人都要動起來，不僅是學生，包括教師、其他專業人士、學校和系統所有的成員都要學習。

(二) 重視教師領導

學校領導的研究，往往以行政領導為主要的議題，也著重行政領導在學校改革的貢獻，而長期以來的領導理論，大都著重個人領導所發揮的影響力，換言之，傳統領導較強調個人領導魅力對於組織的貢獻。然而，個人領導在實務上確有其侷限，故1980年代後期及1990年代領導理念，逐漸轉向分享（shared）或分布領導（distributed leadership）（李俊湖，2007）。

此一領導概念的轉變，促成教師領導發展，認為教師能發揮領導的影響力，教師領導才有其價值與意義。首先，教師需要為學生的學習結果負責；因此，不管校內、校外，有無正式職務的教師，都要以學生的學習為首要目標，共同帶領學校成員一起成長。其次，行政人員也要認知到人人都可能是領導者，故應該提供專業發展機會，以長期、計畫、有目的、尊重差異及系統性的活動，發展教師領導能力，多鼓勵教師並相信教師，視教師是解決教學問題的反省實踐者，有積極意願為學生的成長及社區未來發展，貢獻教育智慧與心力的學習者。

參　我國精進教學計畫發展

精進教學計畫自2007年起，接續九年一貫深耕計畫推出迄今已近10年，其間在計畫研擬、輔導諮詢及成效評估上，均依據歷年推動檢討與實施現況有所調整。其發展重點大致分個人成長至團隊發展、活動主導至兼顧成效、研習為主至專業實踐、地方規劃至共同合作及計畫分散至資源整合等五方面說明。

一、個人成長至團隊發展

早期教育人員專業發展，多強調個人進修與成長，然而教學發展需

要夥伴團隊支持與協助。因而組織改進教學及增進創意教學的學習社群，鼓勵各校成立課程與教學研究團隊、教師讀書會，推動產出型工作坊之教師專業成長模式，就成為精進教師教學專業能力之重要方式（教育部，2008）。

其次，組建學校教學團隊，更是提升課程教學能量的主要力量。當前推動的十二年國教政策，要在教學現場落實與發揮效益，更有賴縣市政府與學校教育團隊，藉由專業人員組成學校群體力量，透過制度規範整合專業人員之智慧及資源，促使教學品質不斷提升與精進。因此，學校團隊要將課程教學列為校務經營之主軸，結合家長、教師與社區共同智慧，由行政團隊扮演帶領、服務與資源管理之角色，方使團隊組織恰如其分地展現效能，保障學生學習權益（教育部國民及學前教育署，2014）。

總之，精進教學計畫影響學校「組織發展與教師發展」，藉由該計畫的推動，建立協作的學習社群，使得學校成員透過同儕互動的學習，為學校組織的發展注入嶄新的活力（教育部，2012）。近年來，各縣市精進教學計畫的推動，為了回應學校本位特色與教師的專業需求，大都採取讀書會、領域教學研究會及發展學校團隊等方式，逐漸以「學習社群」取代一般性的教師研習活動（教育部，2011），顯示團隊發展已逐漸受到重視。

二、活動主導至兼顧成效

精進教學計畫包括縣市政府、學校及校際策略聯盟及輔導團計畫（教育部，2008），這些活動多為教師研習活動，其辦理的方式常採學者專家專題演講方式，辦理結束後多以滿意度調查問卷來瞭解其成效。另外常見的成效評估辦法包含辦理成果發表、觀摩與分享活動及輔導團各輔導小組到校輔導，以及定期、不定期訪視，來瞭解各項行動方案辦理成效（教育部國民及學前教育署，2015）。雖然所蒐集之資料，能做為實施成效之參考，不過活動能否真正反映至教師增能與提升學生學習成效上，則未有明確的指標與工具來瞭解。換言之，有關專業成長活動大都未能訂定具體明確可行教師增能或學生學習改變之指

標，並設計適當評估工具，用以蒐集教師實際教學表現與學生學習成效之具體證據，殊為可惜。

基於上述需求，教育部國教署乃於2015年起辦理成效評估計畫，邀請臺中市及苗栗縣部分教育人員進行案例研發；同時也要求自2016年度起，精進教學計畫之各項子計畫（含輔導團計畫），除了須實施專業成長成效評估「反應」層面的基本成效評估外，要以漸進方式深化成效評估，並需選擇當年度研提精進教學計畫數量的「10%」，規劃採用更深化評估層面進行成效評估，其目的在於引導各縣市逐步在計畫中納入成效評估的做法，以規劃系統性課程，並彰顯計畫實施之成效。

三、研習為主至專業實踐

研習方式對於研習成效有直接且密切關聯，近年來在研習型態、方式及做法上均有所調整，力求規劃能在教學現場應用與實踐的方案。如過去提到進修成長，大都採取演講方式，現在已逐漸採用工作坊；其次，倡導研習後回流分享或採用社群辦理也是極力鼓勵的專業實踐方式。因此，目前社群領導人研習，常採取二階段方式，鼓勵領導人參與研習之後，能應用於教學或領導，也必須在下次回流研習中分享實施經驗。另外，工作坊後結合其他成長模式，如專業學習社群，或以輔導團到校輔導以求落實等都有助於專業實踐（教育部，2015）。

其次，把握轉化實作→經驗分享→成果評估原則，來發展學校教學團隊也是可行方式。過去校本研習與社群規劃大都由規劃者依其興趣來規劃主題內容，目前已看到逐漸朝轉化、分享及評估循環歷程的方向發展，不僅能彰顯校本與社群的價值，也才能逐漸看到課堂教學的落實與實踐（教育部，2015）。

另一股肩負縣市課程與教學專業支持角色，扮演專業教學領航功能，成為輔導和協作學校課程與教學發展重要夥伴，就是陪伴教師成長的輔導團，他們對於教師教學專業提升有莫大幫助。目前輔導團常採用協作方式，協助老師解決教學問題。如輔導團員與學校教師共同進行教學觀摩與回饋，其方式先由輔導員與教師共同討論教學單元，之後校內老師進行教學，然後輔導員再示範一次，會後進行研討。第二階段利用

跨校策略聯盟時間以同樣方式進行教學，並公開給校外其他教師進行觀摩，會後再進行討論（陳美如、秦葆琦，2013）。上述協作方式，能實質協助教師改進教學。

　　總之，採取實務取向的專業實踐方式，以社群及輔導團到校協助教師，採取共同備課、教學演示、入班觀課以及共同議課等專業實踐方式，來落實教學改進，也確實能影響教師教學實務。

四、地方規劃至共同合作

　　教育部2006年「精進課堂教學能力要點」（教育部，2006），只說明縣市政府、輔導團及學校應該辦理事項，並未提到教育部任務。直至民國2009年「精進課堂教學能力要點」開始提到教育部職責為：「1.辦理說明會及計畫撰寫工作坊，說明本要點之內涵，提供縣市政府精進教學計畫之交流及分享。2.提供輔導諮詢小組委員名單，……參與縣市政府之計畫規劃及審查過程，並視需要協助縣市政府進行學校計畫執行之追蹤輔導事宜。3.就縣市政府所提計畫進行審查……。」（教育部，2009a），此時教育部除督導外，已開始扮演輔導協助的角色。

　　基於協助地方政府規劃之著眼點，教育部持續針對輔導諮詢團隊辦理工作坊及共識營；對於縣市承辦人員（包括課程督學、國教輔導團幹事）進行專業培訓，並提供精進教學計畫作業參考手冊，以協助其掌握計畫重點（教育部，2012）。甚至於針對地方政府精進教學計畫撰寫人，分北、中、南三區辦理工作坊，以讓其更精準掌握年度重點，以及精進計畫精神。這些做法都顯示中央與地方共同合作，以期有效辦理相關計畫，進而增進教師教學成效的企圖心。

五、計畫分散至資源整合

　　教育部2001年度起即開始補助各縣市政府多項相關計畫，以期落實課程改革的目標。雖然這些計畫確實在九年一貫課程改革實施初期，有助於政策宣導與教師專業提升。然而，隨著各單位計畫紛陳推出，也逐漸出現一些問題，例如：相關單位計畫缺乏統整，以致部分計畫疊床架屋、研習太多，造成基層老師困擾（教育部，2009b），顯然

過多計畫可能導致教師疲於奔命，而需要適度整合。

　　至2006年「精進課堂教學能力要點」（教育部，2006）提到：「本計畫包括縣市層級、輔導團及學校與校際等三類子計畫。」要點雖然強調要「結合輔導團及學校層級，擬訂精進課堂教學能力之整合型計畫。」但只要求「分別提報縣市政府計畫、輔導團計畫、學校暨校際策略聯盟計畫。」因而，地方政府在人力有限整合不易的限制下，各計畫大都缺乏實質的整合，而採取分散式規劃。基於整合的必要，至2010年教育部又要求三類子計畫，需合併為縣市政府與輔導團辦理之兩類子計畫（教育部，2010）。直至2012年更進一步整合，不再分兩類子計畫，而期望縣市必須整合相關資源，並建構縣市推動藍圖與規劃整體計畫。

　　由以上發展歷程，看到精進教學能隨著教育環境與實施條件有所調整與轉變，並逐漸朝理想的目標前進。不過，實施過程仍有需要落實與強化之處：首先，現有中長程計畫，雖有逐年發展的構想，但計畫內涵之持續性較為不足；其次，由上而下行政規範之要求，仍十分明顯，學校規劃之各項成長方案，仍是被動配合行政要求之作為；此外，領導人的培訓已強調課程教學，似仍未具備能有效協助學生學習之領導能力；最後，地方政府雖然已經針對計畫進行成效評估，但所彙整的資料只能說明計畫執行的過程與問題，不易提出客觀證據資料說明具體成效，也難以據此調整與修正計畫，這些問題都是未來可以調整的重點。

肆　我國精進教學展望

　　精進教學計畫的實施與推動，仍需要持續落實以求展現出具體成效，未來更可以朝以下重點努力，力求突破：

一、建立由下而上發展模式

　　目前精進教學雖然是由上而下支持由下而上合作發展模式，不過教師往往不覺得有專業上成長與研習的需求，甚至認為參加研習是一種負擔，有被迫參與各項研習活動之感。由專業學習理念可以理解，教師先要認知有需求去解決自身教學問題，進而產生積極學習意願，如此才

能建立教師自發與主動的學習動機，且其學習重點與內容必能契合其需求，進而養成教師終身學習的習慣。因此，未來宜建立由下而上的專業學習模式，才能克服當前研習困境，並讓教師專業學習成爲新常態。

二、重視學生中心學習領導

領導並非只有少數行政人員才能扮演之角色，領導理念必須穿越各個教育與學校組織，讓每一位教育成員都能發揮領導的功能。其次，領導作爲必然要以學生學習爲依歸，打造適合所有學生的學習環境，這是全體教育人員共同的領導任務。總之，把握學生爲學習的主體前提，依據學生個別需求，提供其最佳學習發展的學習情境，是教育人員實踐學習領導的重要責任。

三、落實自我改進持續發展

教師要成爲教學專業人員，需要不斷地檢視其教學歷程，以期持續精進改善學生的學習。目前各項計畫前後之銜接性仍不足，常見另起爐灶或重新規劃，大都未能在先前基礎上持續發展，以至於成效不易彰顯。未來宜落實自我改進之做法，秉持持續檢討改進的精神，才可能永續發展。

四、利用成效評估精進教學計畫

精進教學計畫是否具有成效，需要經過評估歷程來檢視確認。雖然短時間專業發展確實不易證明在教學實務上有明確效果（Harris & Busher, 2000），但是評估是改善及提升計畫的必要過程。目前雖已參考Gusky運用於教師專業發展成效評估的五種層面，逐年提高各計畫在深層成效評估的比例，不過仍需要持續精進成效評估之做法，以期眞正提升學生學習成效。

參考文獻

(一) 中文部分

李俊湖（2007）。教師領導。載於周淑卿、陳麗華主編，**教育改革的挑戰與省思**（159-176）。高雄：麗文文化。

張素貞、吳俊傑（2011）。從「深耕」到「精進」——九年一貫課程與教學輔導機制之推動。**教育資料與研究雙月刊，98**，101-124。

張素貞、李俊湖（2014）。教師專業發展評鑑方案成效評估之研究，**教育資料與研究，144**，95-124。

教育部（2006）。**教育部補助辦理精進課堂教學能力要點**。臺北市：教育部。

教育部（2008）。**教育部補助辦理精進教學要點**。臺北市：教育部。

教育部（2009a）。**教育部補助辦理精進教學要點**。臺北市：教育部。

教育部（2009b）。**精進教學計畫工作手冊——理念與實務篇**。臺北市：教育部。取自http://www.hfrp.org/publications-resources/browse-our-publications/Promo ting-quality-through-professional-development-a-framework-for-evaluation

教育部（2010）。**教育部補助辦理精進教學要點**。臺北市：教育部。

教育部（2011）。**教育部補助辦理十二年國民基本教育精進國民中小學教學品質要點**。臺北市：教育部。

教育部（2012）。**精進教學計畫推動成效與輔導機制之探究結案報告**。教育部，未出版，臺北市。

教育部國民及學前教育署（2014）。**104年度教育部國民及學前教育署補助辦理十二年國民基本教育精進國民中小學教學品質計畫工作手冊**。臺北市：作者。

教育部國民及學前教育署（2015）。**103年度輔導直轄市、縣（市）推動十二年國民基本教育精進國民中小學教學品質與成效評估計畫結案報告**。教育部，未出版，臺北市。

陳美如、秦葆琦（2013）。重新看見縣市輔導員的專業實踐：研習與協作策略的理解。**教育研究月刊，226**，34-47。

（二）英文部分

Beck, C., D'Elia, P., & Lamond, M. W. (2015). *Easy and effective professional development: The power of peer observation to improve teaching.* London: Routledge.

Campbell, A. & McNamara, O.(2010). Mapping the field of practitioner research, inquiry and professional learning in educational context: a review.In Mcnamara, O., Campbell, A., McNamara, O., & Groundwater-Smith, S. (Ed.). *Connecting Inquiry and Professional Learning in Education.* (1 ed.). London: Routledge.

Forde, C.(2011). *Approaches to professional learning: coaching, mentoring and building collaboration.* Dunedin Academic Press.

Forde, C., & O'Brien, J. (2011). Taking continuing teacher education forward. In: Forde, C. and O'Brien, J. (eds.) *Coaching and Mentoring: Developing Teachers and Leaders.* Dunedin Academic Press: Edinburgh, pp. 82-90.

Groundwater-Smith, S. &Campbell,A. (2010). Joining the Dots: Connecting Inquiry and Professional Learning',InMcnamara, O., Campbell, A., McNamara, O., & Groundwater-Smith, S. (Ed.). *Connecting Inquiry and Professional Learning in Education.* (1 ed.). London: Routledge.

Guskey, T. R. (2014). Measuring the effectiveness of educators' professional development. In K. L. Bauserman, & L. Martin (Eds.), *Handbook of Professional Development in Education: Successful Models and Practices, PK-12.* New York, NY: Guilford Press.

Harris, A., & Busher, H. (2000). *Effective subject leadership*: Final report. London, United Kingdom: Teacher Training Agency.

Lieberman, A., & Miller, L. (2014). Teachers as professionals: evolving definitions of staff development. In *Handbook of Professional Development in Education*. New York: The Gullford Press.

Murphy, J., Elliot, S., Goldring, E., Porter, A (2007). Leadership for Learning: A Research-Based Model and Taxonomy of Behaviors. *Journal of School Leadership and Management, 27*(2), 179-201.

Safford, K., Stacey, M. and Hancock, R. (2011) *Small-scale Research in Primary Schools: A Reader for Learning and Professional Development*, London, Routledge in association with The Open University.

Swaffield, S., & MacBeath , J. (2009). Leadership for learning. In J. Macbeath & N. Demp-ster (Eds.), *Connecting leadership and learning: Principles for practice* (pp. 32–52). London, UK: Routledge.

Timperley, H. (2011). *Realizing the Power of Professional Learning*. Open University Press

Zepeda, S. J. (2015). *Job-embedded professional development: support, collaboration, and learning in schools*. New York: Routledge.

問題與討論

一、你覺得目前精進教學的策略是否適合教學現場之需要？未來可以改進
　　的做法有哪些？

二、如何提升教育人員參與學習的動機與專業能力，才能積極有效地協助
　　學生學習？

第十章

海峽兩岸研究生就業問題之探討

楊振昇

少年喜書策，白首意未足。幽窗燈一點，樂處超五欲。　～陸游

 前言

　　高等教育乃是培育人才的重要途徑，其品質攸關社會進步與競爭力的提升；然而，近年來有關高等教育人才的就業問題，受到社會的高度重視。以臺灣而言，教育部（2013）指出，近十餘年來人們接受教育的機會大增，大學教育已從菁英教育演變為普及教育，而在大量的專科學校也升格為科技大學或技術學院後，社會大眾卻普遍認為大學畢業生素質下降，未符企業用人需求，造成嚴重的學用落差。教育部進一步指出，由於大部分高中職學生均選擇進入大學，且院系設置未符社會需求，造成基層人力短缺、人力供需失衡的現象，對經濟的發展極為不利。不容諱言地，臺灣未來的人才培養亟需解決學用落差與人力供需失衡的問題；亦即臺灣在快速的社會變遷中，人才培養面臨許多挑戰，所謂學非所用、用非所學、高學歷高失業率等現象屢受社會各界高度關切，故如何嚴肅面對高等教育人才培養之挑戰，並深入剖析應有之前瞻策略，可謂當務之急。

　　其次，楊振昇與林孟潔（2014）曾指出，依據全國就業e網2013年2月的統計資料顯示，主要職缺需求以高中職學歷為最多（36.93%），其次為專科（11.66%），再次之為國中（8.61%），其他教育程度皆低於5%。另外，統計資料也指出廠商求才時，學歷並非考量進用的首要因素，高學歷的求職者必須面臨與中低學歷者競爭的狀況仍是偏高，這也是大學畢業生不得不屈就低學歷職位的因素。在廠商求才提供的職缺中，以製造勞力工最多（13.93%），其次為工業及生產技術員（6.5%），再次之為商店銷售有關人員（5.62%），其餘皆不足5%。而根據臺灣高等教育整合資料庫的調查指出，2008學年度大專畢業生畢業後一年，在不同行業工作的學用配合情形，最高為醫療保健及社會工作服務業、次之為教育服務業、再次之為專業、科學及技術服務業，最低則是不動產業，但各行業工作的學用配合情形平均數均未超過符合的標準（平均數3表示符合，學用配合情形最高的平均數為

2.97）。由這些數據均顯示了大學畢業生就業存在著嚴重的學用落差問題，值得進一步探究。

在大陸方面，有關研究生就業的問題也受到高度關注，有許多研究均曾加以探討（如王松鋒，2010；吳躍賽，2014；李慧敏，2013；張印蘭、王平與周榮明，2014）例如：王松鋒（2010）就強調有關研究生就業問題的原因中，包括研究生過度擴充、研究生本身素質有待提升、以及研究生的職業規劃意識薄弱等均不容忽視。

就高等教育而言，研究生教育乃是在大學／本科階段後進一步的教育學術發展與訓練，在各領域專業的提升上十分重要。然而，由於學用落差與社會的快速變遷，導致研究生的就業問題日趨嚴重，這種現象在海峽兩岸都逐漸受到重視。有鑑於此，本文主要在探討海峽兩岸研究生的就業問題，除了深入分析造成研究生就業問題的相關原因外，並嘗試研提可行的因應策略。

貳　海峽兩岸研究生的就業問題分析

前已述及，兩岸研究生的就業問題值得探究，然由於資料蒐集不易完備，僅能就所取得的資料加以分析。以下就臺灣與大陸研究生就業的問題加以說明：

一、研究生的畢業人數與就業情形

(一) 臺灣研究生的畢業人數與就業情形

依據教育部統計處（2015）的資料顯示，96-103學年度研究生畢業總數（包含碩士生與博士生）分別為57,527人、61,263人、63,197人、63,870人、63,911人、64,459人、64,039人、61,461人（如圖1）。從圖一可看出除了96學年度少於60,000人之外，其餘學年度的研究生畢業總數均超過61,000人。圖2則分別列出96-103學年碩博士生的畢業人數，從該圖也可看出不論是碩士或博士畢業生，在96到101學年度之間人數均呈現逐年增加的趨勢，而在102及103學年度，則因教育主管機關重視研究生畢業人數過多產生的失業問題而減少了研究生的畢業人數。其次，有關96-103學年碩博士畢業生所占比例詳見圖3，其中碩士

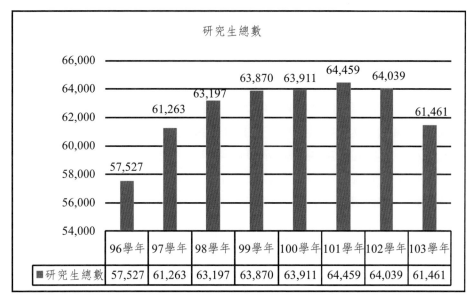

圖1　96-103學年研究生畢業總數（包含碩士生與博士生）

資料來源：整理自教育部統計處（2015）各級學校畢業生數

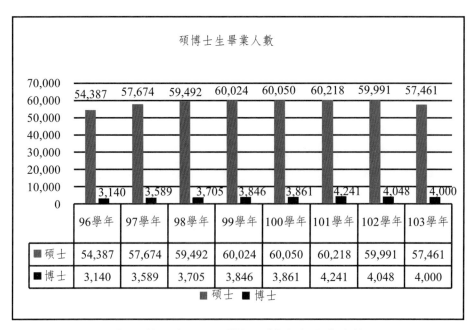

圖2　整理自96-103學年碩博士生畢業人數

資料來源：整理自教育部統計處（2015）各級學校畢業生數

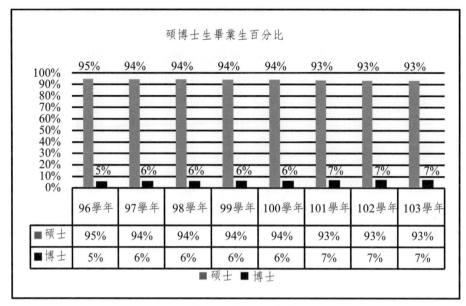

圖3　96-103學年碩博士畢業生所占比例

資料來源：整理自教育部統計處（2015）各級學校畢業生數

班畢業生人數約占93-95%，而博士畢業生約占5-7%。

　　于國欽（2012）指出，依主計總處的調查資料，2012年6月份15歲以上民間人口裡，具研究所學歷者有97.7萬人，其中就業者68.9萬人，失業者2.5萬人，非勞動力26.3萬人。隨博碩士人力供給急增，需求未等幅增加，上半年博碩士失業率升至3.32%，比大學畢業的5.66%、高中職的4.29%、國中及以下學歷者3.45%爲佳，但已經超過專科學歷者的3.17%。主計總處官員表示，近10年隨著改制，專科畢業生逐年減少，加以有一技之長，因此專科生的就業競爭優勢仍高，即使以30歲以下的青年人來比較，具專科學歷者的失業率確實比各學歷者都來得低。主計總處官員指出，值得注意的是，在國內具研究所學歷者急速增加的同時，這些高級人力的就業難度愈來愈高，一向失業率難得超過3%的博碩士，自2011年第4季起，失業率逐月走高，至2012年6月已升至3.54%。

　　中研院院士胡勝正表示，過去博碩士工作容易找，是因過去一、二十年民營研發部門、公私立大學快速擴充，剛好可吸收這些人力，但隨著民營研發部門、公私立大學的職缺趨於飽和，這些高學歷者的失業率自然會提高。胡勝正強調，以前由於國小教師人力供給過多，曾出現「流浪教師」，現在由於碩博士人力供給過多，也已出現「流浪教授」的狀況（于國欽，2012）。因此，除非民營研發經費提高，需要更多研發人力，否則碩博士的失業率一定還會再升高。

(二) 大陸研究生的畢業人數與就業情形

　　根據大陸教育部（2013）的統計資料顯示，大陸近10年（2004-2013）來研究生的畢業人數有逐年增加的趨勢（如圖4），由2004年的15.08萬人，到2013年已增加到51.36萬人。

　　根據中國廣播網報導（2012.7.16），2012年中國研究生計劃招生規模為584,416人，其中碩士生517,200人，博士生67,216人。2009年，研究生就業率一直連續下降。2009和2010年，研究生的就業率甚至不

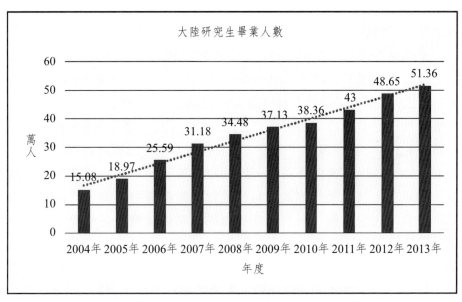

圖4　近10年（2004-2013）來大陸研究生的畢業人數

資料來源：大陸教育部（2013）。全國教育事業發展統計公報

及本科畢業生。一份來自江蘇省人才市場的統計顯示，2011年的中國高校畢業生中，研究生就業率爲近87%，本科生爲90%以上，專科生約爲94%以上，研究生就業率低於專科生就業率近8個百分點。中國廣播網的報導還說，長期關注研究生教育的北京師範大學副校長葛劍平對目前中國研究生教育現狀給出的診斷有三項：科研能力差；產、學、研鏈條斷裂，大學，產業，研究所互不相干；以及缺乏雙師型導師，只教課本知識，不能實戰。

　　另外，旅美中國學者李洪寬曾在中國廣播網報導（2012.7.16）表示，中國研究生過多，而且就業率低，與這些年來中國大搞高等院校擴招有直接關係，李洪寬指出：

> 「研究生畢業就業難的問題有很多因素，一個是擴招，因爲大學擴招之後，大學畢業生供應遠遠超出社會的需求，很多畢業生就乾脆選擇直接讀研究生了，這樣又在學校裡耗上了三、五年，這當中絕大多數人是沒有社會經驗的，沒有工作經驗。這些人如果當時就業難，現在學位更高一層之後，他的就業心態就不一樣了，要求也高了。社會能提供這樣職位的並不多。我看有人評論說所謂研究生就業難，他們是難在幾個方面：一個是考公務員難，因爲他的年齡大了，他改專業也不容易。因爲讀了研究生，專業愈來愈窄，考公務員反而不利，各種說法都有。但是一個主要的原因是大學畢業生太多，大學畢業找不到工作，被迫讀的研究生。現在研究生畢業之後，社會的就業狀況並沒有改善，沒有顯著的改變。反而由於經濟危機造成的影響，尤其這幾年，中國的對外出口企業面臨著很大的壓力，都在裁人，稍微學歷高的高技能的這種需求量並沒有增加，所以就業難。」

　　由於就業市場僧多粥少，因此職業顧問建議研究生求職要「短、頻、快」。所謂「短」，就是要立足眼前，找準切入點，不要把自己的職業規劃設計得過遠過高。如果一份工作薪水不是很高，但對個人積累

經驗有很大幫助，也值得去嘗試；所謂「頻」，就是要儘量擴展找工作的範圍和渠道，勇於抓住每一次機會，通過多種嘗試來不斷調整自身定位，在比較中尋找合適自己的崗位；所謂「快」，就是在求職中要適時抓住機會，不要總是帶著「待價而沽」的心態，總想著「再等等看有沒有更好的」，最後反而可能錯失良機。

二、研究生就業問題不佳的原因

　　經由上述，可知兩岸研究生就業欠佳的情形值得關注。儘管兩岸高等教育發展之脈絡有別，然整體觀之，兩岸研究生就業情形欠佳的原因可歸納為以下幾項：

(一) 高等教育過度擴張

　　以臺灣為例，臺灣的大學院校從1980年代約27所，急速增加到2014年約162所公私立院校（包括47所公立大學，73所私立大學，42所獨立學院與專科學校）。其中主要為原有的專科升格為技術學院、技術學院升格為科技大學（吳榮文、楊振昇、田劉從國，2013）。若進一步加以比較分析，中國的人口約13億，為臺灣的56倍，而目前中國的公私立大專院校為2,200餘所；香港的人口約700多萬，只有八所公立大學。就臺灣而言，臺灣的人口2,300萬，卻擁有54所公立大學，因大專院校數目過多，規模太小，造成資源稀釋分散，雖然錢不是萬能，但是沒有足夠的資金，大專院校聘不到及留不住一流教授及一流行政人才，沒有高額獎學金，也吸引不到國際一流的學生。

　　就大陸而言，誠如前述，李洪寬就表示，中國研究生過多，而且就業率低，與這些年來中國大搞高等院校擴招有直接關係；而李慧敏（2013）的研究也發現這個現象。因此，高等教育過度擴張的問題值得重視。

(二) 學生本身所具備的能力不足

　　早期臺灣的高等教育採取「菁英政策」，全國的大專院校總數少，每年大學聯招只有約30%的高中畢業生能考進大學，也就是「嚴進寬出」的政策，學生素質比較整齊，程度比較高（楊振昇、林孟

潔，2014）。然而隨著大學校數的增加，只要想念大學，幾乎每個高中生都有機會進入大學殿堂。這可以從歷年來大學錄取率看出端倪。以2002年的聯招（指考）爲例，錄取率爲80.41%，2012年的錄取率爲88.00%。在這10年間，2009年的錄取率甚至高達97.14%。將近九成的錄取率意謂人人都可上大學，但難道也代表人人都有能力上大學嗎？加上受到社會外在因素的影響，學生有時因爲外在的人（如交友）、事（如打工、社團）、物（如喜愛名牌）的干擾，未能專心於課業，不僅視學習爲營養學分，蹺課之情事也時有所聞。影響所及，如果學生就讀研究所的動機是因爲大學畢業後就業困難，那麼自然而然會影響到學生的素質，而研究所畢業後競爭力的不足也是必然的現象。

　　就大陸而言，吳躍賽（2014）、張印蘭、王平與周榮明（2014）均指出研究生本身的能力與其就業關係密切；如果學生本身的能力不足以勝任就業市場的需求，勢必將造成其就業上的困難；誠如北京師範大學副校長葛劍平對目前中國研究生教育現狀給出的診斷中，即剴切指出（引自中國廣播網報導，2012.7.16）研究生科研能力差的問題不能不加以重視。換言之，研究生可能對找到一份工作有信心，但對找到自己理想中的「好工作」沒有信心。這一點確實值得注意。此外，王松鋒（2010）也指出，研究生的能力有待提升，包括溝通協調、創新求變、適應環境、問題解決、及團隊合作等，均不容忽視。另外，他也進一步強調研究生職業規劃的意識薄弱也亟待改善，往往對自己認識不清、目標不明。

(三) 學用落差的問題

　　有關高等教育學用落差的問題近來一直受到各界高度的關注。例如：新聞媒體大篇幅報導博士賣雞排、名校畢業生賣麵、清大畢業生淪爲澳洲苦勞等（楊振昇、林孟潔，2014）。這些現象可說是冰山一角，姑且不論個人求職或就業的意願，已有許多大學畢業生反應求職不易、薪資低落、學非所用等種種社會問題，這些問題突顯出目前高等教育所培育出的人才與社會環境的期許存在著嚴重的落差，當然就研究生來說，也存在同樣的困境。

就大陸而言，吳躍賽（2014）也指出學用落差的問題。誠如前述，北京師範大學副校長葛劍平對目前中國研究生教育現狀給出的診斷中，即剴切指出產、學、研鏈條斷裂，存在大學、產業、研究所互不相干的積弊，均可謂一針見血。

參 兩岸研究生就業問題的因應策略

經由上述對於兩岸研究生就業問題的分析，可知不論對臺灣或是對大陸而言，這都是一項不容忽視的重要課題。誠如政大勞工所教授成之約（2012）指出，政府有必要重新檢視市場需求，對高等教育採取計畫性培育方案，以配合國家經濟發展目標，不能再任由各大學自行擴張。對於研究生，政府也可以藉著引進人才培訓產業等較需要高學歷人才的產業予以容納。

由於兩岸教育、文化、與經濟背景不盡相同，因此對於研究生就業問題的因應策略也難有一致性的建議。基於此，以下僅就管見所及，研提部分因應策略供參，倘有欠周延或不完備之處，尚祈方家指正。

一、建立跨部會協商機制，並由行政院院長或副院長層級擔任主持人

由於研究生就業問題牽涉層面甚廣，絕非單一部會之責，亦絕非單一部會所能完成。以臺灣為例，睽諸臺灣過去有關高等教育人才的培育政策往往欠缺橫向之溝通，而多由各部會就其所主管業務提出解決策略，也因此較難有整體之具體成效；在各部會所提出的解決方案中，常常可見頭痛醫頭腳痛醫腳之思維，而欠缺系統性觀照，亦即所提方案有時僅能解決眼前問題，而對於5年乃至10年以後之規劃欠缺前瞻性。再者，由於資料的完整與周延性乃是進行決策的首要條件，目前政府相關部門常常欠缺各年度之資料，一方面無法有效促進永續發展，另一方面也容易造成決策與解決方案的偏差。另外，所謂「他山之石可以攻錯」，政府宜針對研究生就業問題進行跨國比較，因跨國比較研究的成果將可作為我國規劃與實施相關決策的重要參考。就大陸而言，吳躍賽（2014）、李海波與梁巧靈（2014）的研究也指出相關的政策並不完善。

基於上述，兩岸除了須因應未來發展趨勢明訂人才培養的相關法規

外，尤應成立跨部會的協商機制，並由行政院院長或副院長擔任該機制的主持人，期能藉由主持人位階的提升，彙整各部會的需求與意見，進而發揮整合的功能並提高成效（楊振昇、蔡進雄，2013）。質言之，人才培育政策係長期性、持續性的目標，有賴各中央部會的配合。中央部會之間的合作模式，可以區分為需求與供給兩個層面，需求面由經濟相關部會進行推估，供給面則由教育部門依據需求面的規劃進行培育，產業界則是居中協助的角色。

二、落實成果導向評鑑機制，必要時進行系所整併或跨領域轉型

臺大國發所教授辛炳隆曾提出警告，高等教育體系若不從結構性檢討，未來高學歷高失業率問題將更嚴重（于國欽，2012）。由於設立研究所，尤其是文法商類的研究所，成本不高，被校方視為「賺錢商機」，相對而言，專科畢業生因學子競相就讀大學，反而「物稀為貴」，透過「市場機制」，自然會篩選所需人才，進而影響教育資源供需，政府應尊重市場機制自然調整，沒必要採取「補貼高學歷薪資」的手段，扭曲市場機制。

誠如楊振昇與林孟潔（2014）指出，為有效因應研究生就業問題，大學校務及系所評鑑應落實成果導向的評鑑機制，重視大學畢業生的學習成效與就業情形；尤其若能藉由資料庫的建立，將可發揮即時動態的功能，適時提供畢業生就業資訊，也能提供產業界的選才資料庫。學校應定期追蹤與分析畢業生的就業表現，瞭解學用落差的情形，做為系所轉型的依據。另一方面，也能藉由畢業生的表現，瞭解產業界需要的核心能力，適時進行系所課程規劃，必要時得鼓勵與協助系所跨領域轉型。

此外，教育部應落實大學整併、建立退場機制，以有效促進教育資源的有效運用，提升高等教育品質。就公立大學而言，應儘速落實大學整併，尤其教育部已通過《國立大學合併推動辦法》，故應配合組成「合併推動審議委員會」，發揮實質成效。其次，就私立大學而言，應建立私立大學的退場機制，採行「由改變到退場」的兩階段模式，對於退場的私立大學，應審慎處理學生轉學及財產處理。

三、落實結合專業與通識教育、有效提升學生基本素養

朱子君（2013）指出，教育工作的主要目的在於培育人才。雖然我們不希望看到大學教育「淪落」到職業訓練所或職前先修班，但不可諱言，學校學生畢業後的表現，受企業界歡迎的程度已經被視為學校辦學績效的一個重要指標。因此，高等教育的改進，在世界潮流上，漸漸地趨於「顧客至上」的方向。所以，大學教育之特質應是兼顧社會及個人職業發展需求，強調績效原則，並配合生涯教育理念，做多樣性設計、彈性課程的安排、擴展受教對象，建立學習管道之多元性。朱子君（2013）進一步指出，根據《遠見雜誌》調查企業界用人最重視的因素結果顯示（如表1），人員是否具備專業能力與是否擁有高EQ同樣重要。而這些EQ的養成，有賴學校在通識課程及人文素養方面的加強。

因此，以研究生就業問題之因應而言，必須從系統化的觀點切入，也就是在大學端便需要強化課程教學以培養研究生的競爭力，尤其是通識教育課程的重視與落實。張忠謀在輔仁大學的演講中，曾特別提及他在哈佛大學唸書時，通識教育對他未來的人生產生很大的影響，亦即通識課程乃是大學生在專業能力之外，最基本的知識涵養課程，強調兼重「人文器識」與「科技素養」（楊振昇，2010，2013）。

表1
企業用人最重視的九大因素

名次	因素
1	敬業態度
2	專業能力
3	團隊合作精神
4	學習能力
5	人格特質是否符合公司文化
6	情緒穩定度
7	忍受挫折度
8	領導潛力
9	畢業學校

資料來源：朱子君（2013）。高等教育功能與就業市場

　　通識教育是大學生在專業能力之外，最基本的知識涵養課程，強調兼重「人文器識」與「科技素養」。「人文器識」重視知識的平衡性與通達性，強調立身處世上開闊的胸襟與特質；而「科技素養」則強調處在當前的科技社會中，知識不應侷限於人文學科的範圍，對於日新月異的網路科技、奈米科技、太空科技、環保科技及基因科技等，亦應有基本瞭解，尤其應關心前述科技的進步，將對人類的日常生活、生態環境與文化產生何種衝擊，而早日共謀因應之道。就課程而言，由於通識教育日漸受到重視，故多元化通識課程的提供係屬必要；然長期以來，由於專業課程與通識課程間的對立、抗拒，加上通識課程出現零碎化、膚淺化與邊緣化的現象，導致校園中「重專業、輕通識」的心態難免存在。另一方面，在通識課程的教學上，亦面臨許多困境（楊振昇，2013），例如：在教師方面，部分教師係因本身學分不足而開設通識課程，難免因經驗不足影響學習成效。其次，因班級人數太多，影響教學品質；另因部分通識課程淪為營養學分，課程內容欠缺學術承載度，難以提供學生系統性的知識；以及在評量上，有時往往流於形式，無法瞭解學生學習成效。此外，擔任通識課程之教師，本身應「尊重」所任教之領域知識，以導正學生營養學分之迷思，使學生在選課時，能考量本身的興趣與生涯發展的需求。故有效結合專業與通識教育、提升學生基本素養，乃是因應研究生就業問題的重要途徑。

四、鼓勵企業界參與職業教育與設計課程、加強企業的人才培養責任

　　人才培養應是政府、學校與企業共同承擔的社會責任，三者缺一不可，亦即研究生欠缺的是進入企業表現的機會，因此，若企業有聘用研究生的需求，勞委會從求職資料庫主動篩選，推薦給企業（于國欽，2012）。質言之，學校培育的人才能否為產業所用並符合社會所需，是提升國家競爭力與國際優勢的樞紐。產學合作旨在整合專利布局、創新技術、研發能量以及產業需求等面向，以協助學校瞭解產業界的人力需求與應用技術，將學校龐大的研發人力與能量，化為產業界技術研發的堅實後盾；且將產業界的需求與經驗，作為教學革新的動力。換言之，產學合作機制是人才培養重要的環節，也是教育機構提升學生專業

知能的重要途徑。

綜觀主要國家產學合作機制的特色頗值參考，美國係由政府撥款補助教育部與勞工部進行產學合作，而德國則以密切的建教合作機制聞名，由企業提供各種實習的資源，並提供學生實習的名額（楊振昇、蔡進雄，2013）。就臺灣而言，產學的合作機制一直未能有效建立並發揮功能，致使學非所用、用非所學的問題屢遭質疑與批判；就此而言，應積極強化產學合作的機制，儘量改變產業界的觀念，產業界也應參與「育才」而非僅是「用才」。

臺灣過去曾討論如何增進企業的社會責任，例如：賦予教育稅或者企業捐的概念等，但是成效似乎不彰。以往產業界扮演人才的使用者角色，但當發現學校所培養的人才並不符合自己的需求時，反而需要再花許多時間與金錢進行職前訓練，而難免造成人力與物力、學校與業界資源的浪費。有鑑於此，政府宜審慎研議如何加強企業的人才培養責任，諸如比照德國的做法，透過立法明確規範企業的權責，使企業界扮演人才培育的參與者與使用者角色。另一方面，政府要落實產學合作，學校進用業師是相當重要的一環，透過業師與專任師資的協同教學，一方面使學生獲得實務與理論兼具的專業知能，另一方面也讓業師與專任教師彼此進行學術與實務的對話，藉由產學合作以彌補學、用之間的差距。故學校（供應者）應鼓勵企業界參與職業教育與訓練，促使設備與師資充分交流與應用。並擴大建教合作，將課程與企業界需求配合，既可節省設備經費，又能增加實務工作經驗。亦應依市場導向，合理調整各職類比例，例如：暢通回流教育管道等。

五、鼓勵研究生進行跨領域的學習、並及早備妥相關證照

誠如前述，有關學用落差的問題，與社會因素關係密切，這些問題突顯出目前高等教育所培育出的人才與社會環境的期許存在著嚴重的落差。就學校而言，除了應規劃適切的性向測驗機制，讓學生對自己未來的發展取向更有目標外，也應讓學生瞭解各行業所要求的專業知能為何，使學生能夠即早進行規劃準備。這方面應由教育部會同勞委會職訓局共同發展測驗機制或平臺。另外，政府應提供未來產業發展的

方向，並且提早公告相關的人力需求，使學校或企業能夠依據這些方向，即早培養學生的能力，使其畢業後能學以致用。

就研究生本身而言，應深刻體認研究生就業的關鍵問題不在於找不到工作，而是在於是否找到合適的工作。所謂「求人不如求己」、「自助而後人助」，研究生在學期間，除應致力於本身的專業外，也應結合社會脈動，進行跨領域的學習，尤其必要時應計畫性地參加各項證照考試（如語言能力、各類國家考試等），以利畢業後的就業，這是研究生本身必須認清的重要課題。

肆 結語

高等教育的過度擴張無形中造成了人力資源浪費，誠如周祝瑛（2010）指出，高等教育擴充的結果，可謂利弊參半，不可不慎，一方面固然增加了民眾就學的機會，但卻也造成稀釋政府補助經費，產生「高學歷、高失業」的現象。而陳維昭（2007）也指出，臺灣的高等教育正面臨經費與資源不足的問題，學生的學習態度消極、基本能力下滑，則同樣令人憂心，因為這都攸關整體軟實力是否能有效提升。

兩岸研究生就業的問題值得各有關單位或部門加以正視，本文針對其現況、可能造成的原因，並研提因應策略，期能作為主管單位或部門規劃相關政策時之參考，進而使高級人力資源發揮適才適所的成效。

參考文獻

于國欽（2012）。**臺灣研究生就業拉警報專家：須從教育結構檢討**。擷取自工商時報http://news.chinatimes.com/focus/501011631/122012073000242.html2012-07-30 01:13

大陸教育部（2013）。**全國教育事業發展統計公報**。

王松鋒（2010）。**高校畢業研究生就業問題研究**。中國政法大學碩士論文。

中國廣播網報導（2012.7.16）。擷取自http://www.rfa.org/mandarin/yataibaodao/nu-07162012171258.html

朱子君（2013）。**高等教育功能與就業市場**。擷取自http://vschool.scu.edu.tw/
　　Class02/Content.asp?Data_Code=368。

成之約（2012）。**臺灣研究生就業拉警報　專家：須從教育結構檢討**。擷
　　取自2012-07-30 01:13工商時報http://news.chinatimes.com/focus/501011631
　　/122012073000242.html

李海波與梁巧靈（2014）。高校畢業研究生到中小民營企業就業問題研究。**學術論
　　壇，7**，177-180。

李慧敏（2013）。**地方高校碩士研究生就業困難的市場阻隔因素研究**。湖南師範大
　　學碩士論文，湖南。

吳榮文、楊振昇、田劉從國（2013）。臺灣高等教育的擴張與系所設置之探討。人文
　　資源研究學報，13，19-34。

吳躍賽（2014）。當前高校研究生就業問題現狀與對策分析。**現代商業，30**，278-
　　279。

周祝瑛（2010）。**臺灣社會變遷中高等教育之挑戰**。第7屆兩岸高等教育學術研討
　　會，高等教育與未來社會論文集，177-186。

教育部（2015）。**教育統計**。

陳維昭（2007）。**臺灣高等教育的困境與因應**。臺北市：臺大出版中心。

張印蘭、王平與周榮明（2014）。上海大學研究生就業狀況的調查研究。**生涯發展
　　教育研究，2**，31-41。

楊振昇（2010）。**兩岸大學通識課程教學困境與因應策略之分析**。2010海峽兩岸高
　　等學校管理制度研究學術研討會論文集，93-102。

楊振昇（2013）。**高等教育中通識教育的困境與因應策略**。發表於福建師範大學主
　　辦之「2013年兩岸教育學術研討會」，2013.4，18-22，福建。

楊振昇、蔡進雄（2013）。**國內外人才培育相關政策之比較分析研究**。國家教育研
　　究院之委託研究報告。

楊振昇、林孟潔（2014）。社會變遷中大學治理體系現代化之挑戰與策略。輯於吳清
　　基主編，**教育政策創新與行政發展**（頁157-173）。臺北市：五南。

教育部（2013）。**人才培育白皮書專案計畫報告書**。教育部：人才培育白皮書計畫
　　辦公室。

教育部統計處（2015）各級學校畢業生數。擷取自https://stats.moe.gov.tw/qframe.
aspx?qno=MQA2AA2。

問題與討論

一、海峽兩岸近年來研究生的畢業人數與就業情形大致情形為何？

二、海峽兩岸研究生就業問題不佳的原因有哪些？

三、針對海峽兩岸研究生就業問題不佳的情形，有何因應策略？

四、就提升研究生素質而言，有哪些具體的做法？

五、政府應如何強化企業的社會責任以改善研究生就業問題？

第十一章

世界大學排名指標內涵對臺灣地區大學邁向卓越的啟示

謝念慈

嘗試成功自古無，放翁這話未必是。我今爲下一轉語：自古成
功在嘗試！

莫想小試便成功，哪有這樣容易事！有時試到千百回，始知前
功盡拋棄。

即使如此已無愧，即此失敗便足記。告人此路不通行，可使腳
力莫浪費。

我生求師二十年，今得嘗試兩個字。作詩做事要如此，雖未能
到頗有志。

　　　　　　　　　　　　　　　　　～《嘗試歌》·胡適

壹　前言

　　K-12教育招生國內化、在地化是各國基礎教育的政策與現況。而
大學或研究所的高等教育，全球皆朝向國際學生招生趨勢計畫發展。
國際教育協會（Institute of International Education）公布2014-2015年
在美國就讀大學及學院的國際學生共計974,926人（IIE, 2016）。2011
年12月，全球高等教育有4,300萬國際學生，推估2016年將有1,200萬名
國際學生在美國大學校院就學（國教院，2016）。2015年大專校院境
外學生（學位生及非學位生，含外國學生、僑生及陸生等）在臺灣留
學或研習人數總計110,182人，境外生占所有大專校院在學學生人數達
8.27%，顯示臺灣高等教育輸出及擴大招收境外學生已爲趨勢，2015年
大專校院境外學生當中，來臺攻讀學位的有46,523人，占42.22%（教
育部，2016a）。

　　影響學生出國留學人數因素複雜，如國家面積的大小、國內生產
毛額、每人平均生產毛額、城市化及高等教育的供需情形（Mary M.
Kirtz, 2016）。大學暨研究所教育是高等教育學術國際化的重要依據，
高等教育的發展攸關國家的軟、硬體實力。美國國際教育協會（Insti-
tute of International Education, IIE）Goodman指出「國際經驗爲21世
紀最重要的履歷之一」，海外留學爲美國大學生獲得國際經驗最好方
式之一，國際經驗成爲今日全球勞力市場成功的必要條件（國教院，

2015）。高等教育在21世紀已正式邁入國際市場化的新時代，世界各國高等教育的競爭已經浮上檯面，如何確保臺灣地區大學教育世界的品牌與品質，成為臺灣高等教育發展與轉型急迫性的重大議題。國際經驗實足以作為重要參考依據，他山之石，可以攻錯，其中所謂的大學市場行銷化下舉足輕重的「世界大學排名」，更是世界各國辦理高等教育優質與否的世界性、總結性的評鑑，臺灣地區的大學可參據世界重要的大學排名評定的方法論之規準內涵，作為高等教育與世界接軌與擠進世界優質大學辦學的北斗星。

本文擬以世界知名的學術機構評比指標中，最具影響力的五個世界大學排名：ARWU《世界大學學術排名》（Academic Ranking of World Universities, ARWU）、QS《QS世界大學排名》（QS World University Rankings）、THE（Times）《泰晤士高等教育世界大學排名》（Times Higher Education World University Rankings）、US News《美國新聞與世界報導》（U.S. News & World Report）及《世界大學網路／站排名》（Webometrics Rankings of World Universities, WRWU）的評定規準內涵分析整理，提供對我國大學邁向卓越的啓示參考。

貳　五個全球大學排名簡介及其排名方法論的規準

聯合國教科文組織（United Nations Educational, Scientific and Cultural Organization, UNESCO）並無對世界各大學做統一評比排名，因此全球並無單一、絕對化的大學排名機制。但是世界重量級的學術機構或組織，依照自訂的方法論訂出評比規準，每年做出世界性的大學評比排名，並對外公布。雖然各國大學的接受度與評價不同，但是在年復一年的定時評比公布，透過新聞媒體的傳播，其影響力也不斷地發酵與擴散。因此，世界各國大學對這些排名，不能再以否定或規避，尋求自我安慰。特別在與世界接軌的國際化的高等教育潮流中，吾人必須正視並參照其規準，作為邁向世界卓越高教之途的活水與借鏡。

茲針對臺灣媒體公布最具影響力的五個世界大學2016年的排名：《世界大學學術排名》（Academic Ranking of World Universities, ARWU）、QS世界大學排名（QS World University Rankings）、《泰

晤士高等教育世界大學排名》（Times Higher Education World University Rankings, THE Times）、美國新聞與世界報導（U.S. News & World Report, US News）及世界大學網路／站排名（Webometrics Rankings of World Universities, WRWU）整理如後。

一、ARWU《世界大學學術排名》（Academic Ranking of World Universities, ARWU）

《世界大學學術排名》（Academic Ranking of World Universities, ARWU），是上海軟科教育信息諮詢公司發表的世界大學排行榜，又稱為「軟科世界大學學術排名」或一般在臺灣新聞媒體所謂的「上海排名」。2003年首次由上海交通大學高等教育研究院的世界一流大學研究中心公布排名成績，後續加上歐洲學者、專家的參與，是世界第一個多指標性全球性大學研究資訊，排名包括世界性綜合及學科榜單（維基百科，2016a），排名規準數值客觀，但是在人文與教學素質則略顯不足。

(一) 世界大學學術排名規準

世界大學學術排名規準項目、規準內涵、比重及佐證數據／資料來源，如表1。

表1
世界大學學術排名規準

規準項目	規準內涵	規準比重	規準佐證數據／資料來源
教育的素質	榮獲諾貝爾獎（Nobelpriset）或費爾茲獎（Fields Medal）的校友總數	10%	1.諾貝爾獎（瑞典語：Nobelpriset）官網 2.菲爾茲獎（Fields Medal），正式名稱為國際傑出數學發現獎（The International Medals for Outstanding Discoveries in Mathematics）官網

續表1

規準項目	規準內涵	規準比重	規準佐證數據／資料來源
教職員的素質	1.榮獲諾貝爾獎（No-belpriset）或費爾茲獎（Fields Medal）的教職員總數 2.各學術領域獲引用次數最高的科學家人數	1.20% 2.20%	1-1諾貝爾獎（瑞典語：Nobelpriset，挪威語：Nobelprisen）官網 1-2費爾茲獎（Fields Medal），正式名稱為國際傑出數學發現獎（The International Medals for Outstanding Discoveries in Mathematics）官網 2.路透社高引用研究者統計
科學研究的成就	1.《自然》與《科學》期刊論文發表量總數* 2.榮獲科學引文索引及社會科學引文索引收錄之論文總數	1.20% 2.20%	引文索引收藏庫
每人平均學術表現	上述規準得分的人平均值	10%	

*此項目不適用於純文科的大學校院，其權重會按照比例勻支至其他指標中。
資料來源：研究者自行整理

(二) 學科排行內涵

　　《世界大學學術排名》學科排行榜分兩大類——學科領域及個別學科。衡量準則與綜合排名的大同小異，以獲獎師生及校友人數、學者引用率、論文量等判定各大學在不同學術領域的表現，如表2。

表2

學科排行內涵

學科領域	個別學科
自然科學與數學	數學
計算機科學與工程學	物理學
生命科學與農業學	化學
臨床醫學與藥學	計算機科學
社會科學	經濟學／商學
	化學工程
	土木工程
	能源科學與工程
	機械工程
	電力電子工程
	環境科學與工程
	材料科學與工程

資料來源：研究者自行整理

(三) 兩岸四地大學學術排名規準

　　針對中國大陸地區、臺灣地區、香港及澳門兩岸四地高等教育的發展，研究中心在世界大學排名的基礎上，制定了一套新的排名標準，進行《兩岸四地大學排名》（Greater China Rankings）。如表3：

表3

兩岸四地大學學術排名規準

規準項目	規準內涵	規準比重
教育的素質	1.研究生比例	1.5%
	2.國際留學生比例	2.5%
	3.生師比	3.5%
	4.博士學位頒授總數量	4.10%
	5.榮獲諾貝爾獎或費爾茲獎的校友人數	5.10%

續表2

規準項目	規準內涵	規準比重
研究的素質	1.每年研究經費總收入	1.5%
	2.《自然》（Nature）與《科學》（Science）期刊論文發表總數	2.10%
	3.獲科學引文索引及社會科學引文索引收錄的論文總數	3.10%
	4.榮獲國際專利總數	4.10%
學校師資	1.獲博士學位的教職員比例	1.5%
	2.獲諾貝爾獎或費爾茲獎的教職員人數	2.10%
	3.獲引用次數最高的研究者人數	3.10%
學校資源	每年度辦學經費	5%

資料來源：研究者自行整理

(四) 2016年世界大學學術排名前50名，如表4

表4

2016年上海交大世界大學學術排名

排名	學校名稱
1	哈佛大學Harvard University（美國）
2	史丹佛大學Stanford University（美國）
3	加州大學柏克萊分校University of California, Berkeley（美國）
4	劍橋大學University of Cambridge（英國）
5	麻省理工學院Massachusetts Institute of Technology（美國）
6	普林斯頓大學Princeton University（美國）
7	牛津大學University of Oxford（英國）
8	加州理工學院California Institute of Technology（美國）
9	哥倫比亞大學Columbia University（美國）
10	芝加哥大學University of Chicago（美國）
11	耶魯大學Yale University（美國）
12	加州大學洛杉磯分校University of California, Los Angeles（美國）
13	康乃爾大學Cornell University（美國）
14	加州大學聖地牙哥分校University of California, San Diego（美國）
15	華盛頓大學University of Washington（美國）

續表4

排名	學校名稱
16	約翰霍普金斯大學Johns Hopkins University（美國）
17	倫敦大學學院University College London（英國）
18	賓夕法尼亞大學University of Pennsylvania（美國）
19	蘇黎世聯邦理工學院Swiss Federal Institute of Technology Zurich（瑞士）
20	東京大學（日本）
21	加州大學舊金山分校University of California, San Francisco（美國）
22	帝國理工學院The Imperial College of Science, Technology and Medicine（英國）
23	密西根大學安娜堡分校University of Michigan-Ann Arbor（美國）
23	聖路易斯華盛頓大學Washington University in St. Louis（美國）
25	杜克大學Duke University（美國）
26	西北大學Northwestern University（美國）
27	多倫多大學University of Toronto（加拿大）
28	威斯康辛大學麥迪森分校University of Wisconsin - Madison（美國）
29	紐約大學New York University（美國）
30	哥本哈根大學University of Copenhagen（丹麥）
31	伊利諾伊大學厄本那-香檳分校University of Illinois at Urbana-Champaign（美國）
32	京都大學（日本）
33	明尼蘇達大學雙城分校University of Minnesota, Twin Cities（美國）
34	英屬哥倫比亞大學University of British Columbia（加拿大）
35	曼徹斯特大學The University of Manchester（英國）
35	北卡羅來納大學教堂山分校University of North Carolina at Chapel Hill（美國）
37	洛克菲勒大學Rockefeller University（美國）
38	科羅拉多大學博波德分校University of Colorado at Boulder（美國）
39	巴黎第六大學Pierre and Marie Curie University - Paris 6（法國）
40	墨爾本大學The University of Melbourne（澳洲）
41	愛丁堡大學The University of Edinburgh（英國）
42	加州大學聖塔芭芭拉分校University of California, Santa Barbara（美國）
43	德克薩斯大學西南醫學中心The University of Texas Southwestern Medical Center at Dallas（美國）

續表4

排名	學校名稱
44	卡洛琳學院Karolinska Institute（瑞典）
44	德克薩斯大學奧斯丁分校The University of Texas at Austin（美國）
46	巴黎第十一大學University of Paris-Sud (Paris 11)（法國）
47	海德堡大學Heidelberg University（德國）
47	慕尼克工業大學Technical University Munich（德國）
49	南加州大學University of Southern California（美國）
50	倫敦大學國王學院King's College London（英國）

　　綜上《世界大學學術排名》（Academic Ranking of World Universities, ARWU）的排名規準項目、規準內涵、比重及佐證數據／資料，顯示排名著重在理、工、醫自然領域，規準重點偏重「榮獲諾貝爾獎（Nobelpriset）或費爾茲獎（Fields Medal）獲獎人數」、「世界級重量級期刊的論文刊登」、「研究者論文獲引用次數」、「生師比」、「研究生比」、「國際生比」等。

二、QS《QS世界大學排名》（QS World University Rankings）

　　QS世界大學排名（QS World University Rankings）由英國Quacquarelli Symonds，QS公司發表的年度大學排行榜。涵蓋世界綜合、學科，以及亞洲、拉丁美洲、金磚五國三個持不同規準的地區性排行榜（維基百科，2016b）。

(一) QS世界大學排名規準
　　世界大學學術排名規準項目、規準內涵、比重及佐證數據／資料來源，如表5。

表5

QS世界大學排名規準

規準項目	規準內涵	規準比重
學術聲譽（Academic reputation）	評鑑全球學者意見	40%
生師比（Student-to-faculty ratio）	評鑑教學素質	20%
教師論文引用量 （Citations per faculty）	評鑑研究實力	20%
業界負責人評價 （Employer reputation）	評鑑業界負責人對畢業生的意見	10%
國際生比例 （International student ratio）	評鑑學生的多元化程度	5%
國際教職員比例 （International faculty ratio）	評鑑教師的多元化程度	5%

資料來源：研究者自行整理

（二）2015-2016年QS世界大學排名

QS世界大學排名前50名，如表6。

表6

2015-2016年QS世界大學前50名

大學校名（國家）	2015-2016年排名	分數
麻省理工學院Massachusetts Institute of Technology（MIT）（美國）	1	100
哈佛大學Harvard University（美國）	2	98.7
劍橋大學University of Cambridge（英國）	3	98.6
史丹佛大學Stanford University（美國）	3	98.6
加州理工學院California Institute of Technology（Caltech）（美國）	5	97.9
牛津大學University of Oxford（英國）	6	97.7
倫敦大學學院UCL（University College London）（英國）	7	97.2
倫敦帝國學院Imperial College London（英國）	8	96.1

續表6

大學校名（國家）	2015-2016年排名	分數
蘇黎世聯邦理工學院ETH Zurich - Swiss Federal Institute of Technology（瑞士）	9	95.5
芝加哥大學University of Chicago（美國）	10	94.6
普林斯頓大學Princeton University（美國）	11	94.4
新加坡國立大學National University of Singapore（新加坡）	12	94.2
南洋理工大學Nanyang Technological University, Singapore（NTU）（新加坡）	13	93.9
洛桑聯邦理工學院Ecole Polytechnique Fédérale de Lausanne（EPFL）（瑞士）	14	93.8
耶魯大學Yale University（美國）	15	92.2
約翰霍普金斯大學Johns Hopkins University（美國）	16	91.9
康奈爾大學Cornell University（美國）	17	91.8
賓夕法尼亞大學University of Pennsylvania（美國）	18	91.5
倫敦國王學院King's College London（英國）	19	91.0
澳洲國立大學The Australian National University（澳洲）	19	91.0
愛丁堡大學The University of Edinburgh（英國）	21	90.8
哥倫比亞大學Columbia University（美國）	22	89.7
巴黎高等師範學校Ecole normale supérieure, Paris（法國）	23	89.2
麥基爾大學McGill University（加拿大）	24	88.6
清華大學（中國大陸）	25	88.5
加州大學柏克萊分校University of California, Berkeley（UCB）（美國）	26	88.4
加州大學洛杉磯分校University of California, Los Angeles（UCLA）（美國）	27	88.2
香港科技大學（中國香港）	28	88.0
杜克大學Duke University（美國）	29	87.9
香港大學（中國香港）	30	87.8
密西根大學University of Michigan（美國）	30	87.8
西北大學Northwestern University（美國）	32	87.7
曼徹斯特大學The University of Manchester（英國）	33	87.2

大學校名（國家）	2015-2016年排名	分數
多倫多大學University of Toronto（加拿大）	34	87.1
倫敦政治經濟學院London School of Economics and Political Science（LSE）（英國）	35	86.2
首爾國立大學Seoul National University（韓國）	36	85.3
布里斯托大學University of Bristol（英國）	37	85.0
京都大學Kyoto University（日本）	38	84.9
東京大學The University of Tokyo（日本）	39	84.8
巴黎綜合理工學院Ecole Polytechnique（法國）	40	83.8
北京大學（中國大陸）	41	83.7
墨爾本大學The University of Melbourne（澳洲）	42	83.1
韓國高等科學技術院KAIST - Korea Advanced Institute of Science & Technology（韓國）	43	82.6
加州大學聖地牙哥分校University of California, San Diego（UCSD）（美國）	44	82.5
雪梨大學The University of Sydney（澳洲）	45	81.9
新南威爾斯大學The University of New South Wales（UNSW Australia）（澳洲）	46	81.8
昆士蘭大學The University of Queensland（澳洲）	46	81.8
華威大學The University of Warwick（英國）	48	81.6
布朗大學BrownUniversity（美國）	49	81.5
英屬哥倫比亞大學University of British Columbia（英國）	50	81.2

資料來源：研究者自行整理

(二) 學院／學科排行內涵

分成5個學院，31個系，如表7。

表7
學院／學科排行內涵

人文藝術	工程技術	生命科學與醫學	自然科學	社會科學
藝術與設計學	建築學	農業與森林科學	物理與天文學	會計與金融學
英國語文與文學	化學工程學	生物科學	數學	商業與管理學
歷史學	土木與結構工程學	牙醫學	環境科學	傳理與媒體學
語言學	電腦科學	醫學	地球與海洋科學	人類發展學
現代語文	機電與電子工程學	藥學與藥理學	化學	經濟與計量經濟學
哲學	機械、航空與建造工程學	心理學	物料科學	教育學
		獸醫學		法律學
		護理學		政治與國際關係學
				社會學
				統計學

資料來源：研究者自行整理

　　綜上《QS世界大學排名》（QS World University Rankings）的排名規準項目、規準內涵、比重及佐證數據／資料，顯示排名著重在自然及人文社會科學領域，規準重點偏重「學術聲譽」、「業界負責人評價」、「研究者論文獲引用次數」、「生師比」、「研究生比」、「國際教職員比」等。

三、THE（Times）《泰晤士高等教育世界大學排名》（Times Higher Education World University Rankings）

　　《泰晤士高等教育世界大學排名》（Times Higher Education World University Rankings）是《泰晤士高等教育》增刊所發表的年度世界大學排名。2010年推出新的世界綜合及學科排名（維基百科，2016c）。該指標評比的項目較多元，看似較客觀全面，但也可發現高排名的學校

都有深厚的工學院或理學院基礎，也不利規模較小但有特色的學校。

(一) THE（Times）世界大學排名規準

世界大學學術排名規準項目、規準內涵、比重及佐證數據／資料來源，如表8。

表8

THE（Times）世界大學排名規準

規準項目	規準內涵	規準比重
經濟活動與創新	研究收入	2.5%
國際化程度	1.教職員的國際化程度	1.3%
	2.學生的國際化程度	2.2%
教學與學生	1.教學品質調查	1.15%
	2.授予博士學位人數	2.6%
	3.大學本科的師生比	3.4.5%
	4.每年的研究經費	4.2.25%
	5.大學部和研究所的學生比	5.2.25%
研究指標	1.研究的國際學界聲望	1.19.5%
	2.每年研究的收入	2.5.25%
	3.學術論文發表總數	3.4.5%
	4.公共研究收入與總研究收入比	4.0.75%
學術論文影響	論文引用率（影響力）	32.5%

資料來源：研究者自行整理

(二) 2015-2016年大學排名THE（Times）世界大學排名

世界前50名大學，如表9。

表9

泰晤士高等教育世界大學排名THE（Times）世界大學排名前50名

大學校名（國家）	2015-2016年排名
加州理工學院California Institute of Technology（美國）	1
牛津大學University of Oxford（英國）	2
史丹佛大學Stanford University（美國）	3

續表9

大學校名（國家）	2015-2016年排名
劍橋大學University of Cambridge（英國）	4
麻省理工學院Massachusetts Institute of Technology（MIT）（美國）	5
哈佛大學Harvard University（美國）	6
普林斯頓大學Princeton University（美國）	7
倫敦帝國學院Imperial College London（英國）	8
蘇黎世聯邦理工學院ETH Zurich - Swiss Federal Institute of Technology（瑞士）	9
芝加哥大學University of Chicago（美國）	10
約翰霍普金斯大學The Johns Hopkins University（美國）	11
耶魯大學Yale University（美國）	12
加州大學柏克萊分校University of California, Berkeley（美國）	13
倫敦大學學院University College London（英國）	14
哥倫比亞大學Columbia University（美國）	15
加州大學洛杉磯分校University of California, Los Angeles（UCLA）（美國）	16
賓夕法尼亞大學University of Pennsylvania（美國）	17
康乃爾大學Cornell University（美國）	18
多倫多大學University of Toronto（加拿大）	19
杜克大學Duke University（美國）	20
密西根大學University of Michigan（美國）	21
卡內基美隆大學Carnegie Mellon University（美國）	22
倫敦政治經濟學院The London School of Economics and Political Science（英國）	23
愛丁堡大學University of Edinburgh（英國）	24
西北大學Northwestern University（美國）	25
新加坡國立大學The National University of Singapore（新加坡）	26
倫敦國王學院King's College London（英國）	27
卡羅琳學院Karolinska Institutet（瑞典）	28
慕尼黑大學Ludwig-Maximilians-Universität München（德國）	29
紐約大學New York University（美國）	30

續表9

大學校名（國家）	2015-2016年排名
洛桑聯邦理工學院Ecole Polytechnique Fédérale de Lausanne（EPFL）（瑞士）	31
華盛頓大學University of Washington（美國）	32
墨爾本大學The University of Melbourne（澳洲）	33
英屬哥倫比亞大學University of British Columbia（加拿大）	34
荷語天主教魯汶大學Catholic University of Louvain（比利時）	35
伊利諾大學厄巴納－香檳分校University of Illinois at Urbana-Champaign（美國）	36
海德堡大學Ruprecht-Karls-Universität Heidelberg（德國）	37
麥基爾大學McGill University（加拿大）	38
聖塔芭芭拉加州大學University of California, Santa Barbara（美國）	39
聖地牙哥加州大學University of California, San Diego（美國）	39
喬治亞理工學院Georgia Institute of Technology（美國）	41
北京大學（中國大陸）	42
東京大學（日本）	43
戴維斯加州大學University of California, Davis（美國）	44
香港大學（中國香港）	44
德州大學奧斯汀分校University of Texas at Austin（美國）	46
清華大學（中國大陸）	47
瓦赫寧恩大學Wageningen Universiteit（荷蘭）	47
柏林洪堡大學Humboldt-Universität zu Berlin（德國）	49
威斯康辛大學麥迪遜分校University of Wisconsin-Madison（美國）	50

資料來源：研究者自行整理

　　綜上《泰晤士高等教育世界大學排名》（Times Higher Education World University Rankings）的排名規準項目、規準內涵、比重及佐證數據／資料，顯示排名著重在理、工、醫自然領域，規準重點偏重「研究經費」、「世界級重量級期刊的論文刊登」、「研究者論文獲引用發表次數」、「生師比」、「大學、研究生比」、「國際生、教職員

比」等。

四、US News《美國新聞與世界報導》（U.S. News & World Report）

1983年《美國新聞與世界報導》首次出版「美國最佳學院」排名，2014年美國新聞與世界報導發表其首份全球最佳大學排名，是美國首份針對美國大學排名的刊物（維基百科，2016d）。

(一) US News世界大學排名規準

世界大學學術排名規準項目、規準內涵、比重及佐證數據／資料來源，如表10。

表10

US News世界大學排名規準

規準項目	規準內涵	規準比重
全球學術聲譽	近五年來大學的全球性學術聲譽調查	12.5%
區域學術聲譽	近五年來大學的區域性學術聲譽調查	12.5%
頂尖論文數量	引用次數前10%的論文總數	12.5%
頂尖論文比例	引用次數前10%的論文比例	10%
論文總數	評鑑研究生產力	10%
標準化論文影響力	論文平均被引用次數	10%
國際合作	與其他國合作發行論文的比例	10%
論文總引用次數	評鑑大學對學術的影響力	7.5%
博士畢業生數量	評鑑可能的研究潛力	5%
博士生比例	每年平均每位教授授予的博士總數	5%
學術會議	評鑑學術交流的能力	2.5%
出版書籍	評鑑社會科學、藝術和人文科學的研究生產力	2.5%

資料來源：研究者自行整理

(二) 2015-2016年大學排名（US News National Universities Rankings 2015/16）

世界排名前50名，如表11。

表11

美國新聞與世界報導大學排名前50名

大學校名	2015-2016年 排名	生師比／分數
普林斯頓大學Princeton University	1	6:1/100
哈佛大學Harvard University	2	7:1/99
耶魯大學Yale University	3	6:1/97
哥倫比亞大學Columbia University	4	6:1/95
史丹佛大學Stanford University	4	4:1/95
芝加哥大學University of Chicago	4	6:1/95
麻省理工學院Massachusetts Institute of Technology	7	8:1/93
杜克大學Duke University	8	7:1/92
賓州大學University of Pennsylvania	9	6:1/91
加州理工學院California Institute of Technology	10	3:1/90
約翰・霍普金斯大學Johns Hopkins University	10	10:1/90
達特茅斯學院Dartmouth College	12	7:1/89
西北大學Northwestern University	12	7:1/89
布朗大學Brown University	14	9:1/ 85
康乃爾大學Cornell University	15	9:1/84
范德比大學Vanderbilt University	15	8:1/84
華盛頓州立大學Washington University	15	8:1/84
萊斯大學Rice University	18	6:1/82
諾特丹大學（聖母大學）University of Notre Dame	18	10:1/82/
加州大學柏克萊分校 University of California--Berkeley	20	17:1/77
埃默里大學Emory University	21	8:1/76
喬治城大學Georgetown University	21	11:1/76
卡內基美隆大學Carnegie Mellon University	23	13:1/74
加州大學洛杉磯分校 University of California-Los Angeles	23	17:1/74
南加州大學University of Southern California	23	9:1/74
維吉尼亞大學University of Virginia	26	15:1/73
塔弗茲大學Tufts University	27	9:1/72

續表11

大學校名	2015-2016年排名	生師比／分數
維克弗斯特大學Wake Wake Forest University	27	11:1/72
密西根大學University of Michigan-Ann Arbor	29	15:1/71
波士頓大學Boston College	30	12:1/68
北卡羅萊納大學教堂山分校 University of North Carolina-Chapel Hill	30	13:1/68
紐約大學New York University	32	10:1/67
羅徹斯特大學University of Rochester	33	10:1/66
布蘭迪斯大學Brandeis University	34	10:1/65
威瑪麗學院College of William and Mary	34	12:1/65
喬治亞理工學院Georgia Institute of Technology	36	19:1/64
凱斯西儲大學Case Western Reserve University	37	11:1/63
加州大學聖塔芭芭拉分校California-Santa Barbara	37	17:1/63
加州大學爾灣分校University of California-Irvine	39	19:1/62
聖地牙哥加州大學 University of California-San Diego	39	19:1/62
波士頓大學Boston University	41	13:1/61
壬色列理工學院Rensselaer Polytechnic Institute	41	15:1/ 61
杜蘭大學Tulane University	41	9:1/61
加州大學戴維斯分校 University of California-Davis	41	18:1/61
伊利諾大學香檳分校 University of Illinois-Urbana-Champaign	41	18:1/61
威斯康辛大學麥迪遜校區 University of Wisconsin-Madison	41	17:1/61
理海大學Lehigh University	47	10:1/60
東北大學Northeastern University	47	14:1/60
賓州州立大學 Pennsylvania State University-University Park	47	16:1/60
佛羅里達大學University of Florida	47	21:1/60

資料來源：研究者自行整理

綜上《美國新聞與世界報導》（U.S. News & World Report）的排名規準項目、規準內涵、比重及佐證數據／資料，顯示排名著重在各領域，規準重點偏重「博士生比及畢業數」、「世界級重量級期刊的論文刊登」、「研究者論文獲引用次數」、「生師比」、「國際合作」、「國際生比」、「學術會議」、「學術出版品」等。

五、WRWU《世界大學網路／站排名》（Webometrics Rankings of World Universities, WRWU）

世界大學網路排名（Webometrics Rankings of World Universities, WRWU），又稱世界大學網站排名，由西班牙教育部高等學術研究委員會負責，評比國際上4,000所大學的網路學術研究資料表現。WRWU排名的宗旨是敦促「全球的大學與研究中心能展現其對電子期刊、科學研究成果與研究活動之國際化的學術責任」，重點乃將全球大學的資料庫和Google、Google scholar、Yahoo、Live Search、Exalead及Alexa等重要網路搜尋引擎及學術資料數位化以後的引用次數，納入網路大學排名要項指標（維基百科，2016e）。此排名是評比國際名聲和網路國際化的程度，因為評比學術檔案（Rich Files）和學術論文（Scholar）是以數位化的資料為主。

(一) WRWU世界大學排名規準

世界大學學術排名規準項目、規準內涵、比重及佐證數據／資料來源，如表12。

表12
WRWU世界大學排名規準

規準項目	規準內涵	規準比重
規模 （Size）	利用搜尋引擎Google，計算每個大學網域內包含靜態及動態的網頁數量，本次排除Openness指標所計算的網頁。	16.67%
能見度 （Visibility）	統計三大網站搜尋器Yahoo、Live Search與Exalead之各大學網頁對內外被連結數、次網域數目及被瀏覽數目。	50%

續表12

規準項目	規準內涵	規準比重
學術檔案 （Rich Files）	以Google搜尋引擎搜尋不同的檔案類型，包含Adobe Acrobat (pdf), Adobe PostScript (ps), Microsoft Word (doc)與Microsoft Powerpoint（ppt）等形式檔案之學術出版品數目，計算其總數量。	16.67%
學術論文 （Scholar）	由Google Scholar網站所搜尋到之學術文章、報告與相關其他學術研究等之數目。	16.66%

資料來源：研究者自行整理

（二）2016年WRWU大學排名（WRWU World University Rankings 2016）

2016年WRWU大學網路排名，如表13。可見度（Visibility）、網頁數量（Presence）、公開性（Openness）、學術論文（Excellence）。

表13

WRWU世界大學排名前50名

大學校名（國家）	2016年排名	網頁數量（Presence Rank）	可見度（Visibility/Impact Rank）	公開性（Openness Rank）	學術論文（Excellence Rank）
哈佛大學Harvard University（美國）	1	1	1	1	1
麻省理工學院Massachusetts Institute of Technology（美國）	2	2	1	6	11
史丹佛大學Stanford University（美國）	3	3	3	2	3
加州大學柏克萊分校University of California Berkeley（美國）	4	15	4	4	13
University of Michigan（美國）	5	7	7	12	4

續表13

大學校名（國家）	2016年排名	網頁數量（Presence Rank）	可見度（Visibility/ Impact Rank）	公開性（Openness Rank）	學術論文（Excellence Rank）
康乃爾大學Cornell University（美國）	6	4	5	31	21
華盛頓大學University of Washington（美國）	7	23	8	23	6
哥倫比亞大學Columbia University New York（美國）	8	29	9	10	14
賓夕法尼亞大學University of Pennsylvania（美國）	9	14	10	43	12
University of Oxford（英國）	10	20	18	9	5
加州大學洛杉磯分校University of California Los Angeles UCLA（美國）	11	60	15	17	7
約翰霍普金斯大學Johns Hopkins University（美國）	12	35	42	3	2
耶魯大學Yale University（美國）	13	18	13	14	20
劍橋大學University of Cambridge（英國）	14	33	21	7	10
威斯康辛大學麥迪遜分校University of Wisconsin Madison（美國）	15	11	14	52	25
密西根州立大學Michigan State University（美國）	16	63	6	8	90
德州大學奧斯汀分校University of Texas Austin	17	85	12	30	46

續表13

大學校名（國家）	2016年排名	網頁數量（Presence Rank）	可見度（Visibility/ Impact Rank）	公開性（Openness Rank）	學術論文（Excellence Rank）
芝加哥大學University of Chicago（美國）	18	26	19	5	56
加州大學聖地牙哥分校University of California San Diego（美國）	19	79	33	13	15
多倫多大學University of Toronto（加拿大）	20	42	43	24	8
賓州州立大學Pennsylvania State University（美國）	21	71	17	61	38
伊利諾香檳大學University of Illinois Urbana Champaign（美國）	22	5	25	32	42
紐約大學New York University（美國）	23	111	22	25	40
杜克大學Duke University（美國）	24	138	32	16	18
北卡羅萊納大學教堂山分校University of North Carolina Chapel Hill（美國）	25	129	26	33	31
普林斯頓大學Princeton University（美國）	26	58	16	19	76
倫敦大學學院University College London（英國）	27	136	52	11	9
猶他州州立大學University of Utah（美國）	28	129	11	96	95
英屬哥倫比亞大學University of British Columbia（加拿大）	29	84	46	36	24

續表13

大學校名（國家）	2016年排名	網頁數量（Presence Rank）	可見度（Visibility/Impact Rank）	公開性（Openness Rank）	學術論文（Excellence Rank）
馬里蘭大學巴爾的摩分校University of Maryland Baltimore（美國）	30	55	24	50	69
佛羅里達大學University of Florida（美國）	31	93	34	41	50
南加州大學University of Southern California（美國）	32	118	31	49	52
普渡大學Purdue University（美國）	33	183	20	72	83
浙江大學Zhejiang University Che（中國大陸）	34	129	36	97	41
加州理工學院California Institute of Technology Caltech（美國）	35	6	57	54	36
蘇黎世聯邦理工學院Eidgenössische Technische Hochschule ETH Zürich / Swiss Federal Institute of Technology Zurich（瑞士）	36	44	48	109	32
加州大學戴維斯分校University of California Davis（美國）	37	173	44	57	34
Peking University／北京大學（中國大陸）	38	54	65	111	23
西北大學Northwestern University（美國）	39	222	53	44	28
俄亥俄州立大學Ohio State University（美國）	40	155	59	27	37
維吉尼亞大學University of Virginia（美國）	41	45	27	87	108

續表13

大學校名（國家）	2016年排名	網頁數量（Presence Rank）	可見度（Visibility/ Impact Rank）	公開性（Openness Rank）	學術論文（Excellence Rank）
清華大學Tsinghua University（中國大陸）	42	350	60	91	19
Carnegie Mellon University（美國）	43	63	29	20	128
匹茲堡大學University of Pittsburgh（美國）	44	142	55	65	35
加州大學爾灣分校University of California Irvine（美國）	45	339	35	39	84
德州農工大學 Texas A&M University（美國）	46	56	41	71	94
羅格斯大學Rutgers The State University of New Jersey（美國）	47	92	40	66	96
亞利桑那大學University of Arizona（美國）	48	160	37	127	87
愛丁堡大學University of Edinburgh（蘇格蘭）	49	138	62	55	54
聖保羅大學Universidade de São Paulo USP（巴西）	50	16	54	110	78

資料來源：研究者自行整理

　　綜上《世界大學網路／站排名》（Webometrics Rankings of World Universities, WRWU）的排名規準項目、規準內涵、比重及佐證數據／資料，顯示排名著重在國際名聲和網路國際化的程度。規準重點偏重「學術檔案」（Rich Files）數位化、「學術論文」（Scholar）數位化、「網頁對內外被連結數、次網域數目及被瀏覽數目」等。

參　世界大學排名指標內涵對臺灣地區大學邁向卓越的啓示

　　爲確保高等教育品質的維持，具體協助各大學發展轉型，教育部於2015年3月27日發布「高等教育創新轉型方案」，並擬訂《高等教育創新轉型條例》作爲高教創新轉型之法源依據。強調高等教育資源重新整合規劃，發展大學多元發展的經營型態——「高階人才躍升」、「退場學校輔導」、「學校典範重塑」及「大學合作與合併」四項執行策略，其中「學校典範重塑」，著重在「強化產學合作」、「國際合作辦學」、「多元實驗教育」或「其他創新策略面向」，並提出「高等教育創新轉型典範計畫」，高等教育未來圖像，如圖1及大學定位，如圖2。

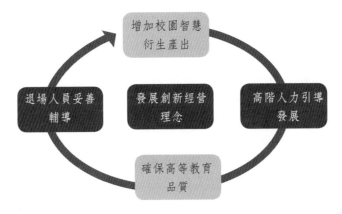

圖1　高等教育未來圖像

資料來源：高等教育創新轉型方案（教育部，2016c）

　　由以上高等教育未來圖像及大學定位圖像，可以看出臺灣地區大學的未來發展與轉型，必須與世界先進國家大學接軌、合作與競爭。世界各國高等教育的競爭愈來愈激烈，如何確保大學教育品質，成爲社會大衆關切的重要問題，「大學排名」也應運而起（侯永琪，2008）。本文分析探究五種世界大學排名的規準與內涵，提出五點提供臺灣高等教育在提升大學世界排名及國際競爭力的重要參考方向。

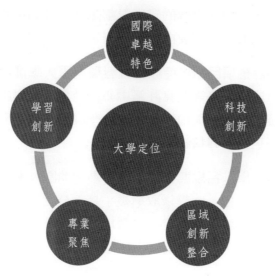

圖2　大學定位

資料來源：新世代高教藍圖與發展方案（教育部，2016d）

(一) 世界大學排名規準列為臺灣地區大學辦學重要依據

臺灣地區大學的未來發展，不能只以本土化（如：少子化等）的現況作為核心思考，教育主管機關應該剖析五種世界大學排名的規準與內涵，統整分析引領大學軟、硬體（如：人力資源、研究經費挹助、生師比、國際生比、國際學術論文及期刊引用、發表、培育諾貝爾獎或費爾茲獎及邀請獲獎大師駐校授課等）的規劃發展，才能與世界競爭，達大學國際化的水準。

(二) 進入排名前段的重點大學進行參訪請益或瀏覽網站學習

世界大學排名所列出的前50名大學，可稱得上是世界大學中的佼佼者，教育主管機關或大學應該定期赴該校取經，也可以邀請該大學校長或教職員駐校指導，亦可參閱網路的內涵瞭解他山之石。

(三) 仿習美國優質大學的發展作為臺灣的大學邁向世界的典範

美國新聞與世界報導大學排名（US News National Universities Rankings）與其他四種世界排名交叉比對窺知，美國大學在世界上確實

居於超前的地位，不但在大學的質與量都是執牛耳的位置。因此，臺灣地區的大學轉型與發展更需要向美國的優質大學學習。

(四) 大學的評鑑項目指標應該納入五種世界大學排名的規準與內涵

教育部及財團法人高等教育評鑑中心基金會，在規劃大學評鑑應該參酌世界大學排名的規準與內涵，以利大學發展能透過形成性評鑑與總結性評鑑的雙軌邁向世界接軌。

(五) 以世界大學排名規準與內涵研訂臺灣地區大學的排名機制

由於少子化的影響，大學錄取率幾乎是百分之百的現況與事實，教育主管機關及各大學該思考研定「臺灣地區大學排名」的意義，提供臺灣學子及國際化招生選擇的重要參考明燈與選擇。

肆 結語

2012年，前教育部長吳清基在亞洲大學以「高教輸出政策—打造臺灣成為東亞高教重鎮」專題演講中提出：「『國際化』是全球高等教育改革核心理念，國際學生流動更成為高等教育全球化趨勢；要打造臺灣成為東亞高教重鎮，首先要營造友善環境，其次教育部更應以積極的招生作為。臺灣各大學有必要加速臺灣高等教育國際化發展，如何加強國際在地化、打造廣受信賴教育品牌，是重要的課題。」「國際化」是國家維繫全球能見度的關鍵，大學對外國人是否有吸引力也是國力的指標之一，世界大學排名最重要就是要在同一基準點衡鑑世界大學國際化的優質程度。值此世界大學交相接軌、合作與競爭之際，教育部與各大學應善用、巧用世界大學排名的規準內涵，永續發展臺灣高等教育。

參考文獻

(一) 中文部分

侯永琪（2008）。全球與各國大學排名研究。臺北市：高教。

國家教育研究院（2015）。美國新世代留學計畫。國家教育研究院國際教育訊息電子

報。第79期。

國家教育研究院（2016）。學生出國留學原因分析。國家教育研究院國際教育訊息電子報。第105期。

教育部（2009）。**大學總量發展規模與資源條件標準**。臺北市：教育部。

教育部（2016a）。學生出國留學原因分析。教育部電子報，2016-07-20。

教育部（2016b）。境外學生人數突破11萬人創新高。取自http://www.edu.tw/News_Content.aspx?n=9E7AC85F1954DDA8&s=FEAB840E5EF4E49C

教育部（2016c）。**高等教育創新轉型方案**。臺北市：教育部。

教育部（2016d）。**新世代高教藍圖與發展方案**。臺北市：教育部。

取自http://epaper.edu.tw/windows.aspx?windows_sn=18686

維基百科（2016a）。ARWU《世界大學學術排名》（Academic Ranking of World Universities, ARWU）取自https://zh.wikipedia.org/zh-tw/%E4%B8%96%E7%95%8C%E5%A4%A7%E5%AD%A6%E5%AD%A6%E6%9C%AF%E6%8E%92%E5%90%8D

維基百科（2016b）。QS世界大學排名。取自https://zh.wikipedia.org/zh-tw/QS%E4%B8%96%E7%95%8C%E5%A4%A7%E5%AD%A6%E6%8E%92%E5%90%8D

維基百科（2016c）。泰晤士高等教育世界大學排名。取自https://zh.wikipedia.org/zh-tw/%E6%B3%B0%E6%99%A4%E5%A3%AB%E9%AB%98%E7%AD%89%E6%95%99%E8%82%B2%E4%B8%96%E7%95%8C%E5%A4%A7%E5%AD%B8%E6%8E%92%E5%90%8D

維基百科（2016d）。美國新聞與世界報導（U.S. News & World Report）。取自https://zh.wikipedia.org/zh-tw/%E7%BE%8E%E5%9B%BD%E6%96%B0%E9%97%BB%E4%B8%8E%E4%B8%96%E7%95%8C%E6%8A%A5%E9%81%93

維基百科（2016e）。世界大學網路排名。取自https://zh.wikipedia.org/wiki/%E4%B8%96%E7%95%8C%E5%A4%A7%E5%AD%B8%E7%B6%B2%E8%B7%AF%E6%8E%92%E5%90%8D

(二) 英文部分

Academic Ranking of World Universities, ARWU. Retrieved from www.shanghairanking.com

Institute of International Education, IIE (2016). Retrieved from http://www.iie.org/en/Research-and-Publications/Open-Doors/Data/International-Students#.V80fISYkphg.

Mary M Kirtz (2016). Why do students study abroad? Retrieved from http://www.universityworldnews.com/article.php?story=20160630213709566

Ranking Web of Universities(2016). Retrieved from http://www.webometrics.info/en.

Times Higher Education World University Rankings. Retrieved from https://www.timeshighereducation.com/world-university-rankings/2016/world-ranking#!/page/0/length/25/sort_by/rank_label/sort_order/asc/cols/rank_only

US News National Universities Rankings

Retrieved from http://www.usnews.com/

問題與討論

一、如何透過世界具影響力的五個全球大學排名：ARWU《世界大學學術排名》（Academic Ranking of World Universities）、QS《QS世界大學排名》（QS World University Rankings）、THE（Times）《泰晤士高等教育世界大學排名》（Times Higher Education World University Rankings）、US News《美國新聞與世界報導》（U.S. News & World Report）及WRWU《世界大學網路／站排名》（Webometrics Rankings of World Universities）做好大學評鑑工作？

二、ARWU《世界大學學術排名》（Academic Ranking of World Universities）、QS《QS世界大學排名》（QS World University Rankings）、THE（Times）《泰晤士高等教育世界大學排名》（Times Higher Education World University Rankings）、US News《美國新聞與世界報導》（U.S. News & World Report）及WRWU《世界大學網路／站排名》（Webometrics Rankings of World Universities）給予我國「高等教育創新轉型方案」有何重要啟示？

三、如何參酌ARWU《世界大學學術排名》（Academic Ranking of World Universities）、QS《QS世界大學排名》（QS World University Rankings）、THE（Times）《泰晤士高等教育世界大學排名》（Times Higher Education World University Rankings）、US News《美國新聞與世界報導》（U.S. News & World Report）及WRWU《世界大學網路／站排名》（Webometrics Rankings of World Universities）排名規準與內涵，研訂「臺灣地區大學的排名」機制？

第十二章

臺灣地區中小學推動國際教育之研究——以2011至2014年爲例

謝念慈、陳政翊

讀萬卷書很重要，行萬里路更有必要。

緒論

　　為了迎接21世紀全球化、國際化的挑戰，實現我國「黃金十年」的願景，教育部於民國100年提出「中小學國際教育白皮書」，這是劃時代的重大工程，從課程與教學的創新、國際交流活動的頻繁、專業師資的培育與支持，到學校國際化環境的建構經營等，力求徹底落實，教育部積極促使各縣市政府支持國際教育之推動，加速國際接軌的腳步，以孕育和諧多元文化社會，提升確保未來世界的全球公民之素質。自國際教育白皮書公布後，教育部設置「IETW中小學國際教育資訊網」，每年由全國各公私立中小學上網填報國際教育四軌推行情形，本研究旨在瞭解這4年來中小學階段之國際教育政策執行的情形與實施的成效，並於最後提出建議，作為學校日後推動國際教育之參考。研究方式採取統計分析，藉由以文件分析方法，來蒐集研究資料。

　　本章主要為瞭解本研究之研究動機、目的及研究問題，內容共分三節，第一節研究動機與目的，第二節待答問題，第三節名詞解釋等三方面加以敘述。

一、研究動機與目的

　　本節旨在說明研究者進行本研究之動機與研究目的，茲說明如下：

(一) 研究動機
1. 全球化的時代，世界各國的發展互相關聯，息息相關

　　隨著資訊科技的蓬勃發展，世界各國來往密切，彼此間交織成一個複雜的關係網絡，在這一個全球化的時代，世界任何一個角落的變動，都可能會影響我們周遭的生活。例如：100年3月11日下午14點，在日本東北外海發生規模9.0的大地震，並引發最高40.1公尺的大海嘯，東北三縣包含宮城縣、岩手縣、福島縣等地沿海地區都遭受海嘯襲擊，包含氣仙沼市油槽引發大火、仙臺機場被淹沒、以及眾所皆知的福

島核電廠核洩漏事故。影響所及，包括整個太平洋周邊國家，洋流所及之區垃圾量幾乎多達美國領土的4倍。海流衝破海堤摧毀核電廠引起輻射外洩，至今仍深深影響整個日本及整個花彩列島的國家。原本預訂前往洽公或旅遊的人，也被迫取消行程或延後出國。一個地震竟對全球的觀光業、農漁業以及運輸電能業造成衝擊，甚至影響到其他地區的人民與生活。

2. 國民具備國際素養的必要

我們的社會、學校正加速朝國際化與文化多元發展教育著學生，全球化所帶來的文化衝擊不斷增加其密度與強度。面對各種國際交流的場合，國人如何看待自己的國家與社會文化，如何看待外國人以及他們的文化，這些都是需要學習的課題。一個國家全球化程度愈高，國民就愈需要具備國際視野與素養。

3. 促進學生學習並適應社會的變遷是教育的重要目的

學生學習並適應社會變遷是教育的重要目的，為了讓國人瞭解自己、社會及國家在全球的政治、經濟、文化、生態與科技系統中所扮演的角色，能覺察世界各國相互依存的關係與地球永續發展的重要。具備國際化、全球化所需要的競爭與合作能力必須從中小學教育開始實施，培育年輕學子跨文化溝通與前進世界的能力，為他們在全球化社會中的生活與工作能力奠定最佳根基。

(二) 研究目的

本研究之目的在探討100至103年中小學推動國際教育的發展情形與趨勢。主要的研究目的詳如下：

1. 瞭解中小學推動國際教育在「課程發展與教學」面向的發展趨勢。
2. 瞭解中小學推動國際教育在「教師專業成長」面向的發展趨勢。
3. 瞭解中小學推動國際教育在「國際交流」面向的發展趨勢。
4. 瞭解中小學推動國際教育在「學校國際化」面向的發展趨勢。
5. 依據研究結果，對於中小學推動國際教育，提供具體建議事項及未來研究之參考。

二、待答問題

根據研究目的，本論文研究之問題如下：

(一) 瞭解目前中小學階段國際教育課程發展與教學之現況爲何？

(二) 探討中小學階段國際交流之現況與未來發展爲何？

(三) 瞭解中小學階段國際教育教師專業成長之現況與發展爲何？

(四) 探討目前中小學學校國際化之現況？

三、名詞釋義

本論文研究面向有四，係指「課程發展與教學」、「教師專業成長」、「國際交流」及「學校國際化」的發展趨勢。依據研究結果，將對於中小學推動國際教育，提供具體建議事項及未來研究之參考。以下就各面向進行解釋與說明：

(一) 課程發展與教學

國際意識或全球概念雖已列爲九年一貫課程綱要的內涵，但仍缺乏整體的課程目標與系統的課程規劃。國際教育的內容或主題，大都出現在英語（或外語）與社會領域或科目，尚未普遍融入各領域或科目。全球關注的議題如暖化、能源、區域經貿整合等，多爲跨學科領域，在校內整合教學時有其一定難度。

首先，必須以學校本位爲基礎，提供教學資源與行政支援國際教育的推動應以學校爲本位，考量基層學校實施國際教育的環境現況及資源需求；從中小學國際教育所涉的融入課程、國際交流、教師專業成長、學校國際化等四個面向，給予學校教學資源及行政支援。

其次，融入課程爲主軸，加強縱向連貫與跨科統整學校實施國際教育，應以融入課程爲主軸，輔之以國際交流活動。加強跨學科的合作與統整，將國際議題融入各科教學之中，設計整合的外語、國際事務及文化學習，並依據高中職、國中、國小不同教育階段的情境與需求，研發教材與設計教學活動。

(二) 國際交流

許多國際交流活動無法與國際教育課程目標緊密結合，以致活動效益大減。此外，進行的國際交流的活動，偏重在極少數國家，固有其語言、經濟、地理、及歷史淵源等因素，但是長期發展的結果，恐將造成國人國際觀的偏狹。中小學國際交流的方式，應包括「教育旅行」、「增進國際視野」、「國際高中生獎學金」、「境外遊學」、「姊妹校交流」、「國際志工服務」、「參與國際會議或競賽」、「教育專題訪問交流」、「英語村」、「參與網路國際交流」等面向，以能全面性的達到教育發展之目標。

(三) 教師專業成長

中小學教師所具備的外語能力與國際素養不一，且以全國比例看，多數教師未參與國際教育專業訓練。中小學教師所需的國際教育專業知能及涉及的知識領域甚廣，現有教師的專業研習課程內容則較為狹隘，且欠缺完整的課程規劃與教師認證機制，需透過持續的研習訓練課程，導入相關課程發展工作坊，持續精進專業成長。

(四) 學校國際化

學校國際化指學校為了配合學校國際教育的方向及重點，營造利於推動國際教育的軟、硬體環境。包括：校園國際化、人力國際化、學習國際化、行政國際化、課程國際化、建立國際夥伴關係等方面。一方面由教育部研訂學校國際化的各項指標進行宣導及推廣。另一方面以經費補助方式，鼓勵各校以學校國際教育實際狀況為起點，配合融入課程、國際交流、教師專業成長的重點，逐年落實。

貳　文獻探討

本章旨在探討相關文獻，俾以建立研究的理論基礎。全章共分三節，第一節為國際教育之意涵；第二節為國外實施國際教育政策之策略；第三節為我國國際教育政策之現況。

一、國際教育之意涵

　　21世紀是個全球化的時代，在此一趨勢下，國際競爭不再是傳統的數量與價格的競爭，而是創意和價值的競爭，而人力資源就是決定競爭力的關鍵因素（教育部，2011）。是以，依時代的發展，國際教育已是教育新型態的代名詞。瞭解國際教育的意涵，有助於在推行國際教育時建立適切的教育目標、執行策略，並指引正確的教學方向。國際教育意涵爲何？

　　Wason認爲國際教育特別有一種發展國際態度與國際瞭解的國際主義意識型態（邱玉蟾，2010）。

　　Epstein（1994）認爲國際教育是一種提倡國際面向的知識與態度，以促進國家間學生、教師、學校相互交流，增進彼此的瞭解與學習。

　　Husén（1994）認爲國際教育是學校爲了提高學生對於全球性問題的思考和研究，追求的特定教育目標和內容，並將此類活動制度化。

　　Knight與De Wit（1995）指出教育國際化的四個主要途徑爲活動途徑、能力途徑、氛圍途徑、策略途徑。

　　Hayden & Thompson（1995）認爲國際教育是一個動態的概念，包含人員、思想或觀念跨越政治和文化的流動；Hinchcliff-Pelias和Greer（2004）將國際教育定義爲跨文化的溝通互動（intercultural communication interactions），意即將個體置於不同文化當中，從互動中能察覺文化間的差異。

　　王如哲（1999）認爲國際教育是指透過有組織的努力以便使來自各國的學生、教師及學者相互交流，彼此學習，關注國際性教育問題、重視實務性問題，以及描述性爲取向等特徵，旨在國際學者間之交流及互相瞭解。

　　Higgins & Kirk（2006）認爲國際教育是透過全球化議題的學習，以利培養世界公民，並促進教育的永續發展之模式。

　　張明文、陳盛賢（2006）指出國際教育基礎理念在國際主義（internationalism），推行國際教育，主要是協調各國促進教育文化關係、推動國際相互理解的教育和以教育共創造人類美好的未來等，並在

尊重民族國家主權的前提之下，積極地促進國際友好的關係發展，謀求永久世界和平。

Hill（2007）指出國際教育中的「國際」（international）意味「國與國之間」，因此國際教育也不能忽略國家間的跨文化理解；Pasternak（2008）認爲，國際教育就是一種跨文化能力（intercultural competence），學校有責任增加學生這方面的能力。

黃乃熒（2009）認爲所謂國際教育，係指教育的歷程，強調未來導向、多面向科際整合、以及驅動全球化願景的領導，驅使利害關係人積極參與制度的改變，來回應全球環境的改變，以及透過全球化議題的學習，以利培養世界公民，並促進教育的永續發展。

陳怡如（2011）認爲國際教育是發展學生跨文化的理解與溝通互動之能力。張煜琳等（2011）認爲國際教育係指透過有組織的努力，讓來自各國的學生、教師及學者相互交流，彼此學習。

邱玉蟾（2011）指出「國際教育」並不單是「瞭解國際社會、參與國際教育活動、發展國際態度」的「國際主義理念」的體現，其中更滲入「民族主義」、「全球主義」、「世界主義」的理念在內者。民族主義強調的是國家意識、愛國情操、國家安全、國家利益、外交軟實力；全球主義強調的是全球市場競爭、國家主權式微、去地域化、教育爲經濟服務、改革提升競爭力；世界主義強調的是尊重不同人類／地方／文化、開放與欣賞態度、世界公民、世界恆久和平等。

林素卿（2012）認爲國際教育是指除了自己的國家和社會以外，對其他國家和社會的研究。

張碧娟（2013）建議推動國際教育的方向有四：一爲學校應深化交流活動的內涵；二爲應提升教育人員國際素養；三爲研發國際學習之學校本位課程；四爲籌措國際教育經費與人力的資源。

陳惠邦（2013）指出國際教育包含多元寬容、冒險犯難、博愛互助等三種精神，爲了實踐國際教育的基本理念，對應於多元寬容理解的是「閱讀對話」，對應於冒險犯難精神的是「旅行探索」，對應於博愛互助實踐的是「服務關懷」。

聯合國教科文組織（UNESCO）定義國際教育爲一促進國際理

解的教育，這種理解必須融入於教育體系之中，它不是一門獨立的課程。相反的，它必須被呈現於所有課程之中（UNESCO, 2004）。

　　綜上所述，「國際教育」係指學校透過跨國或跨文化的教育活動，將全球化的議題融入其中，協助學生以地球村的觀點出發，認知人類必須相互依賴合作，學習尊重多元文化的差異，培養學生對於全球性問題的理解、思考、研究等能力，成為具有國際視野與國際知能的世界公民。「國際教育」之推動係指學校透過「課程與教學」、「國際交流」、「教師專業成長」及「學校國際化」等四軌面向。

二、國外實施國際教育政策之策略

(一) 美國

　　邁入21世紀，國際教育已成為國際教育組織與世界各國政府重要議題。除資訊科技日益精進和網路媒體發達的影響外，國際組織如聯合國教科文組織和歐盟等的推動是國際教育受重視的主要因素之一（陳怡如，2011）。先進國家學校教育國際化的倡導，早始於第二次世界大戰後，其中以美國等先進國家著力最深（林騰蛟，2006）。美國早於1966年便頒布《國際教育法》，主導成立的聯合國教科文組織（United Nations Educational, Scientific and Cultural Organization, UNESCO）強調國際交流與合作的教育歷程，擴大國際交流的活動，據以發展教育的文化，來強化學校教育的國際化（黃乃熒，2011）。

　　教育國際化與提升國家競爭力是全球各國刻不容緩的課題，而居於全球政治經濟領導龍頭的美國，更是很早便積極規劃與推行國際教育。美國總統歐巴馬（Barack Obama）以其多元與難忘的教育經驗，不斷地提出人才培育與提振美國教育競爭力的呼籲。歐巴馬總統於2009年6月4日在埃及開羅發表的演說中，再三強調「國際化教育是建構國力，進而化解紛爭，創造和諧社會的基石。因此，美國必須提供更多獎學金讓外國學生前來美國深造；同時，更多的美國青年學生也應該赴世界各國研習。」（李振清，2010）

　　美國於1964年即訂定傅爾布萊特計畫（Fulbright-Hays programs）

替聯邦政府在國際教育上的投資打下基礎。美國民權法案第六章（Title VI of the Civil Rights Act）明定：在美國境內的任何人均不應因種族、膚色或國籍，遭受任何接受聯邦政府資金補助之計畫或活動排斥、拒絕或歧視；其主要提供語言及區域訓練、研究與發展，而傅爾布萊特計畫則支援當地發展這些技巧的機會。爾後國會認可第六章對國家安全的重要貢獻，1958年國防教育法案（National Defense Education Act）納入第六章，以確保有足夠的優質人才供美國國防之用。第六章為該法案強調語言發展的章節，著重於較少列入教學的語言。如今，國家資源中心（National Resource Centers）、外語及當地研究獎學金（Foreign Language and Are a Studies Fellowships）及國際研究與調查（International Research and Studies）為第六章的主要推動計畫。

美國國際教育人員協會（NAFSA: Association of International Educators）於2000年初發表「邁向美國國際教育政策」（Toward an International Education Policy for the United States）的聲明，闡述了美國為何需要一項國際教育政策以及它執行的項目，期中執行項目包含了外國語文及地域知識、國際學生召募、海外進修三大類。美國前總統柯林頓（Bill Clinton）同年4月以「國際教育政策」為題，對聯邦、州與地方行政主管機關首長發出國際教育政策備忘錄，正式把國際教育列入教育優先政策，亦促使了《2000年國際進修機會法》（International Academic Opportunity Act of 2000）與「國際教育週」（International Education Week）的推動。「國際教育政策備忘錄」闡述了美國為何需要一項國際教育政策以及其執行的項目，包含以下七項重點工作（Parker, 2008）：

1. 鼓勵其他國家的學生來美國留學。
2. 促進美國學生赴國外進修。
3. 支持社會各階層的教師、學生和公民的交換。
4. 加強美國機構發展國際夥伴關係和專門知識與技術的努力。
5. 擴展美國民眾高品質的外語學習及對其他文化深度的認識。
6. 幫助和支持教師們教導學生有關其他國家和文化方面的努力。
7. 開發新的技術以協助全球的知識傳播。

　　爲了推動教育國際化，美國前教育部部長理查‧芮利（Richard W. Riley）曾於2000年在新加坡舉辦的第二屆APEC教育部部長會議中，再三肯定教育國際化的重要，並進一步提升美國教育國際化的境界和內涵，讓更多的美國學生利用在學的期間，甚至畢業之後，到全世界各地去追求更高深的其他國家之學術、文化、語言的追求和研究。理查‧芮利（Richard W. Riley）亦曾就國際教育的重要性，對全國發表政策性演說，承諾採取一系列步驟重整美國的國際教育，諸如促進海外研習、加強各級學校外語教學、確保國際教育爲大學教育統整的一部分等，他表示美國至少應該達到G-86所預定的新目標：在未來10年高等教育交流機會至少增加到兩倍的新目標，亦即尋求新的途徑加倍招收外國學生及派遣學生赴海外進修（劉慶仁，2006）。

1. 知識層面
　　(1) 能夠從全球的角度或比較性觀點，理解自己的文化。
　　(2) 對於全球性的議題、趨勢、運作過程和系統，有充分認知。
　　(3) 瞭解其他的文化。
2. 技能層面
　　(1) 能運用知識、不同的文化參考架構和多元觀點，進行批判性思考，並解決問題。
　　(2) 發展外語聽說讀寫的能力。
　　(3) 能運用外語能力和對其他文化的知識，擴展自己的資訊、經驗和對世界的理解。
3. 態度層面
　　(1) 能欣賞不同文化的語言、藝術、宗教與哲學。
　　(2) 能接受文化的歧異。
　　(3) 樂意追求各種國際經驗或跨文化的學習機會。

　　美國在國際化的學習目標明確訂定「知識」、「技能」、「態度」三大面向，並配合相關法令政策之推行，由高等教育延伸至中小學教育，值得我國於中小學推動國際教育參考。

(二) 英國

在英國政府所推動的國際教育主要是希望能夠讓學生在全球經濟工作做好準備，與合作夥伴交流達成彼此目標，並且增加教育系統與訓練部門在經濟成長上的貢獻（劉慶仁，2006；詹盛如，2011）。

當全球化趨勢難以抗拒時，處於歐盟地區之英國，積極致力於推動學校教育國際化，不僅參與歐盟教育計畫職業訓練，更推廣與歐盟以外國家的教育合作（劉慶仁，2006）。英國「將世界融入國際級教育」之國際教育政策如圖1所示，揭示「為孩子、青年人及成人在全球社會生活及全球經濟工作做好準備」目標以及「在所有孩子和青年人的學習經驗中注入國際面向策略，其中國際面向被納入的主要概念有八個項目，包含：

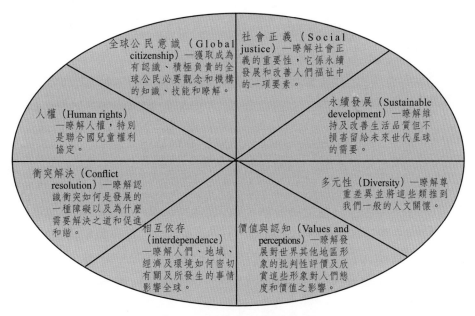

圖1　英國國際教育概念圖

資料來源：詹盛如（2011）。教育部100年中小學國際教育專業知能研習手冊（頁46）。嘉義縣：中正大學

1. 全球公民意識（global citizenship）：係指獲取成為積極負責的全球公民必要觀念和機構的知識、技能。

2. 多元性（diversity）：係指瞭解尊重差異，同時將這些類推到我們一般的人文關懷。

3. 衝突解決（conflict resolution）：係指瞭解衝突的本質，理解在衝擊發生後，為什麼需要解決之道及如何促進和諧。

4. 社會正義（social justice）：係指瞭解社會正義的重要性，它是永續發展和改善人們福祉中的要素。

5. 永續發展（sustainable development）：係指瞭解維持及改善生活品質但不損害未來世代的需要。

6. 價值與認知（values and perceptions）：係指發展對世界其他地區形象的批判性評價及欣賞這些形象對人們態度和價值之影響。

7. 相互依存（interdependence）：係指瞭解人們、地域、經濟及環境如何關聯，及所發生的事件對全球之影響。

8. 人權（human rights）：人權係指瞭解人權，特別是聯合國兒童權利公約。

雖然英國國際教育納入的主要概念有上述八項，但是從跨學科的觀點而言，有些探討範圍應該適度融入教學過程當中，包括：認同與文化多元性、健康生活形態、社區參與、企業、全球面向與永續發展、科技與媒體，以及創意與批判思考。在實際教學過程中，英國政府推薦適切的教學方式，包括全校發展計畫、政策與願景，學科之間共同議題的教學，當然主題日、活動週也是適合的方式，有時也把活動整合到學校的例行事務當中，或者與他國的夥伴學校開發合作課程計畫，進行課外活動的參訪、集會，或是請專家到校分享都是可行方案。（吳宗憲，2014）。

至於在英國實際推動國際教育的策略與計畫，主要包括以下幾大項（劉慶仁，2006；詹盛如，2011；黃乃熒，2011）：

1. 全球學校夥伴關係結合英國、非洲、亞洲及拉丁美洲學校，建立創新、公平和永續學習夥伴關係以提升課程中的國際面向。

2. **建置國際網站**

英國前教育技能（DfES）部長Clarke於2004年2月，正式宣布成立Global Gateway國際教育網站（www.globalgateway.org），此一網站被視為國際教育的全方位窗口，將現有國際教育計畫、方案和資訊連結，以提供海外夥伴學校找尋各項相關服務資訊。此網站自設立以來，大大提升世界各個角落連結之便利性，以幫助全球教育工作者建立夥伴關係，並確保教育超越國界以及青年人成為真正的全球公民。

3. **推動國際學校獎**

近年來，英國前教育技能部推動國際學校獎，以獎勵和表揚能具體實踐學校教育國際化且成效良好的中小學。此外，其鼓勵中小學將「全球議題」與「國際面向」內容融入課程，並將國際化分為融入校園生活的中小學。

4. **加強外國語文學習**

英國每位孩子在小學階段應有機會學習一種外語及培養對其他國家文化的興趣。2002 年，約有半數的小學開辦第二種語言學習，2010年，所有小學開設外語教學，同時發展及完成小學階段新的語言教學架構，建立語言分級檢定。英國文化協會招募中文等主要外國語文為母語的年輕人在英國中小學任教，豐富學校的外語教學；開發電子語言，讓教師與不同國家的教師藉由分享資源及建立可以提供別人再使用的課程設計，促進學生外語學習。

5. **辦理專業教師國際化發展活動**

為增進中小學校長、教師等教育工作者的國際視野，吸取海外最佳實務經驗，英國政府支助他們海外訪問研習的機會。在教育技能部、國際發展部贊助下，提供中小學教師赴國外交流參訪，以親身體驗和感受不同國家教育實務的機會，藉由前往他國瞭解其教育系統的經驗，增進教師解決教室問題的技巧，同時透過國際性的夥伴關係，致力提升教育品質。

6. 辦理校長國際觀摩研習活動

英國教育技能部從2002年推出校長國際訪問研習計畫，補助校長組團赴國外觀摩研習，專注於學校領導主題，以增廣英國中小學校長的國際視野並吸取領導最佳實務經驗。此項計畫可以讓校長自我檢視反省本身的領導才能、價值觀與實務，接觸跨國文化的教育視野。

7. 學校主管海外志工服務

英國學校主管海外志工計畫（International Extended Placement for School Leaders）有多重目的，主要在以人力資源管理「借調」（secondment）模式，招募學校校長等主管前往非洲貧窮國家，提供當地學校主管三個月之密集在職訓練，加強學校行政主管的自立、教育行政及專業管理能力。

8. 舉辦國際教育週

為鼓勵各級學校慶祝將國際面向內容融入教育，英國前教育技能部從2004年起，推動一年一度的國際教育週活動，2008年國際教育週於11月17-21日舉行，英格蘭所有教育階段的每一個人都應邀參加。該部經由相關網站與學校分享國際教育週活動辦理的構想，並參考過去幾年辦理的活動，例如：邀請知名外國人談談他們的經驗、國際視訊會議、外語演講比賽、國際日、邀請外國學校足球隊訪問並參加國際運動有關活動等。

9. 推動「教室連結」課程合作方案

英國文化協會（British Council）推動「教室連結」（Connecting Classrooms）課程合作計畫，提供資助以及免費協助英國學校群組與全世界的夥伴進行聯繫，旨在培育新一代的全球公民、拓展中學生（11-14歲）國際視野。該計畫為期三年，係英國與其他國家的地方教育主管機關、學校之間建立合作關係，利用網路科技為媒介。臺灣的英國文化協會於2008年舉辦「教室連結」（Connecting Classrooms）的課程合作計畫，包括臺灣、英國、日本和臺灣、英國、韓國的「教室連結」，希望透過主題課程內的討論和實施，以網路作為平臺，培養出三國中學學生的國際視野與跨文化的溝通能力。

英國整體國際教育政策是以「將世界融入國際級的教育」為支柱，

由政府機構積極的推動並發展多項策略、計畫，在推行國際教育過程
中，除了學生的國際化，也重視提升培養教師及校長國際核心素養；而
其更跨出傳統的藩籬踏出步伐遠至印度、中國等亞洲區域，將教育傳
播到更遠的國家（郭喬雯，2011）。這些豐富具全面性的國際教育活
動，反映了英國國際教育期改善中小學教育，以不同面向提升學生學習
成效，使其教育系統發展成為世界級水準（林美玲，2015）。

三、我國國際教育政策之現況

　　本節旨探討我國國際教育政策之現況，共分三部分：第一敘述我國
中小學國際教育政策的沿革與發展；第二說明我國推動國際教育之情
形；第三探討我國中小學推動國際教育所面臨的困境。

(一) 我國中小學國際教育政策沿革

　　國際教育之趨勢近年來更從高等教育延伸至中小學領域，並成為
當代教育的重要理念與趨勢之一，因為全球化潮流已經影響世界各國
的社會與教育體系，臺灣也無法置身此潮流的影響之外（黃乃熒，
2008）。

　　在全球化教育的潮流之下，臺灣為維持在國際上的競爭力，推動國
際教育亦付諸不少心力，這點尤其體現在高等教育國際化方面（教育
部，2011）。臺灣目前推動多項教育國際化政策，成效頗佳，至2006
年為止已有：擴大招收外國學生來臺、推動多邊及雙邊教育交流交流合
作、加強提升學生外語能力、鼓勵學生出國留學、推動對外華語文教學
等（張欽盛，2006）。相對而言，在中小學國際教育的推動上則有明
顯失衡現象（教育部，2011）。

　　陳弘哲（2010）研究中指出國際教育乃是人和觀念的跨國界活
動，其意義可以含括幾個方面：1.研究與發展取向：針對各領域的學術
或技術進行跨國的合作研究，藉此可提升彼此的能力，並成為發展的
動力。2.專業發展和訓練取向：國際學習參訪可以培養校長領導能力、
增進或改善教師的教學能力，擴展專業知識，洞察不同的觀點，以提升
學校的效能、學生的學習成效。3.跨文化活動取向：學校可透過國際組

織或多方的協議進行教育交流活動，不管是利用資訊媒體或者是師生的參訪活動，皆可進行經驗分享。4.課程與教學取向：要使教育能跨越國界與文化，其立足點便是語言，學習外語可增強學生與外國人溝通的能力與動機。而在全球化的影響下，產生了諸多問題，教師有義務與責任，教授區域知識並將全球議題融入課程中，以發展學生的批判性思考，並培養學生成為能夠適應潮流的全球公民。5.教育援助取向：一個國家可透過不同的援助計畫，幫助長期以來受到貧窮威脅的國家或地區，以實踐聯合國教科文組織的《所有人皆可受教育》（Education for All）。6.態度取向：學校推動國際教育可以使學生理解異文化並對其產生同理心，因而可能減少對外國人的仇視，促進世界和平。

　　環顧世界潮流，許多先進國家紛紛於中小學國際教育方面投入行動，讓中小學學生能提早接觸到各國教育發展脈絡，無非是希望從小即培養孩子具備全球視野與國際關懷，逐漸增加對異文化理解的機會，進而具備國際素養的優勢條件；但反觀我國中小學學生的國際意識與國際素養有待加強，再加上臺灣需要積極擴展國際舞臺，因此，國際化教育向下扎根，實為當務之急。

　　我國國際教育最早可追溯至1999年制定並頒布的《教育基本法》第2條：「人民為教育權之主體。教育之目的以培養人民健全人格、民主素養、法治觀念、人文涵養、強健體魄及思考、判斷與創造能力，並促進其對基本人權之尊重、生態環境之保護及對不同國家、族群、性別、宗教、文化之瞭解與關懷，使其成為具有國家意識與國際視野之現代化國民。」

　　教育部為符應國家發展的需求及回應社會期待並提升教育品質以因應激烈的國際競爭，於《國民中小學九年一貫課程綱要》揭櫫教育目的：「以培養人民健全人格、民主素養、法治觀念、人文涵養、強健體魄及思考、判斷與創造能力，使其成為具有國家意識與國際視野之現代國民。」其在課程目標上明訂「促進文化學習與國際瞭解」為重要課程目標之一，即使在微調後100學年度實施之《97年國民中小學九年一貫課程綱要》，教育基本內涵與所欲達成的課程目標仍未改變，其兼具本土化與國際意識，指出學生應認識、尊重不同族群文化，瞭解、欣賞

本國及他國歷史文化外，並應體認自身爲地球村的一員，進而培養互信、互賴、互助的世界觀。

在九年一貫課程中「促進文化學習與國際瞭解」基本能力的培養上有四個層次的學習發展：1.瞭解有關鄉土教育、多元文化教育、及世界觀教育方面的知識概念；2.建立文化學習的實質價值與過程價值；3.培養研究、思考、社會參與、溝通等技能；4.社會行動力的養成。以此項教育的主軸來突顯出我國政府對國民中小學教育國際化的重視，亦確立了我國國民中小學教育國際化的趨勢（呂瑋修，2008）。

行政院經濟建設委員會因應21世紀資訊化、全球化與終身學習的趨勢，促使臺灣產業升級，於2002年5月提出《挑戰2008：國家發展重點計畫》，這項爲期六年並包含教育、經濟、人文與生活等面向的十大項國家建設重點計畫，不但立基於臺灣本位的整體思考，更是國家施政與發展的基本方針。在意義與精神上，與美國前總統柯林頓（Bill Clinton）及前教育部部長理查·芮利（Richard W.Riley）在1994年3月31日所提出的《教育美國法案：公元2000年目標》（GOALS 2000: Educate America Act），有些許共通之處，亦即都奠基於現況的反省與前瞻的願景，並擬定具體的努力指標，但《挑戰2008：國家發展重點計畫》包含範疇更廣，更具國家整體挑戰與發展觀點（黃榮村，2003b）。在此計畫中，十大重點投資計畫中的第一項「E世代人才培育計畫」，旨在透過國際化環境的營造、網路學習系統的建構、活力青少年的養成、終身學習社會的建立，培育具有競爭能力與國際視野的新世紀國民。在E世代人才培育計畫的架構下，教育部結合相關部會一共規劃了四大領域分支計畫（行政院，2002）：1.營造國際化生活環境，提升全民英語能力；2.建構全民網路學習系統；3.活力青少年養成；4.建立E世代終身學習社會環境。

綜合上述，行政院經濟建設委員提出之《挑戰2008：國家發展重點計畫》中，推動教育國際化著重於「英語學習」與「資訊科技能力」。全面營造雙語化的生活環境，平衡城鄉英語教育資源，推動英語與國際文化學習，建構網路學習系統，強化教師與學生資訊科技能力，藉由E世代的人才提升國家在國際間的競爭力。

(二) 我國實施國際教育的方式

我國推動的國際教育。底下從教育部、臺北市提出國際教育的相關重大計畫，由中央及地方政府來瞭解我國國際教育政策之現況。

1. 教育部

教育部（2010a）認為國際教育則是要讓學生透過教育國際化的過程來達到瞭解國際社會、參與國際教育活動以促進社會秩序及和平福祉的目的。為符應國家發展的需求與對社會期待的回應，在2003年「國民中小學九年一貫課程綱要」揭櫫教育目的「以培養人民健全人格、民主素養、法治觀念、人文涵養、強健體魄及思考、判斷與創造能力，使其成為具有國家意識與國際視野之現代國民。」並在課程目標上明訂「促進文化學習與國際瞭解」為重要課程目標之一。

教育部於100年4月20日公布「中小學國際教育白皮書」，在我國重大教育政策中屬於較新的議題政策。現階段以「扎根培育21世紀國際化人才」為願景，主要在於面對全球化，國際競爭不在是傳統的價與量的競爭，而是品質、創新、速度的競賽，人才乃是決定競爭力強弱的關鍵。

教育部預計自101年起至110年止，分兩階段執行各項行動計畫，四個目標，包含培育具備國家認同、國際素養、全球競合力、全球責任感的國際化人才，培育四個特質的公民如下：(1)國家認同：從認識自我文化出發，讓學生具有本土思維與愛國情操。學校能透過國際文化的對照，教導學生深入瞭解自我文化的特質，認識臺灣特殊的歷史定位，體認國家在國際社會的特殊處境，並喚起國家意識，正視自己對國家的責任。(2)國際素養：國際教育應循序漸進，讓學生以尊重、包容、欣賞不同文化，認識國際及全球議題，學習跨文化溝通的知識與技巧，培育具有國家視野的國際意識。(3)全球競合力：提供學生體驗跨國教育的機會，激發其跨國、跨文化比較的觀察力與反思力。四、全球責任感：國際教育應強調對不同文化、地方、文化的尊重，以及對於全球的道德與責任，並提倡世界和平的價值，重視全球生態相互依存性，從日常生活中的地球村概念的養成，進而產生對整個地球的責任。

兩個主要策略，包含強化國際教育的深度、增進國際教育的廣度。

四個次要策略為建置推動機制、整合推動資源、進行全面品管、建立成效指標。

　　四個行動計畫包含：學校辦理國際教育課程與教學發展計畫、學校辦理國際交流計畫、學校辦理教師專業成長計畫、學校辦理學校國際化計畫。六個支援計畫包含：國際教育中心計畫、國際教育教師專業成長計畫、國際教育海外參訪計畫、國際教育課程發展計畫、國際教育資訊網計畫、國際教育績優獎計畫。

　　教育部下設「教育部國民及學前教育署」統籌國內推動國際文教交流業務，中小學國際教育事項則由所轄中小學國際教育指導會主司，規劃協調整建推動機制與資源，進行全面品管，建立有效支援系統，以提升推動成效。教育部中小學國際教育白皮書架構如圖2。

2. 臺北市

　　臺北市政府在全球化的趨勢下，早於2002年發布「臺北市教育國際交流白皮書」，臺北市國際交流相關業務由「國際事務委員會」負責，臺北市政府教育局採取任務編組方式執行，而所轄各級學校與社教單位則以推動委員會推廣。該白皮書提出「國際化的環境，世界級的臺北」、「四海存知己，天涯若比鄰」、「兼容並蓄的臺北新市民，共存共榮的地球村公民」三大願景，將臺北市定位為世界級的城市，致力於推展外文、資訊教育和國際交流，提供學生生活化的學習機會與文化交流。並以四大向度來推動，將從「世界公民意識」、「國際文化學習」、「國際交流合作」、「全球議題探究」等，最後以四大目標包含世界公民意識、國際文化學習、國際交流合作、全球議題探究等實踐全球教育。

　　2011-2016年臺北市全球教育白皮書之研訂，係本於精進創新的優質教育精神，揭櫫「全球教育」為主軸架構。該白皮書願景為「世界級臺北、全球觀教育—培育友善關懷、公益盡責的世界公民」，推動四大面向包含「世界公民意識」、「國際文化學習」、「國際交流合作」、「全球議題探究」，依面向設定學生共同的學習目標依次為：「具備全球一體的意識，體認自己與本土社區對全球發展的影響與責任」、「具備參與全球社區所需的跨文化理解及語言能力」、「具備在

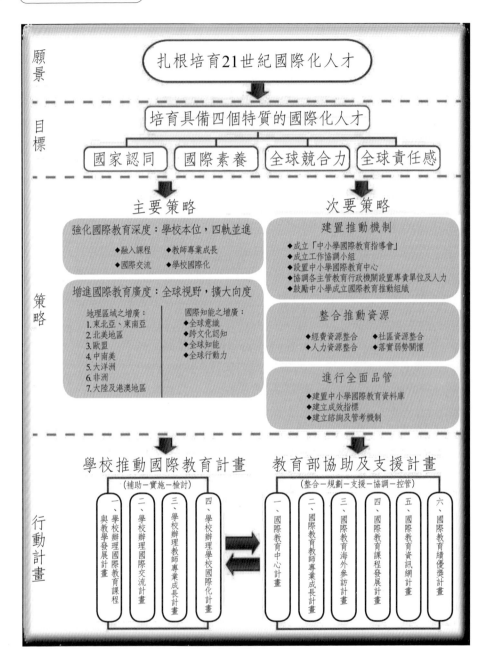

圖2　教育部中小學國際教育白皮書架構圖

資料來源：教育部（2011）。中小學國際教育白皮書─扎根培育21世紀國際化人才（頁33），臺北市：教育部

多族群、多文化環境中與人有效溝通、合作完成任務的能力」、「具備以全球架構來思考、探究與處理全球議題的能力」，並藉由專責的組織、教育人員增能、推動教育國際化、網路科技設施、發展議題融入課程，共5項策略、10個行動方案，達成學生的全球化教育。

白皮書的行動方案，包括推動機制、教師增能、外語能力、世界公民、文化學習、國際交流、國際參與、全球議題、資訊平臺、資源整合等十項行動方案，積極實踐。推動全球教育，一方面要培養學生尊重多元與差異的態度，引導學生瞭解、欣賞他人觀點、經驗與世界觀，更要進一步引導學生將族群、性別、階級、宗教及區域等各種差異，放在全球脈絡下來理解，深入探討造成各種差異的背後，其結構性因素與公平正義問題，並發展改善各種全球不公平現象的公民責任感與行動力。臺北市全球教育白皮書架構如圖3所示。

(三) 我國中小學推動國際教育所面臨的困境

透過目前國際教育之相關文獻，我國實施國際教育政策面臨之問題與困境在政府機關部分有：

1. 專責人力方面

國際教育的推行須藉由政府的力量投入，未來才能逐步達到普及化及系統化的發展，然中央與地方推動組織架構尚不明確，缺乏縱向聯繫與橫向協調（教育部，2011）。多數縣市辦理國際教育多由兼職或臨時人員辦理相關業務，相關經驗無法傳承，有些縣市甚至完全沒有辦理此項業務。專責人力不足，是推行國際教育的一大難題（陳怡如，2011）。

2. 相關法規與配套措施未臻完備

地方政府所推動的國際教育政策中，教育藍圖缺乏短、中、長程目標，出現政策延續性問題（張明文、吳清明、蔡聖賢，2009；高雄市政府教育局，2010b）。

3. 績效評估機制

國際教育的推行需要一明確指標，用以作為實施行國際教育的依據，各校對國際教育做法、認知的差異，導致實施成效評估的困難

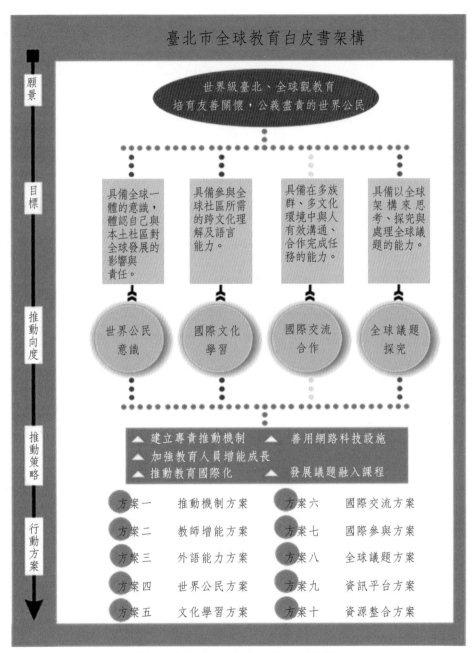

圖3　臺北市全球教育白皮書架構

資料來源：臺北市政府教育局（2009）。2011-2016臺北市全球教育白皮書（頁11），
　　　臺北市：臺北市政府教育局

（教育部，2011）。

4. 經費補助方面

中央及地方主管教育行政機關，未能就推動中小學國際教育各項工作，編列完整專案經費，資源的欠缺，導致推動國際教育的具體行動普遍不足（陳怡如，2011；教育部，2011）。

另外，在學校層面上，相關計畫配套措施、師資內容、課程設計、硬體設備及學校既有條件（如學校所處地理環境、學生家庭社經背景）等，都足以影響國際教育推行之成效。目前中小學實際參與推動國際教育所遭遇面臨的困境如下：

1. SIEP撰寫困難、人力資源缺乏

檢視中小學學校推動國際教育的行政單位，缺乏專責單位及人員編制，由於SIEP計畫格式撰寫不易，填報執行成果、經費核銷等手續繁瑣複雜（高雄市政府教育局，2010b），均賴專責人力，故編制人力的不足，以致學校在推動上有其困境。而若專責人員職務異動或調校服務，在延續推動國際教育政策方面，無專責人員經驗的積累與傳承將會是一大問題。

另外，如以教師兼任，則因教師課務繁多，額外的國際教育課程設計形成教師負擔（林全義，2010），且目前國際教育第一線師資不足或缺乏（潘道仁、沈宥廷，2010），與編制內專任師資遴聘不易（鐘鼎國，2010），造成行政、教師人力資源不足而成為中小學推動國際教育的困境之一。

2. 經費短缺

依據教育部所訂定發布《補助高級中等以下學校推動國際教育計畫要點》，中小學依學校的資源與需求，提出SIEP計畫以申請經費補助。由於國際教育活動本身、帶隊教師的公差假、課務調派，或是旅費補助都會增加學校的負擔，必須有穩定財源的支持，活動方能持續、有效（林全義，2010）。然而，申請通過之計畫並非全額補助，且許多縣市政府因地方財源有限，教育經費籌措不易，無法編列相關的預算，導致辦理國際教育的經費不足，學校須自籌經費；另國際交流體驗需要龐大經費，參與學生可能須自費參加，對於弱勢學生，則因無法負

擔龐大經費而裹足不前。因此，經費短缺是推動國際教育另一困境。

3. 課程壓縮與議題過多

臺灣中小學國際教育主要以融入課程方式推行國際教育，鼓勵教師將國際議題、外語及文化學習等融入現有課程。教師在執行學校國際教育計畫時，最常面臨到的困難就是課程時數被壓縮，尤其是學校推動的活動常會利用或影響到教師正課時間，影響到的課程進度只能利用零碎時間補足。目前國人或教育界，並未認同這些課程應在國中小學開設獨立的課程，且認為這些學習內容應當融入在不同領域的學習內容中，透過潛在的生活對話，或藉由設計的融入議題教學活動，來達到不同的議題希望不同年齡學生達到的課程目標。

在課程有限內，需融入的議題已過多，加入國際議題，無非又壓縮課程本身的內容與規劃，且增加教師授課負擔，而國際議題涵蓋內容廣泛，如何篩選並將之融入教學，亦是目前推動國際教育面臨之困境。

國際教育活動時間不足的原因，其一是辦理國際教育活動計畫因其他因素縮短期程，使成效無法預期呈現；其二是進行遠距或跨國網路課程，因學生活動作息時間不同，致課程編排困難，若於寒暑假期間進行則不易招募學生，正常上課期間則會影響課業，使得整體活動時間安排不易（林全義，2010；高雄市政府教育局，2010b）。

4. 教師國際教育知能不足

目前國際教育計畫執行時，教師雖已參與國際教育相關知能研習，但在國際教育專業知能仍顯不足。教師在國際教育推行中，需將國際議題等相關知識轉化為教材，但因侷限於教師所具備的外語、資訊能力及國際素養等，難將概念轉化為合適的教學設計，其所遭遇的困境可細分為二：一是教學設計中的活動無法與國際教育結合；另外是容易側重知識的傳遞（潘道仁、沈宥莛，2010；黃碧智，2012）。以全國比例來看，多數教師未參加國際教育專業訓練，現有的教師專業研習課程內容較為狹隘，且欠缺完整的課程規劃與教師認證機制（教育部，2011）。

學生透過參與國際議題融入課程或國際交流活動，理解、尊重與欣賞不同文化，體驗跨國學習機會，進而學習跨文化溝通的知識與技

巧，擴展國際視野。然而，本國學生在資訊能力、英語溝通能力及國際
素養等國際教育應具備之能力不足，例如：接待學生語言溝通困難或
視訊交流技巧不足（高雄市，2010b），影響國際教育推動之成效。因
此，學生及教師國際教育知能不足，使得課程發展易受限，師生或學生
間交流有所阻礙，是推動國際教育面臨的困難點。

5. 推動意願不高

在國際教育的推動中，影響國際教育推行成效的主要因素之一，即
在於教師本身對於國際教育的推動意願高低與否（黃乃熒，2011）。
且部分教師本身觀念仍未改變，覺得會增加授課負擔，而降低配合的意
願。除了上述國際教育所面臨的困境，如：是否為專責人員、國際教育
知能不足等，目前多數教師未深入瞭解國際教育意涵、政策，且國際教
育課程的實施偏向屬於額外附加的工作，影響教師推動的意願，是目前
推行國際教育中亟需努力的方向（黃乃熒，2009；郭喬雯，2012；吳
美玲，2013）。

6. 欠缺資源整合平臺

有效整合社區資源，可讓國際教育的推行更為豐富多元，而且能有
助於其實施的延續性（陳偉泓，2006；黃乃熒，2011，顏佩如、張美
雲，2011；吳美玲，2013）。由於政府、校方、教師、學生、家長等
對國際教育的理解不同，容易對於目標產生差距（林明地，2010），
也因國內推動國際教育尚在起步階段，目前學校在規劃執行上，整合的
資源以校內既有的資源為主，如教師、家長的支持；此外，學校會透
過申請以爭取教育部公部門資源，如：申請SIEP經費、富爾布萊特外
師計畫；最後，則是掌握社區資源，如：協助外師尋找寄宿家庭。因
此，學校教師、家長、政府、社區都是學校可整合的資源。學校於推動
時須單打獨鬥，增加學校人力和資源的負擔（教育部，2011），而影
響國際教育之推行。

由上述可知，因受限於政府政策、學校及教師條件，在施行國際教
育確實面臨相當大的問題，但隨著時代的變遷，推動國際教育勢在必
行，如何利用有限的資源，或是將國際教育融入到各種科目中學習，教
師專業社群依國際教育進行探究及專業成長等，這些都值得有心推動國

際教育的學校思考以謀求解決之道。

 **參 研究方法**

　　本章旨在說明研究過程中所採用的方法與步驟，以呈現本研究之研究對象的性質、研究工具的選擇與編製、實施程序與資料處理方法，全章共分四節：第一節為研究架構；第二節為研究對象；第三節為研究工具與資料處理；第四節為實施程序。

一、研究架構

　　本研究架構如圖4所示：

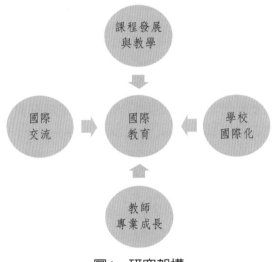

圖4　研究架構

(一) 課程發展與教學

　　國際教育之四大目標「國家認同」、「國際素養」、「全球競合力」及「全球責任感」，可分成認知、情意、行動三大能力面向的課程目標。在認知面，培養學生認識全球重要議題、瞭解本國與國際文化的異同性、理解全球競合的現象與運作模式、瞭解永續發展的理念與實

務，以及建構國際知能與全球意識；在情意面，培養學生欣賞與尊重不同的文化、建立具本土意識的國際視野，以及促進國際文化的融合與交流；在行動面，強調培養學生批判、反省與參與全球行動的實踐力。整合三大能力面向，國際教育係發展出以下五項課程目標：

1. 培養學生具備國際視野的本土文化認同與愛國情操，實踐個人對國家的責任。
2. 培養學生尊重與欣賞不同文化以及跨文化溝通與反思能力。
3. 培養學生在國際競爭與交流中所需的外語能力及專業知能。
4. 培養學生認識全球重要議題，並在全球競合中發揮個人所長。
5. 引導學生具備全球意識、全球智能、全球公民責任感及全球行動力。

(二) 國際交流

中小學國際交流的推動重點在於鼓勵國內教師及學生與國外進行交流。目前我國中小學國際交流的方式已經非常多元，未來重點應著重提升交流的品質，透過交流活動的設計來引導學生進行國際理解，發展國際能力，最終目標仍在養成具備國家認同、國際素養、全球競合力、全球責任感的國際化人才。

(三) 教師專業成長

中小學教師所具備的外語能力與國際素養不一，且以全國比例看，多數教師未參與國際教育專業訓練。中小學教師所需的國際教育專業知能及涉及的知識領域甚廣，現有教師的專業研習課程內容則較為狹隘，且欠缺完整的課程規劃與教師認證機制。

(四) 學校國際化

學校國際化指學校為了配合學校國際教育的方向及重點，營造利於推動國際教育的軟、硬體環境。包括：校園國際化、人力國際化、學習國際化、行政國際化、課程國際化、建立國際夥伴關係等方面。一方面由教育部研訂學校國際化的各項指標進行宣導及推廣。另一方面以經費補助方式，鼓勵各校以學校國際教育實際狀況為起點，配合融入課

程、國際交流、教師專業成長的重點，逐年落實這六方面工作。

二、研究對象

本研究係以我國國民中學爲對象，分析自100年教育部公布中小學國際教育白皮書後，學校依國際教育四軌：課程發展與教學、國際教學、教師專業成長、學校國際化之推行情形，並探討臺北市與全國發展之特色異同，提供興革建議。

三、研究工具與資料處理

本研究係以教育部中小學國際教育資訊網上全國各校於100-103年所填報之四軌執行成果，依數據分析法，運用平均數等描述性統計方法，進行統計分析，分析探討四年間國際教育四軌推行情形，及臺北市和全國的發展趨勢。

四、研究程序

本研究實施程序可分爲準備階段、實施階段與完成階段，茲分述如下：

(一) 準備階段：蒐集與閱讀相關文獻資料，並與指導教授討論，逐步確定研究主題與發展研究架構，從而開始著手撰寫研究計畫。

(二) 實施階段：採用信、效度良好的研究資料進行整理與統計分析。

(三) 完成階段：根據研究調查的結果撰寫本研究的結論與建議，形成本研究論文的初稿。論文經修訂與潤飾完成之後付印。

肆 研究結果

一、課程發展與教學

(一) 100-103年度國際教育四軌面向「課程發展與教學」整體辦理情形

1. 100年度「課程發展與教學」共計1,884校辦理，占全國中小學45.62%。

2. 101年度「課程發展與教學」共計2,126校辦理，占全國中小學51.43%。

3. 102年度「課程發展與教學」共計2,309校辦理，占全國中小學55.81%。

4. 103年度「課程發展與教學」共計2,360校辦理，占全國中小學57.12%。

5. 整體來看，100-103年中小學「課程發展與教學」的辦理情形是呈現逐年成長的趨勢。

(二) 100-103年度「課程發展與教學」指標IPO-1-1辦理情形

1. 100年度全國中小學42.82%之學校有辦理指標所列三類計畫。

2. 101年度全國中小學43.06%之學校有辦理指標所列三類計畫。

3. 102年度全國中小42.52%之學校有辦理指標所列三類計畫。

4. 103年度全國中小42.84%之學校有辦理指標所列三類計畫。

5. 整體來看，100-103年國中階段「高中職、國中、國小辦理國際議題及國際教育融入課程、國際交流數位教學模式（ICT）、外語及文化課程之情形」的辦理情形是維持平盤，沒有特別的成長情形。

(三) 100-103年度「課程發展與教學」指標IPO-1-2辦理情形

1. 100年度全國中小學12.00%之學校有研發。

2. 101年度全國中小學17.23%之學校有研發。

3. 102年度全國中小學16.46%之學校有研發。

4. 103年度全國中小學17.42%之學校有研發。

5. 整體來看，100-103年國中階段「高中職、國中、國小研發國際
   教育教材及教案之情形」的辦理情形是於101年有大幅成長，
   102年略降，103年再成長。

(四) 100-103年度「課程發展與教學」指標IPO-1-4辦理情形

1. 100年度全國中小學37.89%有辦理外語及文化課程。

2. 101年度全國中小學47.10%有辦理外語及文化課程。

3. 102年度全國中小學46.82%有辦理外語及文化課程。

4. 103年度全國中小學48.81%有辦理外語及文化課程。

5. 整體來看，100-103年「中小學外語及文化課程關聯國家之情
   形」的辦理情形是於101年有大幅成長，102年略降，103年再
   成長。

(五) 100-103年度「課程發展與教學」各指標在臺北市與全國教育
   行政機關所轄學校辦理情形

1. 指標「中小學國際議題及國際教育融入課程計畫」辦理情形
   (1) 100年全國辦理比例最高的是嘉義市的54.84%，全國平均為
       26.39%，臺北市為30.10%。
   (2) 101年全國辦理比例最高的是嘉義市的61.29%，全國平均為
       31.95%，臺北市為22.01%。
   (3) 102年全國辦理比例最高的是嘉義市的61.29%，全國平均為
       32.99%，臺北市為33.12%。
   (4) 103年全國辦理比例最高的是嘉義市的64.52%，全國平均為
       34.87%，臺北市為38.31%。
   (5) 本指標4年來以嘉義市著力最深，臺北市和全國均為逐年
       成長。

2. 指標「研發並辦理中小學國際交流數位教學模式（ICT）計畫」辦理
   情形
   (1) 100年全國辦理比例最高的是嘉義市的19.35%，全國平均為
       6.03%，臺北市為7.77%。
   (2) 101年全國辦理比例最高的是嘉義市的16.13%，全國平均為

7.55%，臺北市為6.15%。

(3) 102年全國辦理比例最高的是嘉義市的22.58%，全國平均為7.69%，臺北市為9.09%。

(4) 103年全國辦理比例最高的是嘉義市的19.35%，全國平均為7.24%，臺北市為0.06%。

(5) 本指標4年來以嘉義市著力最深，臺北市和全國的辦理比例都不高。

3. 指標「辦理開設外語及文化課程相關活動計畫」辦理情形

(1) 100年全國辦理比例最高的是新竹市之45.45%，全國平均為31.67%，臺北市為35.60%。

(2) 101年全國辦理比例最高的是臺中市的56.68%，其次為新竹市之54.55%，全國平均為35.17%，臺北市為25.24%。

(3) 102年全國辦理比例最高的是嘉義市的51.61%，其次為臺中市之48.24%，全國平均為35.36%，臺北市為38.64%。

(4) 103年全國辦理比例最高的是嘉義市的51.61%，全國平均為35.33%，臺北市為43.18%。

(5) 本指標4年來以新竹市、臺中市、嘉義市、臺北市著力最深，臺北市和全國均為穩定成長。

4. 指標「學校研發之校本教材」辦理情形

(1) 100年全國辦理比例最高的是新竹縣的14.88%，其次為臺北市的11.65%，全國平均為8.50%。

(2) 101年全國辦理比例最高的是嘉義市的41.94%，全國平均為17.66%，臺北市為13.27%。

(3) 102年全國辦理比例最高的是嘉義市的41.94%，全國平均為13.44%，臺北市為18.83%。

(4) 103年全國辦理比例最高的是嘉義市的38.71%，全國平均為13.75%，臺北市為24.03%。

(5) 本指標近3年來以嘉義市著力最深，臺北市和全國的辦理比例都不高。

5. 指標「學校研發之校本教案」辦理情形

　　(1) 100年全國辦理比例最高的是嘉義市的19.35%，全國平均為7.48%，臺北市為10.03%。

　　(2) 101年全國辦理比例最高的是嘉義市的41.94%，全國平均為17.42%，臺北市為13.27%。

　　(3) 102年全國辦理比例最高的是嘉義市的51.61%，全國平均為14.58%，臺北市為19.16%。

　　(4) 103年全國辦理比例最高的是嘉義市的48.39%，全國平均為15.34%，臺北市為25.00%。

　　(5) 本指標近3年來以嘉義市著力最深，全國的辦理比例不高，臺北市則是逐年成長。

6. 指標「學校實施外語及文化課程時，課程關聯之相關國家」辦理情形

　　(1) 100年全國辦理比例最高的是新竹市的54.84%，全國平均為33.87%，臺北市為41.42%。

　　(2) 101年全國辦理比例最高的是臺中市的63.20%，全國平均為43.18%，臺北市為35.60%。

　　(3) 102年全國辦理比例最高的是嘉義市的67.74%，全國平均為46.82%，臺北市為56.82%。

　　(4) 103年全國辦理比例最高的是嘉義市的64.52%，全國平均為48.81%，臺北市為59.09%。

　　(5) 本指標近2年來以嘉義市著力最深，臺北市和全國都是逐年成長，且比例頗高。

二、國際交流

(一) 100-103年度國際教育四軌面向「國際交流」整體辦理情形

1. 100年度「國際交流」共計1,225校辦理，占全國中小學29.66%。

2. 101年度「國際交流」共計1,297校辦理，占全國中小學31.37%。

3. 102年度「國際交流」共計1,419校辦理，占全國中小學34.30%。

4. 103年度「國際交流」共計1,493校辦理，占全國中小學36.13%。

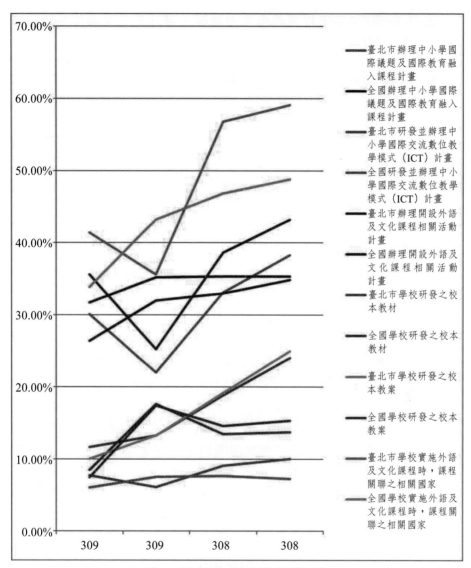

圖5　課程發展與教學辦理情形

資料來源：IETW中小學國際教育資訊網。取自http://www.ietw.moe.gov.tw

5. 本指標近2年來以嘉義市著力最深，臺北市和全國都是逐年成長，且比例頗高。

(二) 100-103年度「國際交流」指標IPO-2-1中小學國際交流之區域及國家逐年擴大辦理情形

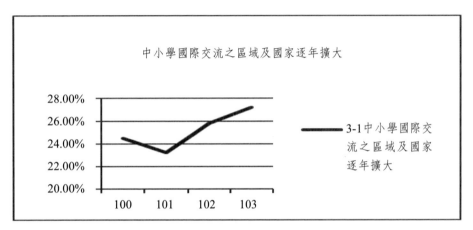

圖6　中小學國際交流之區域及國家逐年擴大辦理情形

資料來源：IETW中小學國際教育資訊網。取自http://www.ietw.moe.gov.tw

1. 100年度就指標而言，各校實施國際交流之區域以亞洲國家最多，計有626校，遠多過其他洲別，美洲次之，計有290校，歐洲再次之，計有181校。
2. 101年度就指標而言，各校實施國際交流之區域以亞洲國家最多，計有718校，遠多過其他洲別，美洲次之，計有332校，歐洲再次之，計有215校。
3. 102年度就指標而言，各校實施國際交流之區域以亞洲國家最多，計有664校，遠多過其他洲別，美洲次之，計有385校，歐洲再次之，計有218校。
4. 103年度就指標而言，各校實施國際交流之區域以亞洲國家最多，計有755校，遠多過其他洲別，美洲次之，計有395校，歐洲再次之，計有262校。

5. 整體來看，101年略有下降，但102年起逐年成長。

(三) 100-103年度「國際交流」指標IPO-1-2國際交流辦理項目逐年
　　 增加辦理情形

1. 100年度就指標而言，以辦理「外國學校師生來訪活動」之學校
　 最多，計有1,061校次；辦理「本國學校師生出訪活動」之學校
　 亦爲數很多，計有942校次；辦理「外國學生來臺服務學習」次
　 之，計有511校次，辦理「參與國際網路交流計畫」及「參與國
　 際會議或競賽」之校數較少，辦理校次分別爲330校次及303校
　 次。在上述各項目中以活動分別統計則以「國際中小學學生訪
　 問研習」之學校較多，有336校辦理，其次爲「海外體驗學習活
　 動」及「姊妹校交流活動」皆有超過200個以上的學校辦理。

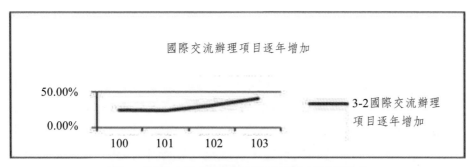

圖7　國際交流辦理項目逐年增加辦理情形

資料來源：IETW中小學國際教育資訊網。取自http://www.ietw.moe.gov.tw

2. 101年度就指標而言，以辦理「外國學校師生來訪活動」之學校
　 最多，計有1,232校次；辦理「本國學校師生出訪活動」之學校
　 亦爲數很多，計有652校次；辦理「外國學生來臺服務學習」
　 次之，計有364校次，辦理「參與國際網路交流計畫」及「參
　 與國際會議或競賽」之校數較少，辦理校次分別爲316校次及
　 322校次。在上述各項目中以活動分別統計則以「其他」之學校
　 較多，有300校辦理，其次爲「國際中小學學生訪問研習」有
　 300校辦理，「海外體驗學習活動」、「教育專題訪問交流」、

「姊妹校交流活動」、「教育專題訪問交流」及「國際競賽」
皆有超過200個以上的學校辦理。

3. 102年度就指標而言，以辦理「外國學校師生來訪活動」之學校
最多，計有1,284校次；辦理「本國學校師生出訪活動」之學校
亦為數很多，計有1,023校次；辦理「外國學生來臺服務學習」
次之，計有706校次，辦理「參與國際網路交流計畫」及「參
與國際會議或競賽」之校數較少，辦理校次分別為411校次及
409校次。在上述各項目中，若以活動分別統計，則以「國際中
小學學生訪問研習」之學校較多，有355校辦理，其次為「其
他」有335校辦理，「海外體驗學習活動」、「教育專題訪問交
流」、「姊妹校交流活動」及「國際競賽」皆有超過200個以上
的學校辦理。

4. 103年度就指標而言，以辦理「外國學校師生來訪活動」之學校
最多，計有1,330校次；辦理「本國學校師生出訪活動」之學校
亦為數很多，計有1,021校次；辦理「外國學生來臺服務學習」
次之，計有760校次，辦理「參與國際網路交流計畫」及「參與
國際會議或競賽」之校數較少，辦理校次分別為387校次及434
校次。在上述各項目中，若以活動分別統計，則以「教學」之
學校較多，有354校辦理，其次為「國際中小學學生訪問研習」
有343校辦理，再其次為「其他」有340校辦理，「海外體驗
學習活動」、「教育專題訪問交流」、「姊妹校交流活動」及
「國際競賽」皆有超過200個以上的學校辦理。

5. 整體來看，本指標發展呈現逐年緩步成長之勢。

(四) 100-103年度「國際交流」各指標在臺北市與全國教育行政機
關所轄學校辦理情形

1. 指標IPO-2-1辦理情形

(1) 100年度全國辦理比例最高的是嘉義市的41.94%，全國平均
為19.08%，臺北市為33.33%。

(2) 101年度全國辦理比例最高的是嘉義市的48.39%，全國平均

為21.77%，臺北市為24.92%。

(3) 102年度全國辦理比例最高的是臺北市的48.70%，全國平均為23.28%。

(4) 103年度全國辦理比例最高的是嘉義市的45.16%，全國平均為23.72%，臺北市為41.23%。

(5) 整體來看，臺北市101-102年發展遲滯，全國則是逐年緩步成長。

2. 指標IPO-2-2辦理情形

(1) 100-103年度「外國學校、師生來訪活動」辦理情形

　　A. 100年度比例最高的是新竹市的47.27%，臺北市是39.16%，全國則是19.35%。

　　B. 101年度比例最高的是嘉義市的58.06%，臺北市是33.33%，全國則是29.80%。

　　C. 102年度比例最高的是臺東縣的94.83%，臺北市是42.21%，全國則是29.93%。

　　D. 103年度比例最高的是臺北市的56.49%，全國則是24.18%。

　　E. 整體來看，臺北市除101年發展較弱外，與全國均是逐年緩步成長。

(2) 100-103年度「本國學校、師生出訪活動」辦理情形

　　A. 100年度比例最高的是新竹市的29.09%，臺北市是28.80%，全國則是15.84%。

　　B. 101年度比例最高的是新竹市的32.73%，臺北市是19.09%，全國則是15.77%。

　　C. 102年度比例最高的是新竹市的41.82%，臺北市是40.91%，全國則是17.62%。

　　D. 103年度比例最高的是臺北市的39.61%，全國則是16.77%。

　　E. 整體來看，臺北市除101年發展較弱外，與全國均是逐年緩步成長。

(3) 100-103年度「參與國際網路交流計畫」辦理情形

　　A. 100年度比例最高的是嘉義市的16.13%，臺北市是13.92%，全國則是6.44%。

　　B. 101年度比例最高的是高雄市的13.40%，臺北市是9.06%，全國則是7.64%。

　　C. 102年度比例最高的是嘉義市的25.81%，臺北市是16.56%，全國則是8.22%。

　　D. 103年度比例最高的是臺北市的16.88%，全國則是7.77%。

　　E. 整體來看，臺北市與全國在本項目上的發展較少量且不穩定。

(4) 100-103年度「參與國際會議或競賽」辦理情形

　　A. 100年度比例最高的是臺北市的15.21%，全國則是6.20%。

　　B. 101年度比例最高的是臺中市的16.02%，臺北市是9.39%，全國則是7.79%。

　　C. 102年度比例最高的是新竹市的23.64%，臺北市是19.16%，全國則是8.07%。

　　D. 103年度比例最高的是臺北市的17.86%，全國則是7.43%。

　　E. 整體來看，臺北市與全國在本項目上的發展較少量且不穩定。

(5) 100-103年度「外國學生來臺服務學習」辦理情形

　　A. 100年度比例最高的是新竹縣的17.36%，臺北市是11.97%，全國則是8.64%。

　　B. 101年度比例最高的是新北市的14.32%，臺北市是5.83%，全國則是8.81%。

　　C. 102年度比例最高的是新北市的20.70%，臺北市是17.86%，全國則是11.87%。

　　D. 103年度比例最高的是新北市的25.74%，臺北市是

14.61%，全國則是12.51%。

E. 整體來看，臺北市在本項目上的發展較不穩定，全國則是逐年緩步成長。

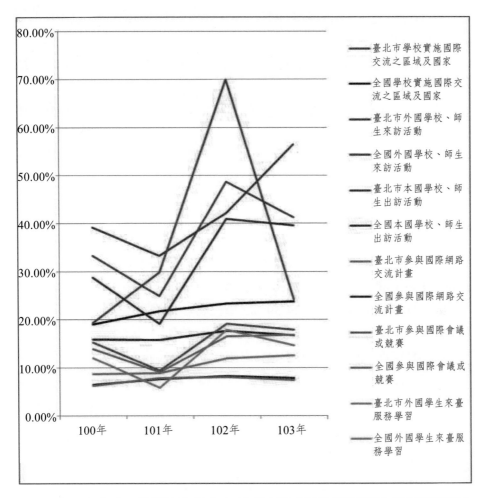

圖8　「國際交流」各指標在臺北市與全國教育行政機關所轄學校辦理情形

資料來源：IETW中小學國際教育資訊網。取自 http://www.ietw.moe.gov.tw

三、教師專業成長

(一) 100-103年度國際教育四軌面向「教師專業成長」整體辦理情形

1. 100年度「教師專業成長」共計1,370校辦理，占全國中小學33.17%。

2. 101年度「教師專業成長」共計1,795校辦理，占全國中小學43.42%。

3. 102年度「教師專業成長」共計1,676校辦理，占全國中小學40.51%。

4. 103年度「教師專業成長」共計1,598校辦理，占全國中小學38.67%。

5. 整體來看，本向度於101年達到高峰，近兩年呈現下滑趨勢。

(二) 100-103年度「教師專業成長」指標IPO-3-1「教育部及主管教育行政機關主辦之國際教育專業知能研習」辦理情形

1. 100年度全國中小學33.91%之學校有參加過。

2. 101年度全國中小學44.59%之學校有參加過。

3. 102年度全國中小學37.88%之學校有參加過。

4. 103年度全國中小學37.42%之學校有參加過。

5. 整體來看，本向度於101年達到高峰，之後逐年下滑。

(三) 100-103年度「教師專業成長」指標IPO-3-2「取得教育部主辦之國際教育專業知能課程認證研習證書之教師人數」辦理情形

1. 100年度全國中小學5.88%之學校有參加過。

2. 101年度全國中小學8.02%之學校有參加過。

3. 102年度全國中小學2.25%之學校有參加過。

4. 103年度全國中小學9.63%之學校有參加過。

5. 本指標於101年達到高峰，102年觸底，103年回升。

(四) 100-103年度「教師專業成長」指標IPO-3-3「參加教育部認證
　　之各類國際教育專業研習課程之校數與人數逐年增加，全國於
　　105年時達到至少20種」辦理情形

1. 100年度全國中小學18.80%之學校有參加過。

2. 101年度全國中小學19.39%之學校有參加過。

3. 102年度全國中小學14.91%之學校有參加過。

4. 103年度全國中小學13.50%之學校有參加過。

5. 本指標於101年達到高峰後接下來逐年下降。

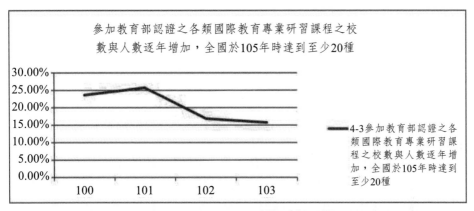

圖9　「參加教育部認證之各類國際教育專業研習課程之校數與人數逐年增
　　加，全國於105年時達到至少20種」辦理情形

資料來源：IETW中小學國際教育資訊網。取自http://www.ietw.moe.gov.tw

(五) 100-103年度「教師專業成長」各指標在臺北市與全國教育行
　　政機關所轄學校辦理情形

1. 學校參加教育部及主管教育行政機關主辦之國際教育專業知能研習
　　之時數
　　(1) 100年度全國辦理比例最高的是雲林縣41.12%，臺北市為
　　　　33.01%，全國則為30.31%。
　　(2) 101年度全國辦理比例最高的是花蓮縣75.19%，臺北市為
　　　　31.39%，全國則為40.88%。

    (3) 102年度全國辦理比例最高的是嘉義市67.74%，臺北市爲32.47%，全國則爲37.88%。

    (4) 103年度全國辦理比例最高的是嘉義縣51.63%，臺北市爲39.29%，全國則爲37.42%。

    (5) 本指標不論臺北市或全國的發展均維持在3-4成的比例。

2. 學校取得教育部主辦之國際教育專業知能課程認證研習證書之教師人數

    (1) 100年度全國辦理比例最高的是嘉義市38.71%，臺北市爲3.88%，全國則爲5.25%。

    (2) 101年度全國辦理比例最高的是嘉義市32.26%，臺北市爲3.88%，全國則爲7.35%。

    (3) 102年度全國辦理比例最高的是嘉義市12.90%，臺北市爲1.30%，全國則爲2.25%。

    (4) 103年度全國辦理比例最高的是嘉義市12.90%，臺北市爲2.60%，全國則爲2.66%。

    (5) 本指標對比嘉義市來看，臺北市和全國的發展均在低檔，需加把勁。

3. 參加教育部認證之各類國際教育專業研習課程之校數與人數逐年增加，全國於105年時達到至少20種。

    (1) 100年度全國辦理比例最高的是嘉義市61.29%，臺北市爲16.50%，全國則爲16.80%。

    (2) 101年度全國辦理比例最高的是嘉義市48.39%，臺北市爲11.97%，全國則爲17.78%。

    (3) 102年度全國辦理比例最高的是嘉義市32.26%，臺北市爲16.56%，全國則爲14.91%。

    (4) 103年度全國辦理比例最高的是新竹市29.09%，臺北市爲9.42%，全國則爲6.34%。

    (5) 本指標呈現不論臺北市和全國都是下滑趨勢。

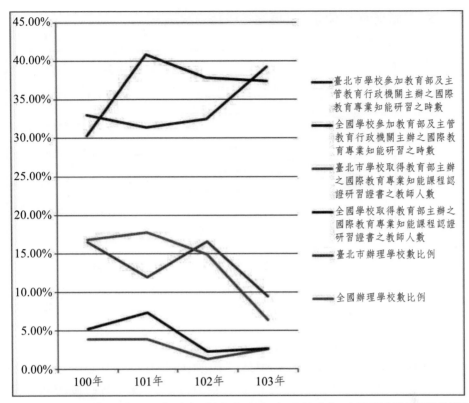

圖10　「教師專業成長」各指標在臺北市與全國教育行政機關所轄學校辦理情形

資料來源：IETW中小學國際教育資訊網。取自http://www.ietw.moe.gov.tw

四、學校國際化

(一) 100-103年度國際教育四軌面向「學校國際化」整體辦理情形

1. 100年「學校國際化」共計2,309校辦理，占全國中小學55.91%。

2. 101年「學校國際化」共計2,450校辦理，占全國中小學59.26%。

3. 102年以全國中小學統計，「學校國際化」共計2,589校辦理，占全國中小學62.58%。

4. 103年以全國中小學統計，「學校國際化」共計2,714校辦理，占全國中小學65.68%。

5. 整體來看，本向度呈現逐年成長的狀態。

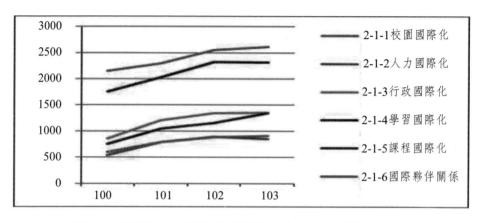

圖11　國際教育四軌面向「學校國際化」整體辦理情形

資料來源：IETW中小學國際教育資訊網。取自http://www.ietw.moe.gov.tw

(二) 100-103年度「學校國際化」指標IPO-4-1辦理情形

1. 100年就指標而言，其中以「校園國際化」項目之辦理校數最多，其次為「學習國際化」，再其次依序為「行政國際化」、「課程國際化」、「國際夥伴關係」及「人力國際化」。

2. 101年就指標而言，其中以「校園國際化」項目之辦理校數最多，其次為「學習國際化」，再其次依序為「行政國際化」、「課程國際化」、「國際夥伴關係」及「人力國際化」。

3. 102年就指標而言，其中以「校園國際化」項目之辦理校數最多，其次為「學習國際化」，再其次依序為「行政國際化」、「課程國際化」、「國際夥伴關係」及「人力國際化」。

4. 103年就指標而言，其中以「校園國際化」項目之辦理校數最多，其次為「學習國際化」，再其次依序為「行政國際化」、「課程國際化」、「國際夥伴關係」及「人力國際化」。

5. 整體來看，本指標呈現逐年成長的狀態。

(三) 100-103年度「學校國際化」指標IPO-4-2辦理情形

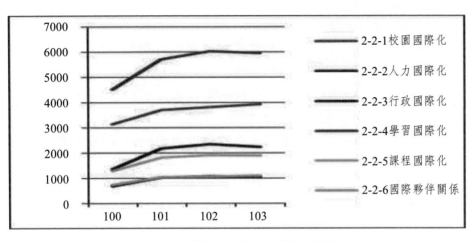

圖12　「學校國際化」辦理情形

資料來源：IETW中小學國際教育資訊網。取自http://www.ietw.moe.gov.tw

1. 100年就指標而言，在「學習國際化」項目之辦理校次最多，其次為「校園國際化」，再次之依序為「行政國際化」、「課程國際化」、「國際夥伴關係」及「人力國際化」。

2. 101年就指標而言，在「學習國際化」項目之辦理校次最多，其次為「校園國際化」，再次之依序為「行政國際化」、「課程國際化」、「國際夥伴關係」及「人力國際化」。

3. 102年就指標而言，在「校園國際化」項目之辦理校次最多，其次為「學習國際化」，再次之依序為「行政國際化」、「課程國際化」、「人力國際化」及「國際夥伴關係」。

4. 103年就指標而言，在「學習國際化」項目之辦理校次最多，其次為「校園國際化」，再次之依序為「行政國際化」、「課程國際化」、「國際夥伴關係」及「人力國際化」。

5. 整體來看，本指標呈現逐年成長的狀態。

(四) 100-103年度「學校國際化」各指標在臺北市與全國教育行政
機關所轄學校辦理情形

1. 指標「校園國際化」辦理情形
    (1) 100年全國辦理比例最高的是嘉義市的77.42%，臺北市是
       57.28%，全國則是52.11%。
    (2) 101年全國辦理比例最高的是嘉義市的83.87%，臺北市是
       40.13%，全國則是55.61%。
    (3) 102年全國辦理比例最高的是嘉義市的83.87%，臺北市是
       71.10%，全國則是61.66%。
    (4) 103年全國辦理比例最高的是嘉義市的87.10%，臺北市是
       66.88%，全國則是63.12%。
    (5) 本指標全國有逐年成長之勢，臺北市雖有起伏，但比例算高。

2. 指標「人力國際化」辦理情形
    (1) 100年全國辦理比例最高的是新竹市的30.91%，臺北市是
       16.18%，全國則是13.03%。
    (2) 101年全國辦理比例最高的是嘉義市的35.48%，臺北市是
       15.86%，全國則是19.13%。
    (3) 102年全國辦理比例最高的是嘉義市的38.71%，臺北市是
       28.90%，全國則是21.54%。
    (4) 103年全國辦理比例最高的是嘉義市的38.71%，臺北市是
       31.82%，全國則是20.62%。
    (5) 本指標臺北市和全國有逐年成長之勢。

3. 指標「行政國際化」辦理情形
    (1) 100年全國辦理比例最高的是新竹市之40.00%，臺北市是
       26.54%，全國則是20.87%。
    (2) 101年全國辦理比例最高的是臺中市的54.60%，臺北市是
       22.01%，全國則是29.27%。
    (3) 102年全國辦理比例最高的是嘉義市的54.84%，臺北市是
       40.91%，全國則是32.51%。
    (4) 103年全國辦理比例最高的是嘉義市的54.84%，臺北市是

40.91%，全國則是32.74%。

(5) 本指標臺北市和全國有逐年成長之勢。

4. 指標「學習國際化」辦理情形

(1) 100年全國辦理比例最高的是嘉義市的74.19%，臺北市是49.19%，全國則是42.83%。

(2) 101年全國辦理比例最高的是臺中市的70.97%，臺北市是35.28%，全國則是49.20%。

(3) 102年全國辦理比例最高的是新竹市的76.36%，臺北市是65.26%，全國則是56.08%。

(4) 103年全國辦理比例最高的是嘉義市的77.42%，臺北市是63.31%，全國則是55.98%。

(5) 本指標臺北市和全國有逐年成長之勢，且臺北市成長幅度顯著。

5. 指標「課程國際化」辦理情形

(1) 100年全國辦理比例最高的是嘉義市的38.71%，臺北市是27.51%，全國則是18.38%。

(2) 101年全國辦理比例最高的是嘉義市的51.61%，臺北市是16.83%，全國則是25.33%。

(3) 102年全國辦理比例最高的是嘉義市的51.61%，臺北市是34.09%，全國則是27.94%。

(4) 103年全國辦理比例最高的是嘉義市的54.84%，臺北市是39.94%，全國則是27.44%。

(5) 本指標臺北市和全國有逐年成長之勢。

6. 指標「國際夥伴關係」辦理情形

(1) 100年全國辦理比例最高的是嘉義市的35.48%，臺北市是25.24%，全國則是14.55%。

(2) 101年全國辦理比例最高的是嘉義市的35.48%，臺北市是18.12%，全國則是19.06%。

(3) 102年全國辦理比例最高的是臺北市的38.64%，其次為新竹市的29.09%，全國則是21.34%。

(4) 103年全國辦理比例最高的是臺北市的36.04%，其次為嘉義市的32.26%，全國是22.05%。

(5) 本指標臺北市和全國均在相對高度，但不穩定。

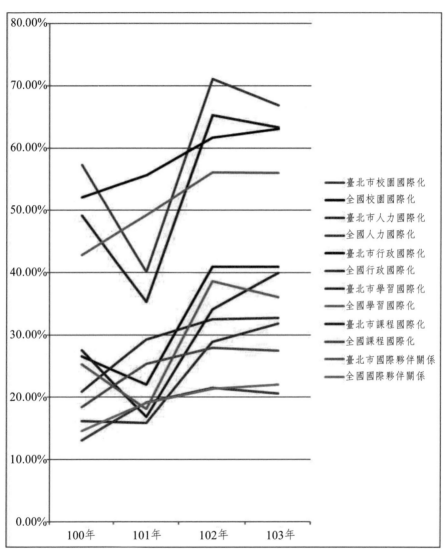

圖13 「學校國際化」各指標在臺北市與全國教育行政機關所轄學校辦理情形

資料來源：IETW中小學國際教育資訊網。取自http://www.ietw.moe.gov.tw

伍 研究結論與建議

本章主要依據文獻分析與統計分析結果進行歸納與整理。第一節主要將研究發現與文獻探討歸納結論；第二節依據研究結果對校長和學校提出若干項建議，以供作為相關政策訂定、及學校運作方面改進之參考。

一、結論

(一) 全國每年約有近60%的中小學參與「課程發展與教學」向度，其中「高中職、國中、國小辦理國際議題及國際教育融入課程、國際交流數位教學模式（ICT）、外語及文化課程之情形」約占30%，「研發國際教育教材及教案」近20%，「外語及文化課程關聯國家」約占40%。

整體而言，臺北市在「中小學國際議題及國際教育融入課程計畫」的發展約30%左右，略高於全國平均，「研發並辦理中小學國際交流數位教學模式（ICT）計畫」的發展約10%左右，全國的比例僅在個位數，「辦理開設外語及文化課程相關活動計畫」方面，臺北市的比例約40%，全國則約35%。「學校研發之校本教材」方面，臺北市約在20%，全國則約15%。「學校研發之校本教案」，臺北市的比例約20%，全國則約15%。「學校實施外語及文化課程時，課程關聯之相關國家」，臺北市的比例約60%，全國則約50%。

(二) 全國每年約有40%的中小學參與「國際交流」向度，其中「中小學國際交流之區域及國家逐年擴大」以亞洲國家最多，遠多過其他洲別。「國際交流辦理項目逐年增加」方面，以辦理「外國學校師生來訪活動」之學校最多，「本國學校師生出訪活動」次之。

整體而言，臺北市在「中小學國際交流之區域及國家逐年擴大」方面約40%，全國則為20%，「外國學校、師生來訪活動」方面，臺北市已超過50%，全國近30%，「本國學校、師

生出訪活動」臺北市約40%，全國不到20%。「參與國際網路交流計畫」臺北市約15%，全國則約7%。「參與國際會議或競賽」臺北市不到20%，全國不到10%。「外國學生來臺服務學習」臺北市約15%，全國約10%。

(三) 全國每年約有近40%的中小學參與「教師專業成長」向度，其中「教育部及主管教育行政機關主辦之國際教育專業知能研習」，約占近40%，「取得教育部主辦之國際教育專業知能課程認證研習證書之教師人數」不到10%，參加教育部認證之各類國際教育專業研習課程之校數與人數約15%。

整體而言，臺北市與全國在「學校參加教育部及主管教育行政機關主辦之國際教育專業知能研習之時數」均約占40%，「學校取得教育部主辦之國際教育專業知能課程認證研習證書之教師人數」方面，臺北市不到4%，全國則是下降中，約在2%左右，「參加教育部認證之各類國際教育專業研習課程之校數與人數逐年增加」方面，臺北市與全國均降至10%左右。

(四) 全國每年約有近60%的中小學參與「學校國際化」向度，其中以「校園國際化」項目之辦理校數最多，其次為「學習國際化」，再其次依序為「行政國際化」、「課程國際化」、「國際夥伴關係」及「人力國際化」。

臺北市在「校園國際化」方面有超過60%的比例，全國亦有近60%的水準。「人力國際化」方面臺北市約30%，全國約20%。「行政國際化」方面臺北市約40%，全國約30%。「學習國際化」臺北市有超過60%的比例，全國亦有近60%的水準。「課程國際化」臺北市約40%，全國約30%。「國際夥伴關係」臺北市約35%，全國約20%。

(五) 國際教育四軌中，中小學階段以「學校國際化」向度的參與度最高，其次是課程發展與教學，教師專業成長的比例最低。

二、建議

(一) 強化校本國際教育教材教案研發，建立國際交流數位教學模式（ICT）

從100-103年的發展經驗中我們發現校本的國際教育教材教案的發展是相對少的，ICT的教學模式也相對不多，隨著數位科技的快速發展，學校可以運用的媒材愈來愈多元且簡便，目前各校老師們投入教學資訊化的程度很高，已經可以善用這方面的優勢條件發展具校本特色的國際教育教材ICT模式。

(二) 鼓勵學生參與國際網路交流計畫及國際會議或競賽

國際教育課程的推動，最重要的是學生參與實踐的歷程，因此，學校應該積極鼓勵學生參與國際性的交流與會議活動，藉由實際的互動參與深刻理解交流觀念看法，以深化國際教育之實踐。

(三) 推動教師積極參與國際教育專業知能課程認證研習，深化教師專業成長

國際教育是臺灣面對全球化趨勢必然要推動的方向，教育部於100年公布中小學國際教育白皮書，四軌並進推動國際教育，但在實務現場老師對其中的價值觀念多數仍不甚清楚理解，因此，透過專業成長研習，讓現場的中小學具備正確的知能，以利課程的發展與推動。

(四) 發展人力國際化，並建立國際夥伴關係

人力國際化的指標包含設置辦理單位和成立行政支援團隊，這在一般中小學固定的組織架構裡是不容易的，但不是不能做，透過專業學習社群、組織再造等方式，找出校園內妥適的模式，以最經濟又能創造最大價值的人力團隊開展國際教育的各個面向，並能透過各種方式與人際網絡開展國際夥伴關係，善用數位連結，讓臺灣的教育與世界連在一起，臺灣的孩子才有機會真正成為地球村的一分子。

參考文獻

(一) 中文部分

IETW中小學國際教育資訊網，http://www.ietw.moe.gov.tw。

王如哲（1999）。比較與國際教育。**比較教育，46**，67-82。

吳美玲（2013）。**國民小學國際教育計畫實施現況調查**。國立東華大學教育行政與管理學系碩士論文。

吳宗憲（2014）。**新北市國民中小學教師國際教育認知與議題融入教學相關之研究**，國立臺灣師範大學教育學系碩士論文。

呂瑋修（2008）。**國民小學教育國際化指標建構之研究──以臺南市為例**，國立臺南大學教育經營與管理研究所碩士論文。

李振清（2010）。提升教育國際化與競爭力的共識與挑戰。**臺灣教育，第663期**，頁2-11。

林全義（2010）。國際交流(二)，**教育部99年中小學國際教育實務工作坊議程手冊**，頁102-108，嘉義縣：國立中正大學教育研究所。

林素卿（2012）。課程如國際文本──全球教育課程與實踐之省思。**研習資訊，28**，17-23。

林美玲（2015）。**臺中市國民小學推動國際教育計畫之現況與成效**，南華大學國際事務與企業學系碩士論文。

邱玉蟾（2011）。學校推動國際教育應有的認識，臺北市中等學校校長協會電子報，取自http://web.fg.tp.edu.tw/~tispa/blog/epaper/02/word/d2-3.pdf。

張明文、吳清明、蔡聖賢（2009）。從個別化、本土化與全球化分析桃園縣中等教育之創新行為。**教育資料集刊，第42輯**，頁43-74。

張明文、陳盛賢（2006）。桃園縣初等教育國際化及其政策。**教育資料與研究雙月刊，第71期**，頁63-78。

張欽盛（2006）。臺灣教育國際化的政策與措施。**教育資料與研究雙月刊，第71期**，頁1-16。

張煜琳、鄭杏玲、陳信良、林作賢、林作逸、張維中、蔡瓊慧、蕭淑惠、林建和（2011）。**新北市中小學國際教育規劃之研究**。新北市：新北市政府教育局。

張碧娟（2013）。現階段高中國際教育的評析與展望。**教育研究月刊，230**，27-40。

教育部（2011）。**中小學國際教育白皮書**。臺北市：教育部。

郭喬雯（2012）。**從臺灣國民小學教師參與國際教育融入課程之過程探究教師專業成長歷程**。國立暨南國際大學比較教育學系碩士論文。

陳弘哲（2010）。**英國中小學階段國際教育策略之研究**。國立暨南國際大學比較教育學系碩士論文。

陳怡如（2011）。臺灣中等學校國際教育實施現況與未來發展。**教育資料集刊**，第50輯，頁1-26。

陳惠邦（2013）。論國際教育的理念與實踐。**教育研究月刊，230**，5-13。

黃乃熒（2008）。臺灣高等教育政策領導之全球在地發展的建構。**教育資料與研究**，第**84**期，頁1-24。

黃乃熒（2009）。臺灣推動中小學國際教育之行動建構。**教育資料集刊**，第**42**輯，頁1-24。

黃乃熒（2011）。**全球領導與國際教育**。臺北市：學富文化。

黃碧智（2012）。**臺灣中小學國際教育白皮書之推動與反思——國民小學學校本位融入課程規劃之個案研究**，國立暨南國際大學國際文教與比較教育學系博士論文。

董進彬（2011）。**桃園縣國民小學國際教育交流之個案研究**，臺北市立教育大學教育行政與評鑑研究所教育行政碩士學位在職進修專班碩士論文。

詹盛如（2010）。國際組織與英澳國際教育政策分析。中小學國際教育專業知能研習，嘉義縣：中正大學。

詹盛如（2011）。國際組織與英澳國際教育政策分析。**教育部100年中小學國際教育專業知能研習手冊**。嘉義縣：中正大學。

詹盛如（2013）。國際教育政策：中央與地方政府之比較分析。**國民教育**，第53卷第4期，頁93-97。

臺北市政府教育局（2002）。**臺北市教育國際交流白皮書**。臺北市：臺北市政府。

臺北市政府教育局（2011）。**2011-2016臺北市全球教育白皮書**。臺北市：臺北市政府。

劉慶仁（2006）。英國中小學國際教育之推展。**教育資料與研究雙月刊，第71期，**頁87-108。

潘道仁、沈宥廷（2010）。國際交流實務分享。**教育部99年中小學國際教育實務工作坊議程手冊**，頁109-117。嘉義縣：國立中正大學教育研究所。

鍾鼎國（2010）。學校國際化(一)。**教育部99年中小學國際教育實務工作坊議程手冊**，頁48-51。嘉義縣：國立中正大學教育研究所。

顏佩如（2005）。全球教育發展與內涵之研究。課程與教學系列專題講座當代課程**教學的新課題**。臺北市：課程與教學學會。

(二) 英文部分

Epstein, S. (1994). "Integration of the Cognitive and the Psychodynamic Unconscious." *American Psychologist, 49*, pp.709-724.

Hayden M. C. and Thompson J. J. (1995). "Perceptions of International Education: A Preliminary Study." *International Review of Education, 41*(5), pp.389-404.

Higgins, P., & Kirk, G. (2006). "Sustainability Education in Higher Education." *Journal of Higher Education*, 30(2), pp.313-326.

Hill, I. (2007). "Multicultural and International Education: Never the Taiwan Shall Meet?" *International Review of Education*, 53, pp.245-264.

Hinchcliff-Pelias & Greer, N. S. (2004). "The Importance of Intercultural Communication in International Education." *International Education, 33*(2), pp.5-18.

Husén, T., & Postlethwaite, T. N. (Eds.) (1994). The International Encyclopedia of Education (2nd ed.). Oxford, United Kingdom: Pergamon Press.

Knight, J., & De Wit, H. (1995). Strategies for internationalization of higher education: Historical and conceptual perspectives. In H. De Wit (Ed.), *Strategies for internationalization: A comparative study of Australia, Canada, Europe and the United States of America*. Amsterdam, Netherlands: EAIE Secretariat.

Parker, W. C. (2008). "International Education: What's in a Name? " *Phi Delta Kappan, 90*(2), pp.196-202.

Pasternak, M. (2008). "Is international Education a Pipe Dream? A Question of Values."In

M. Hayden & J. Thompson (Eds.) *International Education Principles and Practice*, pp.253-275, London: Taylor & Francis.

Shallcross, T., & Loubser, C., & Roux, C. L., & O'Donoghue, R., & Lupele, J. (2006). *"Promoting Sustainable Development through Whole School Approaches: An International, Intercultural Teacher Education Research and Development Project."* Journal *of Educaion for Teaching, 32*(3), pp.283-301.

UNESCO (1974). *Recommendation concerning education for international understanding, co-operation and peace and education relating to human rights and fundamental freedoms*. Paris, French: Author.

UNESCO (2004). *What is international education? UNESCO answers*. San Sebastian, Spain: Author.

問題與討論

一、臺灣中小學如何透過虛擬實境（Virtual Reality, VR）與大數據推動
　　國際教育？

二、在全球化與國際化的趨勢下，臺灣地區中小學推動國際教育，應該如
　　何與國際重大議題接軌？

第十三章

香港高等教育評鑑
人員專業培訓制度
對我國之啓示

陳盈宏

人有不爲也，而後可以有爲 　　　　　　　　　　　　　　　～孟子

 前言

　　香港及我國同爲亞洲四小龍，亦同樣重視高等教育人才的培養及高等教育品質的提升，更將「大學評鑑」作爲維繫高等教育競爭力及品質的重要政策工具之一（楊瑩，2010；黃慧心，2015）；根據2016年博鰲論壇公布的《亞洲競爭力報告》，在37個亞洲經濟體中，香港排名爲第二，我國居第四（林則宏，2016），另外，綜觀各項國際評比結果（上海交通大學，2015；International Institute for Management Development, 2015; International Institute for Management Development, 2016; Quacquarelli Symonds, 2016），香港的高等教育發展近年來極富競爭力，例如：瑞士洛桑國際管理發展學院（International Institute for Management Development，以下簡稱IMD）在2015年公布的世界人才報告（IMD World Talent Report），香港爲第12名（臺灣爲第23名）、IMD在2016年公布的世界競爭力年報（IMD World Competitiveness Yearbook），香港爲第1名（臺灣爲第14名）、英國高等教育調查機構Quacquarelli Symonds於2016年6月14日公布2016亞洲最佳大學排行榜，在前十名大學中，香港大學占了四名[1]、上海交通大學於2015公布的世界大學學術排名，表現最好的香港大學之排名區間爲151至200名，分別爲香港科技大學及香港大學（臺灣排名最佳大學爲臺灣大學，亦在此一區間）。

　　雖然，各類國際評比之準確度與對大學的整體評價代表性受到各界不少質疑（王雅玄、陳幸仁，2012；秦夢群、曾柏璣，2015），但從不同國際評比所得到的相似結果，在高等教育發展及人才競爭力方面，香港是我國主要的競爭對象。有鑑於香港及我國皆將大學評鑑作爲維繫高等教育競爭力及品質的重要政策工具之一，且「評鑑人員專業

1　香港大學爲第2名，香港科技大學爲第4名，香港城市大學爲第7名，香港中文大學爲第8名，至於臺灣排名最佳大學爲臺灣大學，其排名爲第21名。

化程度」爲決定高等教育評鑑品質之關鍵因素（吳清山，2010；陳盈宏，2016；黃曙東、蘇錦麗，2010；侯永琪，2010）；據此，本文藉由對香港高等教育評鑑人員專業培訓制度內涵之探討，將可作爲我國大學評鑑制度未來調整之參考。

貳　香港高等教育評鑑的具體做法與改革趨勢

香港的高等教育品質保證工作發展於1990年代初期，由於當時香港政府希望透過大學數量擴張，以提升淨在學率（預期目標由2%至18%），所以將高等品質保證工作重點聚焦於大學學位（本科）課程，在2000年時，香港政府進一步將「副學位」（Sub-Degree）及「資歷架構」（Qualifications Framework）納入高等教育品質保證工作重點（黃慧心，2009；楊瑩，2010；侯永琪，2010）。

香港爲亞太地區最早創立「高等教育外部品質保證機構」的地區，其主要的高等教育品質保證機構，包括大學教育資助委員會、聯校品質檢討委員會及香港學術及職業資歷評審局（Hong Kong Council for Accreditation of Academic and Vocational Qualifications，以下簡稱學術及職業資歷評審局），其任務與負責的校院性質並不相同，大學教育資助委員會主要針對其所資助的校院學士部分、聯校品質檢討委員會則針對前開學校副學士部分，至於學術及職業資歷評審局則針對未獲自我認可資格的院校進行品質認可，直到這些院校具備提出自評資格爲止；大學教育資助委員會、聯校品質檢討委員會、學術及職業資歷評審局的進行程序皆先由受評單位先行自評、專家實地訪視，進而提出報告等，進行方式與我國相似（黃慧心，2015；楊瑩，2010）。三者任務與程序之比較如下表1。

學術及職業資歷評審局爲香港高等教育體系唯一的外部認可機構，其成立於在1990年（名稱原爲香港學術評審局），並在2007年10月1日，根據《香港學術及職業資歷評審局條例》及《學術及職業資歷評審條例》（第592章）進行改名及改組，除了針對香港高等教育機構進行認可，最主要任務之一爲辦理促進評鑑專業培訓活動，以提升高等教育品質保證品質（香港學術及職業資歷評審局，2015），其教材有

表1
香港高等教育品質保證機構一覽表

品質保證機構	任務	品質保證程序
大學教育資助委員會	對其所資助的校院（具自我認可資格）本科工作進行品質檢討（review）。	1. 受評單位先進行自我評鑑。 2. 專家小組進行實地訪查。 3. 專家小組提交報告，做出認可或檢討結果。
聯校品質檢討委員會	對大學教育資助委員會所資助院校（具自我認可資格）的副學位課程進行品質檢討。	
香港學術及職業資歷評審局	對於未獲自我認可資格的院校進行品質認可，直到這些院校獲得自我評鑑資格。	

資料來源：本文整理自黃慧心（2015）及楊瑩（2010）

參照國際品質保證機構課程資料，亦有針對培訓課程實施成效的評估機制，以強化參與人員專業知能，且講師的教學方式多元，包括討論、實作與工作坊等方式進行，有助促進人員實作能力，俾利後續評鑑之進行。關於學術及職業資歷評審局所開設的評鑑人員培訓課程之特色，茲說明如下表2：

表2
學術及職業資歷評審局評鑑人員培訓課程之特色

向度	特色內容
辦理單位	學術及職業資歷評審局為香港促進評鑑專業的培訓課程之專職辦理單位，可強化培訓課程的系統性，並讓評鑑課程制度化。
培訓對象	學術及職業資歷評審局將大學校院相關人員、認可委員及該局內部人員皆視為促進高等教育品質的關鍵人員，為其提供各類培訓課程。
課程實施	課程實施方式多元，包括： (1)定期培訓活動[2]：為期一天，上午場次為評鑑專業知能課程[3]，主要以小組討論方式進行；下午場次為實際案例的模擬實作課程[4]，主要以角色扮演方式進行。

---

2 2014年4月1日至2015年3月31日，共舉辦30場，參與人次約969人。

3 課程內容重點為評鑑倫理、評鑑資料查證知識、評鑑方案內涵等。

4 課程內容重點為實地訪視技巧、評鑑資料分析及解釋等實際操作及練習。

續表2

向度	特色內容
	(2)工作坊：針對特定主題不定期辦理，2014年為「資歷學分工作坊」[5]。 (3)說明會、簡報會議或主題研討會[6]。
講師人力	由學術及職業資歷評審局「研究、發展及培訓組」的主任與1名博士級人員擔任，未來將邀請局外人員擔任培訓課程之講師，目前並未有聘任國外講師的規劃。
教材編制	除了結合學術及職業資歷評審局的認可實務個案外，並利用及轉化高等教育品質保證國際機構所提供的教材內容[7]。
成效評估	具有課程品質管理系統，例如：針對曾參與培訓課程的相關人員之意見調查及分析，以修正培訓課程、針對培訓課程參與人員進行前測及後測，以瞭解學習情形。

資料來源：本文整理自侯永琪（2010）、香港學術及職業資歷評審局（2016）

參　我國高等教育評鑑現況

　　近年來，我國高等教育發展由菁英化邁向普及化，但是也面臨全球化、少子女化、政府財政緊縮等環境變數的衝擊；爲確保我國高等教育品質，教育部採用評鑑作爲促進高等教育機構自我改善及持續發展的政策工具之一（王如哲，2014；吳清山、王令宜，2012）。我國大學評鑑政策發展始於1975年學門評鑑，在2009年修正的《大學評鑑辦法》更將評鑑類別明定爲校務評鑑、院系所及學位學程評鑑、學門評鑑、專案評鑑；另外，隨著2006年財團法人高等教育評鑑中心基金會成立，加上社團法人臺灣評鑑協會、中華工程教育學會及華文商管學院認證中心等，更象徵我國大學評鑑邁入專責機構辦理階段（王如哲，2014；楊瑩，2010；陳盈宏，2016）。關於我國大學評鑑政策發展重要紀事，說明如表3。

5　2014年4月1日至2015年3月31日，共舉辦7場，參與人數約250人。

6　2014年4月1日至2015年3月31日，共舉辦2場，參與人數約60人。

7　例如：「高等教育品質保證國際網絡」（International Network for Quality Assurance Agencies in Higher Education, INQAAHE）所發展的評鑑課程教材。

表3

我國大學評鑑政策發展重要紀事

年份	重要紀事
1975	由教育部主導，開始實施學門評鑑
1992	委託「臺灣電機工程學會」、「中國機械工程學會」與「中華民國管理科學學會」辦理學門評鑑工作
1994	修正大學法及其施行細則，明確規範教育部負有評鑑大學之責任。
2004	社團法人臺灣評鑑協會成立，接受教育部委託負責辦理大學校務評鑑
2006	財團法人高等教育評鑑中心基金會約2005年底成立，接受教育部委託負責辦理第一週期大學系所評鑑
2007	訂定大學評鑑辦法
2009	訂定大學自我評鑑結果及國內外專業評鑑機構認可要點
2012	訂定「教育部試辦認定大學校院自我評鑑結果審查作業原則」
2013-2016	教育部委託財團法人高等教育評鑑中心基金會辦理通識教育暨第二週期系所評鑑
2014-2019	教育部委託社團法人臺灣評鑑協會辦理103-108學年度科技大學及技術學院綜合評鑑
2017-2018	教育部預定委託財團法人高等教育評鑑中心基金會辦理第二週期大學校院校務評鑑

資料來源：本文整理自吳清山（2010）、池俊吉（2016）、孫志麟（2014）及楊瑩（2010）

　　時至今日，我國大學評鑑政策發展呈現諸多特色，包括：從局部評鑑至全面評鑑、從等第評鑑到認可評鑑、從政府主導到專業評鑑機構辦理、專業評鑑機構多元化、促使各校完成自我品質保證機制等（江東亮，2015；吳清山、王令宜，2012；陳曼玲，2012）；但是，對於同一個評鑑政策議題，除了常存在不同立場的爭論，對於當前大學評鑑政策更有許多質疑聲浪，例如：外部評鑑與大學自治的衝突、非自願性及強制性的評鑑制度、評鑑委員的專業性、評鑑指標的變化與爭議、評鑑行政作業繁重、評鑑機構的公信力受到挑戰等（孫志麟，2014；陳盈宏，2016；秦夢群、陳遵行，2012；湯堯，2011）。

　　在大學評鑑政策規劃理念方面，當前財團法人高等教育評鑑中心基金會正在辦理的105年度通識教育暨第二週期系所評鑑及社團法人臺灣

評鑑協會正在進行的105年度科技大學及技術學院綜合評鑑，皆係以認可制評鑑核心概念爲基礎。在大學評鑑政策實施內容方面：以105年度第二週期系所評鑑爲例，係從「過程面」強調「學生學習成效評估機制之落實」，包括受評學校自我評鑑、評鑑委員實地訪查、認可結果決定（通過、有條件通過及未通過）、評鑑救濟（申復及申訴）、評鑑結果公告等評鑑程序；另外，第二週期系所評鑑包括5個評鑑項目[8]，每個評鑑項目列有核心指標，屬共同必須評鑑，但亦鼓勵各系所自訂特色指標（財團法人高等教育評鑑中心基金會，2014）。

　　在評鑑實施過程，「評鑑人員具備評鑑專業知能」是評鑑結果可信度重要影響因素之一，因此專業評鑑機構應提供相關培訓課程，以提升評鑑人員的評鑑專業知能，進而促進評鑑品質（江東亮，2015；黃曙東、蘇錦麗，2015）。另外，依《大學評鑑辦法》第2條規定，「提供大學評鑑相關人員之培訓課程」係爲教育部所應規劃之大學評鑑事務，且必要時得委由教育部與大學共同成立之財團法人高等教育評鑑中心基金會規劃及擬訂工作計畫。

　　目前我國主要負責高等教育評鑑及認可的專業評鑑組織，包括：財團法人高等教育評鑑中心基金會、社團法人臺灣評鑑協會、中華工程教育學會及中華民國管理科學學會，本文作者曾於2015年9月11至15日親自致電財團法人高等教育評鑑中心基金會、社團法人臺灣評鑑協會、中華工程教育學會、中華民國管理科學學會華文商管學院認證中心，並瀏覽其官方網站，且參考相關文獻，例如：池俊吉（2010）及李珮如（2011）等，以瞭解目前臺灣高等教育專業評鑑機構的評鑑人員培訓課程開設情形。

　　以財團法人高等教育評鑑中心基金會爲例，評鑑人員培訓課程的培訓對象爲參與一般大學之校務評鑑、系所評鑑與通識評鑑之評鑑委員；再者，評鑑人員培訓課程之教材內容爲財團法人高等教育評鑑中心基金會自行研發，尚無引用國外專業評鑑機構的評鑑教材；此外，教學

8　(1)目標、核心能力與課程；(2)教師、教學與支持系統；(3)學生、學習與支持系統；(4)研究、服務與支持系統；(5)自我分析、改善與發展。

成效評量方面，主要是以參與人員的課程滿意度為主要評估方式，並無進一步的學習測驗，以瞭解參與人員的學習成效；另外，關於社團法人臺灣評鑑協會、中華工程教育學會及中華民國管理科學學會之評鑑人員培訓課程開設情形，雖因評鑑對象不同而略有差異，惟其教材內容與學習成效評估方式，與前開財團法人高等教育評鑑中心基金會並無太大差異，茲說明如表4。

表4
各專業評鑑機構之評鑑人員培訓課程開設情形

向度	財團法人高等教育評鑑中心基金會	社團法人臺灣評鑑協會	中華工程教育學會	中華民國管理科學學會華文商管學院認證中心
培訓對象	一般大學的校務評鑑、系所評鑑、通識評鑑等之評鑑委員。	科技大學、技術學院及專科的校務評鑑、系所評鑑之評鑑委員。	工程、資訊、建築及設計等系所認證委員。	華文商管學院認證中心之委員（顧問輔導教授）。
課程實施	1.包括「必修課程」[9]及「選修課程」[10]。 2.新進評鑑委員皆必須修習「必修課程」。 3.「選修課程」則依照當年度評鑑	1.包括「基礎課程」[11]（必修）及「核心課程」（選修）。 2.新任評鑑委員皆必須修習「基礎課程」。 3.針對當年度受委	1.新任委員必須接受一次「新任委員研習會」[12]。 2.現任委員每年須不定期登入「線上研習系統」，以瞭解最新認證發展。	1.顧問輔導教授：三年一任，任期內至少有18小時以上之討論學習[13]。 2.專案小組：針對每間學校屬性籌組專案小組，

---

9 2015年開設評鑑倫理與實務、評鑑報告撰寫及學生學習成效品質保證；2016年尚未開設。

10 以2015年為例，針對「大學校務研究與學校發展實例」、「如何發展大學通識教育特色」、「如何發展大學辦學特色」等主題辦理大學辦學領航系列講座；2016年尚未辦理。

11 基礎課程包括技職教育理念、認可制評鑑定位與精神及評鑑作業說明等三門課程。

12 新任委員研習會內容包括：IEET簡介與國際協定、認證規範、認證意見撰寫與結果判定、認證程序與實地訪評、認證委員之角色與任務、認證委員平臺介紹。

13 針對每間學校屬性而安排的2位顧問輔導教授，至學校進行輔導之前，須先行討論凝聚兩人共識，並由資深顧問教授以「做中學」方式，在討論過程中給予專業建議。

續表4

向度	財團法人高等教育評鑑中心基金會	社團法人臺灣評鑑協會	中華工程教育學會	中華民國管理科學學會華文商管學院認證中心
	重點議題進行規劃。	託評鑑業務特性,開設「核心課程」[14]。		5-7位委員,並進行書面審查研習[15]及實地審查研習[16]。
講師人力	必修課程以內部人員為主;選修課程則會邀請外部人員。	以內部人員為主。	以內部人員為主。	以內部人員為主。
教材編制	自行研發	自行研發	自行研發	自行研發
成效評估	針對參與人員進行滿意度調查。	針對參與人員進行滿意度調查。	針對參與人員進行滿意度調查。	針對參與人員進行滿意度調查。

資料來源:本文自行整理

肆　香港高等教育評鑑人員專業培訓制度對我國的啓示與建議

一、應整合各專業評鑑機構評鑑專業發展資源

依香港做法,大學教育資助委員會及聯校品質檢討委員會係針對八所具自我認可資格的大專校院本科及副學位進行品質檢討;學術及職業資歷評審局為唯一針對不具自我認可資格的大專校院之外部認可品保機構,亦負責針對評鑑人員開設專業培訓課程;三者之間功能區隔清楚,較無重複評鑑或是資源浪費之情形。而我國四個高等教育品質保證

---

14 核心課程包括「評鑑表冊運用」、「評鑑倫理與實務」、「評鑑報告撰寫」、「資深評鑑委員工作坊」、「評鑑指標意涵探討」等。

15 由認證中心說明認證指標之設計、定義、衡量基準、審查流程以及工作重點。

16 係指實地審查之前,由認證中心說明審查流程、工作分配以及教職員生訪談重點。

專業評鑑機構中，雖評鑑對象方面略有差異，也各有其評鑑委員培訓機制，惟可能產生不同專業機構評鑑所聘任的同位評鑑委員重複接受類似課程之問題，如：財團法人高等教育評鑑中心基金會及社團法人臺灣評鑑協會皆開有「評鑑倫理與實務」及「評鑑報告撰寫」課程，且兩者皆為高等教育進行校務與系所評鑑等，因此建議可整合各專業評鑑機構評鑑專業發展資源，發揮資源互惠共享之效用，如規劃各專業評鑑機構評鑑人員共同培訓課程，並檢視各專業評鑑機構間評鑑委員名單之差異，以減少重複受訓之問題。

二、針對評鑑相關人員均應開設專業培訓課程

依香港做法，學術及職業資歷評審局係將大學校院相關人員、認可委員及學審局內部人員皆視為促進高等教育品質的關鍵人員，為其提供各類培訓課程，且不論定期性或機動性課程，皆有明確的課程主題與目的。觀之我國目前四個主要專業評鑑機構，僅針對評鑑委員開設培訓課程，對於大學校院相關人員、評鑑機構內部人員等，並無相對應之培訓課程，容易造成校內行政或相關人員對於評鑑一知半解，或評鑑結果之錯誤解讀等，進而造成評鑑結果之誤用；因此，本文建議我國高等教育專業評鑑機構除了對評鑑委員應有一系列之培訓課程外，對於大學校院相關人員、評鑑單位內部人員，甚或教育主管單位相關人員等，皆應規劃及開設系統化的專業培訓課程，並針對其人員性質差異提出相對應之課程主題與目的，以促進評鑑品質。

三、以實務個案作為專業培訓課程設計及教材編寫之核心，並強調實作練習

依目前香港做法，不論是定期或非定期的培訓課程，學術及職業資歷評審局皆將實務個案作為培訓課程內容重點，透過實例模擬實作，發展每位參與人員的評鑑能力及滿足其專業需求。觀之我國目前四個主要的專業評鑑機構所開設的培訓課程，較偏向靜態的知識傳授，並未針對評鑑實務實施過程的各種困難，進行適宜之模擬實作，容易造成評鑑人員所提出的評鑑結果有隔靴搔癢之憾。因此，本文建議後續我國高等教

育專業評鑑機構，可強化案例蒐集，並轉化爲教材內容，且採用角色扮演或實例討論等教學方式。

另外，在補充教材方面，本文尚建議專業評鑑機構可主動依據不同評鑑向度（評鑑法制、評鑑專業化、評鑑救濟等），系統化建置及分析評鑑資料，並定期出版大學評鑑資料分析報告，以客觀證據具體回應常見質疑或現存問題，進而促進評鑑人員的評鑑專業知能；另外，從評鑑研究觀點，專業評鑑機構擁有許多寶貴的第一手資料，例如：「受評單位及評鑑委員對於實地訪評的問卷調查結果」及「實地訪評工作日誌」等，可在合乎相關法令規範前提下，研擬讓外界合理使用的申請辦法，也有利作爲評鑑人員主動強化本身評鑑專業能力之資訊來源。

四、評鑑人員培訓課程評估方式應多元化

依香港做法，學術及職業資歷評審局所建置的評鑑人員培訓課程品質管理系統之課程回饋方式包括滿意度調查、前測、後測等，其主要目的在於瞭解評鑑人員培訓課程實施成效，並據以進行課程調整及改善。觀之我國目前四個主要專業評鑑機構，主要僅以滿意度調查作爲評鑑人員培訓課程評估方式，因此，本文建議我國高等教育專業評鑑機構的評鑑人員培訓課程，應有多元的課程評估方式，以更具體掌握課程實施成效，並據以作爲後續課程改善之參據。

參考文獻

(一) 中文部分

上海交通大學（2015）。世界大學學術排名。取自http://www.shanghairanking.cn/

王如哲（2014）。我國高等教育評鑑制度的回顧與前瞻。評鑑雙月刊，**50**。取自
　　http://epaper.heeact.edu.tw/archive/2014/07/01/6185.aspx

王雅玄、陳幸仁（2012）。教育成就國際評比之後殖民反思──以IEA爲例。教育資
　　料與研究，**107**，167-193。

江東亮（2015）。準備中的第二週期大學校務評鑑。**評鑑雙月刊，57**。取自http://epaper.heeact.edu.tw/archive/2015/09/01/6409.aspx

池俊吉（2010）。持續推動評鑑委員專業制度 精進評鑑品質。**評鑑雙月刊，24，**21-24。

池俊吉（2016）。「第二週期大學校院校務評鑑實施計畫草案說明會」簡報。取自http://www.heeact.edu.tw/ct.asp?xItem=15931&ctNode=327&mp=2

吳清山（2010）。高等教育評鑑議題研究。臺北市：高等教育。

吳清山、王令宜（2012）。**高等教育評鑑沿革**。載於財團法人高等教育評鑑中心基金會主編，我國高等教育評鑑發展與實務（頁2-15）。臺北市：高等教育。

李珮如（2011）。評鑑委員培訓研習與評鑑實務。**評鑑雙月刊，33**。取自http://epaper.heeact.edu.tw/archive/2011/09/01/4817.aspx

林則宏（2016）。**臺灣競爭力，四小龍最糟**。取自http://udn.com/news/story/7238/1581538

侯永琪（2010）。亞洲高等教育評鑑委員專業訓練之剖析——以香港及澳洲為例。**評鑑雙月刊，24，**取自http://epaper.heeact.edu.tw/archive/2010/03/01/2681.aspx

香港學術及職業資歷評審局（2015）。**年報**（2014-2015年）。取自http://www.hkcaavq.edu.hk/files/publications/annual-reports/AR2014-2015.pdf

香港學術及職業資歷評審局（2016）。**培訓活動**。取自http://www.hkcaavq.edu.hk/zh/services/training

孫志麟（2014）。大學系所評鑑制度的省思：問題與展望。發表於2014年「高等教育內外部品質保證：亞洲發展與趨勢」國際學術研討會，2014年10月2-4日假國家教育研究院臺北院區舉行，臺北市。

秦夢群、陳遵行（2012）。臺灣高等教育評鑑制度與實施之分析研究。**教育資料與研究，106，**105-142。

秦夢群、曾柏璣（2015）。世界主要大學排名系統與指標之探討。**教育研究月刊，257，**68-87。

財團法人高等教育評鑑中心基金會（2014）。104年度大學校院通識教育暨第二週期系所評鑑實施計畫。取自http://www.heeact.edu.tw/public/Attachment/572313253230.pdf

陳盈宏（2016）。從「評鑑機構專業化」觀點析論大學評鑑品質之精進策略。**臺灣教育評論月刊，5**(3)，25-28。

陳曼玲（2012）。教育部推評鑑新制，34所大學優先試辦自我評鑑。**評鑑雙月刊，**39。取自http://epaper.heeact.edu.tw/archive/2012/09/01/5852.aspx

湯堯（2011）。從教學與學習談大學評鑑之表象運作與真相探索。**教育行政研究，1**(2)：153-168。

黃慧心（2015）。**香港大學品質保證制度與實踐**。載於蘇錦麗主編，高等教育機構品質保證制度與實踐：國際觀與本土觀，253-267。臺北市，財團法人高等教育評鑑中心基金會。

黃曙東、蘇錦麗（2010）。教育評鑑人員專業發展之研究。**教育研究與發展期刊，6**(3)，115-146。

(二) 英文部分

Quacquarelli Symonds (2016). *QS University Rankings: Asia 2016*. Retrieved from http://www.topuniversities.com/university-rankings/asian-university-rankings/2016#sorting

International Institute for Management Development (2016). *IMD World Competitiveness Scoreboard*. Retrieved from https://www.imd.org/uupload/imd.website/wcc/scoreboard.pdf

International Institute for Management Development (2015). *IMD World Talent Report 2015*. Retrieved from http://www.imd.org/uupload/IMD.WebSite/Wcc/NewTalentReport/Talent_2015_web.pdf

問題與討論

一、何謂評鑑？評鑑對於高等教育發展的意義為何？

二、香港高等教育品質保證制度發展現況、問題及趨勢為何？在促進評鑑人員專業方面，有哪些具體措施？

三、我國高等教育品質保證制度發展現況、問題及趨勢為何？在促進評鑑人員專業方面，有哪些具體措施？

第十四章

學習乎？勞雇乎？——論大學兼任助理身分認定爭議

許泰益

面對光明，陰影就在我們背後　　　　　　　～海倫‧凱勒

 壹　背景說明

　　行政機關依法行政，乃法治國家之基本要求，行政機關一切行政行為必須依法為之，必須符合法令之規範，或有法律授權之基礎。簡而言之，在法的範圍內達成行政目的。是以，「依法行政」為公務員首要原則，公務員在辦理國家公務，應遵守國家法令，依法律命令執行職務，行政機關既訂有明確法令規章，即應遵守該規章，始符合依法行政原則。依此原則，勞動部基於勞工行政主管機關之立場，為規定勞動條件最低標準，保障勞工權益，加強勞雇關係，促進社會與經濟發展（《勞動基準法》第1條第1項參照），依據《勞動基準法》之相對規定，就大學校院與兼任助理間僱傭關係之有無，要求學校就其情形以人格從屬性、經濟從屬性及其他法令之規定綜合判斷。但兼任助理之樣態多元，工作性質互異，要學校從抽象的從屬性作綜合的判斷確實不易，且翻轉了學校傳統的師生倫理關係，學校間一場僱傭關係與非僱傭關係之論戰，乃至因而減少僱用兼任助理以為因應之措施所引起之爭議，遂從此展開。

　　學校教育體制中，有施教者和受教者雙方。傳統上，受教者是被施教者「傳道、授業、解惑」的對象。正如《說文解字》內所言：「教，上所施，下所效也；育，養子使作善也。」《禮記‧學記篇》亦言：「教也者，長善而救其失者也。」既然必須使之作善，而且更須長善而救其失，如從此一面向切入，學校教育應不單單只是讓受教者學習即已足，而是要讓受教者學好才是學校教育的本質。因此，學校透過申請、甄選、考試等多元入學方式錄取學生後，經由有計畫的系列課程與教學活動教育學生，希冀學生達成上開教育目的。就此面向言，大學兼任助理或工讀生在教師或行政人員指導下從事各項工作，本質上是一種學習。但自從高等教育產業工會基於兼任助理勞動之事實，主張應認定為僱傭關係，積極為此等學生爭取納入勞健保，從102年11月發起「學校欠我勞健保」行動，繼之，不少大學校院學生團體亦紛紛響應，遂造

成學校很大困擾。爲協助學校解決此一紛擾，教育部及勞動部於104年6月17日分別發布《專科以上學校強化學生兼任助理學習與勞動權益保障處理原則》（下稱處理原則）及《專科以上學校兼任助理勞動權益保障指導原則》（下稱指導原則），作爲各校處理之準據。其中處理原則第一點明定學生兼任助理，包括兼任研究助理、兼任教學助理、兼任研究計畫臨時工及其他不限名稱之學生兼任助理。指導原則第二點第一項明定所稱兼任助理，指受學校僱用之學生，並受學校或其代理人指揮監督，從事協助研究、教學或行政等工作，而獲致報酬者。同點第二項規定學校與兼任助理間僱傭關係之有無，應就其情形以人格從屬性、經濟從屬性及其他法令之規定綜合判斷。更明確言之，定位學生兼任助理究屬學習或勞務之分際，從指導原則第五、六點可看出，學習範疇係參酌前行政院勞工委員會102年9月2日勞職管字第1020074118號函中，有關「課程學習」範疇或「服務學習」範疇。非屬學習範疇而僅存有提供勞務獲取報酬之工作事實，並具有從屬關係者，屬勞動契約關係。

貳　爭點分析

從上揭指導原則第二、五、六點之規定觀之，兼任助理獲有報酬，與學校間具有人格從屬性及經濟從屬性者，則屬僱傭關係，爲具「勞工」身分之定位，學校必須爲渠等辦理勞工及全民健康保險。如此規定，學校勢必增加人事預算支出，相對排擠到其他經常性預算的支出或發展性預算，遂將以刪減僱用人數因應，卻造成學生強烈反彈，而有山雨欲來之勢。此類學生與學校間之關係究爲學習乎？勞雇乎？筆者提出以下之觀點，就教於諸位先進，首先從大學教育目的談起。

一、大學教育有預定達成之目的

「大學以研究學術，培育人才，提升文化，服務社會，促進國家發展爲宗旨。」此爲《大學法》第1條第1項所明定，揭示大學教育預定達成之目的。依據前述宗旨，學校設計出一系列有目的的活動來幫助學生成長，使他們畢業之後能有效的適應社會生活，發揮所能服務社會，進而促進國家發展。基此，兼任助理或工讀生其屬性爲何，須從僱

用者擬達成之目的論之。學校如主張是學校教育過程中學習的一環，不是僱傭關係，則必須能明確指出是爲達成哪一項教育目的，諸如透過擔任研究助理的歷練，增進學生學術研究的能力；透過工讀的機會，促進學生服務社會學習等，而不能不闡明其教育目的，即主張屬學習範疇。處理原則第四點所定「學生擔任屬課程學習或服務學習等以學習爲主要目的及範疇之兼任助理及教學助理等，非屬於對價之僱傭關係之活動」可資參照。或者主張，根據同時學習原則，在同一個教學活動中，是要使學生同時學到認知、技能及情意。透過同時學習原則，學生才能拓廣學習網路，觸類旁通，而擔任助理或工讀生的機會就是在拓廣渠等學習網絡等足以說服主管機關的一套說詞，而不是一味的否定勞雇關係。否則，基於機關本位的立場，就難有交集。或者再從學習的角度，依據美國學者克伯屈（W. H. Kipatrick）之見解，主張此類學生是一種副學習，學習教學活動以外相關的認知、技能或情意；或是一種輔學習，學習教學活動有關的情意層面，如理想、態度、興趣等（許泰益，2009），畢竟大學教育的目的多元。

二、界定學校與兼任助理學生間屬僱傭關係有待商榷

傳統上，在公立學校與學生間之法律關係，我國學說上向來指「營造物利用關係」（吳庚，2012），或「特別權力關係中營造物利用關係」（陳敏，2009）。所謂特別權力關係，係指國家或公共團體等行政主體基於特別的法律原因，在一定範圍內，對相對人有概括的命令強制之權力，從而另一方面之相對人卻負有服從義務（翁岳生，2000）。但傳統上之特別權力關係，在司法院釋字第684號解釋文：「大學爲實現研究學術及培育人才之目的或維持學校秩序，對學生所爲行政處分或其他公權力措施，如侵害學生受教權或其他基本權利，即使非屬退學或類此之處分，本於憲法有權利即有救濟之意旨，仍應許權利受侵害之學生提起行政爭訟，無特別限制之必要。」此一解釋公布後，大學生與學校間之特別權力關係已經被突破。至於私立學校，依司法院釋字第382號解釋理由書第二段「……私立學校係依私立學校法經主管教育行政機關許可設立並製發印信授權使用，在實施教育之範

圍內，有錄取學生、確定學籍、獎懲學生、核發畢業或學位證書等權限，係屬由法律在特定範圍內授與行使公權力之教育機構，於處理上述事項時亦具有與機關相當之地位。……。」概言之，私立學校涉及處理上述學生受教權及學習權的部分，具有行政機關地位，從而與學生間之法律關係仍為公法關係，先予敘明。

　　勞動部稱兼任助理與學校間屬僱傭關係，此關係屬私法關係。而「稱僱傭者，謂當事人約定，一方於一定或不定之期限內為他方服勞務，他方給付報酬之契約。」《民法》第482條定有明文。依此規定，受僱者係勞務之提供，一般指勞力，且有排他性，即一方為他方服勞務。又《勞動基準法》第2條第1款「勞工：謂受雇主僱用從事工作獲致工資者。」第3款「工資：謂勞工因工作而獲得之報酬；包括工資、薪金及按計時、計日、計月、計件以現金或實物等方式給付之獎金、津貼及其他任何名義之經常性給與均屬之。」

　　依上開各法規定，就現況言，大學校院學生在校兼任之型態有多樣，如研究助理、教學助理、研究計畫臨時工及工讀生。各類之工作內容互異，報酬之多寡及支付方式亦不相同，但共同點是這些助理或工讀生所從事之工作都是勞務之提供，不管是勞力或者知識、技能等。但學校與此類學生間就因此從施教者與受教者的師生關係、公法關係，變成純粹的私法僱傭關係則有待商榷。理由如下：

(一) 就兼任助理言，誰才是真正的雇主

　　既為僱傭關係，就有雇主與受僱者之分。所謂雇主，依《勞動基準法》第2條第2款：「謂僱用勞工之事業主、事業經營之負責人或代表事業主處理有關勞工事務之人。」就工作屬性言，兼任助理所從事之工作都是勞務之提供，不管是勞力或者知識、技能等。但兼任助理，包括兼任研究助理、兼任教學助理、兼任研究計畫臨時工及其他不限名稱之學生兼任助理多樣（處理原則第一點參照）。其中研究助理或研究計畫臨時工，絕大多數是學校各職級教師向科技部、教育部等單位申請研究計畫案獲得通過；或接受政府機關等委託執行某一專案計畫；或標得某一專案計畫；或者進行產學合作計畫案等，為執行前揭計畫所僱用之

兼任助理或臨時工。也就是出錢的單位——事業主不是學校，僱用兼任助理是執行計畫之教師找的，與學校完全無關。亦即學校不是僱用兼任助理此類勞工的事業主，該研究計畫的事業主應該是出錢的政府機關或公司行號，與學校扯上關係的只有收百分之多少的管理費而已。學校既非雇主，則此類兼任助理與學校間顯然並非上揭《民法》第482條之僱傭關係。亦即上開人員並不符合指導原則「受學校僱用之學生」之規定，而硬將兼任研究助理及研究計畫臨時工認定與學校間有僱傭關係存在，實在非常不適當。

　　至於教學助理雖為學校所遴聘，他們如同中小學的班級小老師一樣，所從事之學習內容係於課前學習教材之準備，於課中學習教師教學知能，於課後學習學生作業輔導等內容。具體之學習活動則依指導教師之不同需求，分別包括從事與分組討論、分組實驗或實習、課業諮詢、作業批改、語文練習、技術或動作練習等活動之學習（大專校院學生兼任型態調查彙整表參照）。是教學助理雖提供勞力或知識技能之勞務，但本質上仍屬課程學習的一環，是一種做中學。如果教學助理與學校間也屬勞雇關係，則中小學的班級小老師也應該受到同等對待才符合平等原則。

(二) 從人格從屬性、經濟從屬性及組織從屬性言

　　此從屬性為勞動契約之特徵，所謂勞動契約，依《勞動基準法》第2條第6款規定，係謂約定勞雇關係之契約。又依最高法院96年度臺上字第2630號判決意旨，《勞動基準法》所規定之勞動契約，係指當事人之一方，在從屬於他方之關係下，提供職業上之勞動力，而由他方給付報酬之契約。從指導原則觀之，人格從屬性的特徵在於學校或其代理人對兼任助理的指揮監督。此指揮監督當包括工作的指示、安排、考核等。經濟從屬性在於兼任助理領取之報酬與協助學校研究或教學等工作有勞務對價性，亦即此類學生在雇主的指揮下提供勞務，雇主即有給付報酬之義務。又對照《勞動基準法》第2條第1款「勞工：謂受雇主僱用從事工作獲致工資者。」之規定，可謂凡基於私法契約而成立勞動關係之當事人，在雇主指揮監督下，提供勞務之人，即謂勞工。再

參照最高法院81年度臺上字第347號及96年臺上字第2630號判決意旨：
「……。一般學理謂勞動契約當事人之勞工與雇主間之從屬性具有下列
特徵：(一)人格上從屬性，即受僱人在雇主企業內，服從雇主權威，並
有接受懲戒或制裁之義務。(二)親自履行，不得使用代理人。(三)經濟
上從屬性，即受僱人並不是為自己之營業勞動而是從屬於他人，為該他
人之目的而勞動。(四)組織上從屬性，即納入雇方生產組織體系，並與
同僚間居於分工合作狀態。勞動契約之特徵，即在此從屬性。又基於保
護勞工之立場，一般就勞動契約關係之成立，均依此從寬認定，只要有
部分從屬性，即應成立。足見勞基法所規定之勞動契約，非僅限於典型
之僱傭契約；只要該契約具有從屬性勞動性格，縱有承攬之性質，亦應
屬勞動契約。」依前述勞基法對勞工之定義及最高法院之判決意旨，非
屬課程學習或服務學習之兼任助理自屬勞工身分而須適用勞基法之相關
規定，殆無疑義。

　　但爭點仍是誰是研究計畫案的雇主。前已述及，科技部之研究計畫
案係教師個人提出，即計畫主持人，學校研發單位彙整後以學校名義
向該部申請，審核通過後核定、簽約並撥補經費執行，俟執行結束，
將研究成果報部，且從計畫主持人可同時進行不同單位之研究計畫案
言，筆者認為教師執行科技部之研究計畫案性質上較屬承攬。蓋所謂承
攬，依《民法》第490條第1項：「稱承攬者，謂當事人約定，一方為
他方完成一定之工作，他方俟工作完成，給付報酬之契約。」其契約
「以完成一定工作」為目的，且具對價性，「他方俟工作完成，給付報
酬。」又據最高法院94年度臺上字第573號判決指出：「勞動基準法規
定之勞動契約，指當事人之一方，在從屬於他方之關係下，提供職業上
之勞動力，而由他方給付報酬之契約。可知，僱傭契約乃當事人以勞務
之給付為目的，受僱人於一定期間內，依照僱用人之指示，從事一定種
類之工作，且受僱人提供勞務，具有繼續性及從屬性之關係。而承攬契
約之當事人則以勞務所完成之結果為目的，承攬人只須於約定之時間完
成一個或數個特定之工作，與定作人間無從屬關係，可同時與數位定作
人成立不同之承攬契約，二者性質並不相同。」從上述之論述及判決意
旨觀之，申請研究計畫獲得通過之承攬契約與學校間不具從屬性，且重

在工作之完成，與勞動契約具從屬性不同。至於接受政府機關等委託執行某一專案計畫；或標得某一專案計畫；或者進行產學合作計畫案等，性質上較屬委任。所謂委任，依《民法》第528條：「稱委任者，謂當事人約定，一方委託他方處理事務，他方允為處理之契約。」其契約「以處理特定事項」為目的，委託機關與學校間不具從屬性。再據最高法院97年度臺上字第1510號判決指出：「……。且勞基法所定之勞動契約，係指當事人之一方，在從屬於他方之關係下提供職業上之勞動力，而由他方給付報酬之契約，與委任契約之受任人，以處理一定目的之事務，具有獨立之裁量權或決策權有別。」明確指出勞動契約與委任契約之不同。但不論是承攬或委任契約，均屬勞動契約。依上揭最高法院81年度臺上字第347號判決意旨：「……。又基於保護勞工之立場，一般就勞動契約關係之成立，均此從寬認定，只要有部分從屬性，即應成立。足見勞基法所規定之勞動契約，非僅限於典型之僱傭契約；只要該契約具有從屬性勞動性格，縱有承攬之性質，亦應屬勞動契約。」又最高法院89年度臺上字第1301號判決意旨更明確指出：「……是勞動契約之勞工與雇主間具有使用從屬及指揮監督之關係，勞動契約非僅限於僱傭契約，關於勞務給付之契約，其具有從屬勞動性質者，縱兼有承攬、委任等性質亦應屬勞動契約。」由上述最高法院之判決意旨歸納，不論是承攬或委任性質之研究計畫案所僱用之兼任研究助理或臨時工，只要具有從屬勞動性質即成立勞動契約關係，而須適用勞動基準法之相關定。但問題是，不論是承攬契約或委任契約，定作人與承攬人間或委任人與受任人間並不具從屬性，且學校並非出錢補助研究的單位，亦即不是事業主，兼任助理是計畫主持人所僱用，且研究成果亦不歸屬於學校，則依上開指導原則從屬性之說明與最高法院89年度臺上字第1301號從屬勞動性質之判決意旨，學校自不屬於此類助理的雇主，卻要學校預算支付這些學生之勞健保等費用，顯然非常不合理。

三、繳交勞保及全民健保保費不合理

暫且不論學校並非上列兼任助理之雇主，依《勞工保險條例》第6條第1項：「年滿十五歲以上，六十五歲以下之左列勞工，應以其雇主

或所屬團體或所屬機構為投保單位，全部參加勞工保險為被保險人。」及第11條：「符合第六條規定之勞工，各投保單位應於其所屬勞工到職、入會、到訓、離職、退會、結訓之當日，列表通知保險人；其保險效力之開始或停止，均自應為通知之當日起算。但投保單位非於勞工到職、入會、到訓之當日列表通知保險人者，除依本條例第七十二條規定處罰外，其保險效力之開始，均自通知之翌日起算。」之規定，兼任助理如屬勞僱型，則學校必須為渠等依上開規定辦理投保。

依104年7月1日起最低基本工資由新臺幣（下略）19,273元調整為20,008元，勞健保最低投保薪額亦調整為20,008元。以此薪額計算，勞保保費學生自付額為400元，學校付1,426元。另，部分工時人員適用的勞保薪額等級分11,100元、12,540元、13,500元、15,840元、16,500元、17,880元及19,047元。如月薪資總額低於部分工時人員投保薪額下限11,100元者，則以11,100元申報，造成不合理之低薪高保，自付額為222元，學校付791元。健保保費部分，最低投保薪額調整為20,008元後，自付額為295元，學校付955元。另，每週工作時數未滿12小時或短期工讀不超過3個月者，得選擇不在學校投保。

除了勞保、健保保費外，依規定須提繳勞工退休金，依據「勞工退休金月提繳工資分級表」之等級金額申報（勞退分級表第1級為1,500元），雇主依規定須固定提撥6%（如1,500 * 6%），個人自願提繳部分則為0-6%。

由上述之分析，歸納出學校對此項政策之困境或規定不合理之處：

(一) 學校預算負擔沉重

勞保保費及往後各項給付之計算均以投保薪額為基礎，部分工時勞工之投保薪額低於20,008元，保障相對減低。但在少子化趨勢下，招生日趨嚴峻，在學雜費收入減少，一年卻要另外增加相當預算之勞健保費用，校務經營之困境可見一斑。

(二) 兼任助理加退保及身分認定之困難

依《勞工保險條例》第11條規定，學校必須為勞僱型兼任助理辦理加退保，在學校人事業務實務上，卻產生如下之困擾：

1. 學生到職與離職不易掌握，對加退保申報造成困擾：蓋兼任助理是由研究計畫主持人僱用，人事室不易掌握，通知辦理加退保時多已在事實發生之後，除違反《勞工保險條例》第11條之規定外，也影響到當事人之權益 —— 保險效力之開始，均自通知之翌日起算，而非到職之日起算。

2. 有些學生同時兼有多個身分，如擔任行政單位工讀生或教學助理，同時又兼老師的研究助理或臨時工，造成身分難以認定，保費難以估算。

3. 兼任助理、臨時工及工讀生人數眾多，每日處理之業務量增加，造成很大負擔。

(三) 牽涉進用原住民及身心障礙者人數及僱用來源的問題

依據《原住民族工作權保障法》第12條：「依政府採購法得標之廠商，於國內員工總人數逾一百人者，應於履約期間僱用原住民，其人數不得低於總人數1%。」

再據《身心障礙者權益保護法》第38條規定，公立學校員工總人數在34人以上者，進用具有就業能力之身心障礙者人數，不得低於員工總人數3%。私立學校員工總人數在67人以上者，進用具有就業能力之身心障礙者人數，不得低於員工總人數1%，且不得少於一人。公、私立學校其員工總人數及進用身心障礙者人數之計算方式，以各校每月1日參加勞保、公保人數為準。

依上開各法規定，學生兼任助理、臨時工及工讀生之人數，牽涉到學校進用原住民及身心障礙者人數，因進用人數是依據勞保投保人數計算，未達進用人數者，依《原住民族保護法》第24條規定，應每月繳納代金。依《身障者保護法》第43條第2項規定，應繳納身障者就業基金差額補助費，亦即均須繳罰金。除造成學校之相當大的預算負擔之外，且原住民及身心障礙者之僱用來源亦是問題。

據上論結，勞保保費以投保薪資為基礎，健保保費以基本工資為下限，兼任助理與學校間是否有僱傭關係存在，關係者學校是否有義務為此等學生投保勞保及健保，以及因此僱傭關係而衍生對原住民及身心障

礙者的僱用人數。因此，僱傭關係須能確認，如無法確認，單依指導原則要學校從人格從屬性、經濟從屬性及其他法令之規定綜合判斷，爭議將永無寧日。

參　具體建議

一、僱傭關係從屬性之明確界定，要有操作性定義

本案主要爭點在於學校與兼任助理間是否存有僱傭關係，勞動部之指導原則對人格從屬性及經濟從屬性，臚列了幾項參酌的因素由學校綜合判斷，但此種概念型定義，僅為抽象之概念，解讀或認知會因人而異，應進一步為操作型定義，讓學校有所依循。對於兼任助理究屬學習型或勞雇型，教育部也要求各大學校院自主定義，既然如此，即會產生性質類似的助理各校的歸屬類型不同，將增添爭議。況且，勞動部之指導原則或教育部之處理原則，依《行政程序法》第165條之規定，皆為行政指導之性質，不具法律上之強制力，僅促請學校為一定作為或不作為之行為。依最高行政法院93年度裁字第1176號判決意旨，學校享有「手段選擇權」（黃俊杰，2010）。

事實上，各類兼任助理所從事之工作樣態多元，內容互異，很難以二分法區分為學習型或勞雇型，基於手段選擇權，最終學校自行認定，大都將會以學習型歸類。

二、比照所得稅就源扣繳方式辦理

依《所得稅法》第2條第2項規定：「非中華民國境內居住之個人，而有中華民國來源所得者，除本法另有規定外，其應納稅額，分別就源扣繳。」所謂「就源扣繳」，係責成所得之給付人於所得發生時，將納稅義務人應納之所得稅予以扣取，並於規定時間內向國庫繳交，目的在使政府即時獲取稅收，便利國庫資金調度，並確實掌握課稅資料，為增進公共利益所必要（吳君泰，2013；司法院釋字第317號及第673號解釋意旨參照）。本文一再強調執行各類研究計畫所僱用之兼任助理或臨時工，學校並非出錢的事業主，而是政府機關或公司等。硬

是要學校支付渠等之勞健保費用，非常不合理，當然引起反彈。如果比照所得稅法就源扣繳方式，在其專案研究計畫經費中明列一名目支付勞健保費，而由學校代為扣繳才是正途。

三、兼任助理之屬性尊重大學自治之專業判斷

「大學應受學術自由之保障，並在法律規定範圍內，享有自治權。」為《大學法》第1條第2項所明定。依司法院釋字第380號、563號解釋意旨，大學自治權之範圍，應包含直接涉及研究與教學之學術重要事項，除研究自由與教學自由以外，屬於教學與學習範疇之事項，與教育發展有密切關係。

兼任助理之樣態雖然多元，但其協助之工作，均涉及研究與教學事項，且各大學之教學、研究、學習等學術活動，甚為複雜多樣，且各具特性，以法律就學術活動有關事項為高密度之規範，實有困難；加以大學具有自治權，則法律就有關學生權利義務之事項，以低密度之規範為已足（最高行政法院93年度判字第1504號判決參照）。揆諸上開解釋及判決意旨，教育部及勞動部對兼任助理之權益保障既已分別訂頒處理原則及指導原則，則其工作屬性究為學習型或勞雇型，基於複雜多樣且各具特性，宜尊重各校本於大學自治之精神為專業之判斷。法制上及論理上雖如上所述，但在民粹高漲的社會氛圍，縱使被歸屬為學習型助理的學生，也會主張他們有勞務的付出，既有勞務付出，當認為勞動權被剝奪時，勢必引起抗爭，105年7月4日部分學生到教育部陳情抗議即是例證。也因這次抗議蛋洗教育部官員的結果，該部主管單位表示會重新檢討「學習型」定義，避免爭議，這立意良善，但請不要忽視了教育的本質，為了彌平爭議而限縮了它應有的學習功能。

肆 結語

根據主題－背景原則，人們將注意力集中於知覺範圍中突出的特質上；在印象形成過程中，突顯的線索特別受到重視。根據格式塔（完形）的物體知覺原則，鮮艷、吵雜、移動或新奇乃最重要的條件。所以，任何能使某一線索在所處背景環境中出現客觀的不尋常的因素，也

會使它在主觀上顯得更突出、更易被注意、更會被利用。（黃安邦編譯，1990）引用上述對線索突顯因素之闡述，來說明兼任助理或臨時工與學校之關係之所以被突顯而引起大學校院之討論並尋求對策，乃高教工會或學生團體一開始就突顯「僱傭關係」，讓主管機關乃至社會大眾有此一知覺。此一關係被突顯後，兼任助理由學生瞬間轉變爲兼具勞工身分，一切就必須依照《勞動基準法》之規定處理，否則學校就可能遭到如違法欺負勞工，虧待學生之類的負面評價，眞是有苦難言。但此類學生究爲學習乎？勞雇乎？癥結點還是要從誰是雇主－事業主去解決，並且不能悖離教育的本質。

參考文獻

吳君泰（2013）。所得稅相關法規。104年8月20日取自www.mofti.gov.tw/mofti_pub-lic

吳庚（2012）。行政法之理論與實用。臺北市：三民。

翁岳生（2006）。行政法（上）。臺北市：元照。

陳敏（2009）。行政法總論。臺北市：新學林。

許泰益（2009）。中等教育講義。未出版。

黃安邦編譯（1990）。社會心理學。臺北市：五南。

黃俊杰（2010）。行政程序法。臺北市：元照。

教育部（2013）。研商兼任助理投保全民健康保險事宜會議紀錄。

教育部（2015）。專科以上學校強化學生兼任助理學習與勞動權益保障處理原則。

勞動部（2015）。專科以上學校兼任助理勞動權益指導原則。

司法院大法官會議釋字第317號；380號；382號；563號；673號；684號解釋文。

最高法院：81年度臺上字第347號；89年度臺上字第1301號；94年度臺上字；第573號；96年臺上字第2630號；97年度臺上字第1510號判決書。

最高行政法院：93年度裁字第1176號；93年度判字第1504號判決書。

問題與討論

一、勞動契約具有哪些特徵？判斷勞動契約的重要基礎為何？

二、從法律上定義，何謂勞動契約及僱傭契約，試說明之。

第十五章

一位卓越領導校長實施組織變革之個案研究

范熾文、謝月香

變革是行動理論，要創造行動計劃來帶領組織變革。唯有領導
者能有效領導學校變革時，學校才能獲得成功。

~Fullan（2008）

 前言

　　21世紀是個變動的年代，亦是以知識經濟為主要經營的時代
（Drucker, 1985），講求快速、彈性、求新求變、競爭性強的服務機
能，企業界為因應這多元化的轉變，早在十幾年前便興起一股全面品
質管理、組織再造、規模最適化、結構重整等的轉型，以期在變動的
腳步中保持競爭力，適應挑戰性更高的市場（王如哲，2006；蔡啓
通，1996），換言之，在知識經濟時代，追求變革已成為企業提高
競爭力，建立優勢地位的致勝關鍵。變革可視為一系列知識生產、知
識利用以及知識擴散的歷程，而創造力就是變革的火苗，因此教育部
（2002）公布《創造力教育白皮書》，宣示以創造力教育落實教改理
念，打造未來創造力國度的決心，學校面對時代巨輪的牽動與教育改革
推動，如何以變革經營理念管理學校，保持學校氣氛活力與彈性，促使
學校之成員具備變革思維，激勵每一個人追求變革之態度，活絡校園意
象，是當前重要課題。

　　由於教育部宣示推動創造力教育政策，各縣市教育局及各級學校無
不積極推動，校長是關鍵的推手，學校變革經營成功與否與校長和學校
成員間互動的情形密切相關，校長必須具備變革經營理念、引導變革行
動、帶領核心團隊凝聚共識、激勵從事變革思維等能力，才能帶領團隊
落實變革經營理念。誠如根據Leithwood、Begley和Cousins（1992）觀
點，領導乃是領導者整體行為之實踐，之後對於學校校務產生影響，進
而影響到學生學習與教師。就國內的研究而言，「學校變革」研究數量
有逐漸增加趨勢（林啓鵬，2003；吳清山、賴協志，2006；李瑞娥，
2003；秦夢群、莊清寶，2012；張明輝，2006；黃麗美，2004），少
數採取個案研究（吳素菁，2004；游琇雯，2005；黃嘉明，2003）。
上述研究，對於學校組織變革之促動因素、做法與關鍵成功因素，較缺

乏系統性與完整性之研究。基於上述背景，本文旨在探討一位校長推動學校變革促動因素與相關問題。具體目的如下：一、瞭解個案學校組織變革的促動因素。二、分析個案校長推動組織變革具體做法。三、探究個案校長推動組織變革之成功關鍵因素。

貳　文獻探討

學校變革經營乃是變革與經營的結合體，以「變革」為體，「經營」為用，發揮學校教育的功能（吳清山，2004）。以下就學校變革的意涵與促動因素、學校變革的做法、學校變革的相關問題分述如下：

一、學校組織變革的意涵

學校變革經營特別重視以人為本的管理方式，也就是以成員心智變革為重點。蔡純姿（2004）認為，學校為了要因應環境變遷與呼應教育改革的需求，以新的思維、新的技術與新的服務，增進學生學習成就與學校辦學績效，進而提高學校競爭力，所進行一系列有計畫的、有系統的、有步驟的變革作為的動態歷程。吳清山和林天祐（2003）界定為：一個組織在產品、過程或服務等方面，力求突破，改變現狀，發展特色，以提升組織績效的策略。綜合上述，學校變革是以知識管理為基礎，以新觀念、新做法追求組織之永續的經營發展，亦即校長要激發成員變革活動，有效運用領導策略，整合學校系統運作，並利用資訊科技，以滿足組織、團體與個人的需求，達成學校的教育目標。

至於學校變革層面，歸結學者（吳清山、林天祐，2003；顏秀如，2006；濮世偉，2003；Amabile, 1998; Tushman & Nadler, 1986; Wolfe, 1994）觀點分為六大層面：

1. 行政管理變革：行政人員之行政作為，具備變革知識基礎與變革意念，以作出正確教育判斷。例如：運用e化管理、品質管理、知識管理及契約外包等管理型態，彈性調整組織的結構與運作方式。

2. 學生活動變革：針對學生需求與多元智慧，推動各項學習活動，以利學生學習。例如：學校畢業典禮融合地方文化特色，

展現學生之生活能力。

3. 組織文化與氣氛變革：學校教師具備革新的工作態度、信念、動機及價值觀。例如：學校同仁都願意與他人分享參與研習或閱讀心得、具有建設性的想法與觀點。

4. 教學變革：變革教學設計必須是教師運用知識或資訊，對現有教學進行新的改良。例如：能運用行動研究或協同教學，來改進教學。

5. 環境設備變革：學校環境空間規劃要掌握變革精神，具體落實在校舍、校園、運動場地及其附屬設施的設計上。

6. 社區資源變革：學校是社區內的機構，能以變革方式運用社區各項資源。例如：引導社區與家長參與課程活動，辦理校際合作或學校參訪，以活化教學。

二、學校組織變革的促動因素

依據專家學者（吳清山，2003，2004；Kimberly, 1986; Chen & Huang, 2009）意見，促動學校變革經營可分外在因素與內在因素兩種：

(一) 在外因素

1. 電腦與網路科技應用：資訊科技讓世界連成一體，開啓知識科技的新時代。網際網路是最具有效率的傳播和溝通工具，任何現代的組織都依賴它來傳遞訊息或蒐集資料，未來它將慢慢取代傳統的傳送工具，其對學校組織影響力也將與日俱增。

2. 知識經濟社會來臨：知識經濟時代中，誰能掌握新的知識，活用新的知識，就能掌握財富，亦可掌握競爭的未來，所以在21世紀知識經濟的時代中，學校組織要發展，就要成爲掌握知識經濟關鍵的領先者。

3. 學齡人口結構變化：就少子化現象來看，國內新生人口數逐年下降，國內出生率持續下降，學齡兒童由38.9萬降至30萬以下。教育部預估7年後小學一年級入學新生將比現在少9萬人，7年內國小一班級數共減少近一萬班，對師資供需、教育資源分

配與學校教育發展，產生重大衝擊（張鈿富，2004）。

(二) 內在因素

1. 校長辦學理念及實踐之要求：西諺有云：「有怎樣的校長，就有怎樣的學校；有怎樣的學校，就有怎樣的老師；有怎樣的老師，就有怎樣的學生。」這句話道出了校長的領導對學校的發展有重大之影響。校長是學校革新的重要關鍵人物，身為校長，其最重要任務就是要如何提升學效組織績效。

2. 學校辦學特色與績效管理需求：在全球化知識經濟時代中，學校在面對組織外部環境的變動，不免也面臨教育改革的挑戰與期許，學校教育的功能與績效，亦受到愈來愈多社會人士的關注，因為教育績效責任是提升教育效能和實現教育目標的關鍵所在。

3. 家長參與校務趨勢：家長參與學童學習活動與學校事務，對學生而言，可以提升其學業成就，塑造正面而積極的態度與行為，提高出席率，增強學習動機與自尊心；對家長而言，可以使家長增加與學校溝通的機會，認識更多朋友，追求並掌握更多的進修機會，提升自信心，增加與小孩子互動的機會；對學校與教師而言，有意義的家長參與，可以協助教師之成功教學，使學校對老師的態度更積極正面，使老師之教學資源更豐富，教學方案更多元化（林明地，1996）。

4. 學校多元公共關係之要求：在多元的社會中，學校校外公共關係的對象包括家長、社區、校際、新聞媒體、上級機關及民意機關等；而校內公共關係的對象則包括教師、行政人員、校內相關人員及學生等（張明輝，1997）。面對多元利害關係人之需求，校長必須從事變革，展現學校辦學績效。

三、學校組織變革的具體做法

組織變革在過程中會遭遇抗拒變革，管理階層可以用傳統及非傳統工具來達成目的，這些工具包括獎勵、變革的風氣、僱用變革人才、鼓

勵變革交流，以及支援變革者（楊幼蘭譯，2004）。Ginsberg（1988）使用九個程序，組成一個循環輪說明成功進行變革的指導方針，並指出組織文化是影響組織的規則、政策、規範、典禮、事件、報酬與認知的主要因素，循環的開始是建立變革的需要、發展而且散播變革計畫、診斷並分析目前的情形、產生建議、細述建議、嘗試推演此建議、準備首次展示建議、建議首次展示、測量，強化和精鍊變革。因此，學校變革經營要掌握影響因素，擬定有效策略，俾以實施變革經營（范熾文，2006；范熾文、林詩雁，2011；顏秀如、張明輝，2005；Azzaro, 2005; Cumming & Worly, 1997; Peck, Gallucci, & Sloan, 2009）。

四、學校組織變革的相關問題

在學校組織變革過程當中，會產生衝突與緊張，甚至抗拒改革，這是組織變革自然的現象。例如：Fullan（1991）指出，學校革新強調新目標、新結構、以及新的人員角色，涉及學校文化與結構的變革，以及成員角色的再造，因此造成教師和行政人員的抗拒。Cumming與Worly（1997）認為變革常會引起成員和組織的抗拒，原因有二：1.就成員而言：可能因對未來不確定狀況產生焦慮而抗拒變革；2.就組織而言：組織抗拒變革原因有三，包括：投資於現況的沉澱成本、政治上既得利益的喪失、變革與組織文化不一致而引發衝突。鄭淑惠（2000）指出學校組織變革抗拒的原因包括：學校組織內部活力不足、變革與組織文化不一致、基層學校缺乏專業自主的空間、群體抗拒變革的壓力、變革規劃不合理或不周全、對變革不瞭解或誤解、個人選擇知覺或教育理念的不同、影響個人既有的利益等。學校變革涉及變革方案內容、校長領導、教師、家長與組織文化等問題（吳清山，2004；吳素菁，2004；林啓鵬，2003；洪榮昭，1999；范熾文、林詩雁，2011；孫本初，2000；鄭淑惠，2000；Damanpour, 1991; Wallace, 1991）。

參　研究設計與實施

研究者選取位於一所變革績優的國小為個案，以下就選擇個案之理由、個案學校概況、資料編碼與分析說明如下：

一、選擇個案之理由

　　本研究旨在探究一位校長推動學校組織變革之歷程，研究主體包含教育人員（校長、主任、教師代表）及家長代表。研究者主要在分析歸納蒐集所得資料以發現其關聯性，注重在自然情境脈絡下，從學校的架構中去看事情發生的連續關係和意義，並從現場人的觀點加以詮釋，故以「質性研究」方法較為適合。選擇的條件有下列幾項標準：1.個案研究必須榮獲教育部主辦之「校長領導卓越獎」、「九年一貫課程標竿一百學校」、「全國學校創新經營」、或「教學卓越獎」之任何一項獎項，即列為個案研究；2.學校樂意讓研究者前往「進行個案研究」，亦即有利於研究者進行參與觀察與訪談之研究工作的學校；3.校長在此學校服務必須滿二年以上，辦學績效評鑑良好，縣市政府督學推薦可作為個案研究之學校。其中個案學校（化名太陽國小）在校務評鑑與學校實際推動變革具有代表性。在此背景下，研究者先以電話聯繫學校，徵求校長同意後，才列入個案研究對象。

二、個案學校概況

　　個案學校（化名太陽國小）校長本著「學生第一，專業至上」的理念經營學校。校長以身作則、提倡團隊學習，激勵教師成長，帶領著全體教師發展成學習型組織，以展現教師教學知能。校長辦學理念主要讓學生學習與世界接軌，推展資訊教育，規劃「永續校園」的新藍圖（D1）。因此從學校課程發展與教學變革著手。例如：在學校簡介呈現校長理念是：建構一座具有教育意涵的開放空間，並能發揮人境互動的啟思功能，是優質校園的環境指標，也是展現學校經營管理與學生學習的整體情境（D2）。現在因為少子化關係在教育環境上充滿競爭壓力，如果不努力爭取學生，就將面臨減班產生超額教師（D2）。校長為人熱情、負責，辦學認真，常受委託協助承辦教育局相關業務。訪談前，研究者即著手蒐集受訪學校的相關資料，其來源以受訪學校網頁上的各項資料為主，例如：學校沿革、學校願景、組織概況、課程及教學計畫、行事曆、校長學經歷資料等；若有不足之處，訪談時再請受訪學

校提供書面資料，一方面作為訪談參考，其次做為檢驗資料之用。

三、資料記錄、分析與編碼

資料蒐集方式主要以訪談為主，觀察與文件分析為輔，茲就資料記錄、分析與編碼說明如下：

(一) 觀察

研究者參與個案學校校務會議、晨會、課程委員、教師進修與家長會議等。觀察以筆記方式記錄觀察現象，結束後則參照訪談與文件進行省思。觀察與省思編碼，例如：2011年5月15日觀察與省思即以（20110515觀）、（20110515省思）代表。

(二) 訪談

訪談記錄格式，以活頁紙為單面記錄，包含日期、時間、地點、情境，都加以記錄。在活頁紙右邊留下3公分空白，作為研究評註反省之用。例如：編號方式「20110318訪教1」，係代表2011年3月18日訪問快樂國小編號01號教師。根據資料取得方式、人員及日期的差異依序編碼。

(三) 文件分析

文件分析主要範圍，係以在學校公開發行或內部流通之公眾文件為主。資料包含學校簡介、學校行事曆、變革方案、校務發展計畫、校務會議記錄、領域會議、發展特色學校方案等，分別按順序以D1、D2等加以編碼。

肆　研究結果分析與討論

經過訪談、觀察以及文件的蒐集，就學校組織變革的促動因素、具體作為與省思問題說明如下：

一、校長推動學校組織變革的促動因素

(一) 少子化壓力促使校長推動變革

太陽國小校長本著「學生第一，專業至上」的理念經營學校。首先爭取經費，修繕校舍、興建至善樓、增添及改善教學設備，加強綠、美化校園工作，企圖提供最完善的教學環境，發揮境教功能。並以身作則、提倡團隊學習，激勵教師成長，帶領著全體教師發展成學習型組織，以展現教師教學知能（D1）。現在因為少子化關係，加上附近有私立小學，所以在教育環境上充滿競爭壓力，如果不努力爭取學生，就將面臨減班產生超額教師。在少子化壓力下，使得學校面臨危機意識。

> 學校是一個非常穩定的力量，那這些優秀學生開始外流的時候，老師第一個敏銳的感受到學生素質降低，所以他們也會恐慌，那在恐慌的過程裡頭我要去解決這個問題，也就是我要穩住學生，穩住家長對學校的信心（20110102P）。

> 慢慢你會發覺在減班當中其實我們學校目前是還好，可是這個都在未來會發生而且因為別的學校已經發生，像很多學校其實他們減班很厲害，慢慢老師也知道說其實我們如果不變，那可能人家就會有別的選擇（20110106T2）。

(二) 超額教師衍生許多校務問題亟需變革

學區人口縮減問題日益嚴重，對師資供需、教育資源與學校教育等，均產生重大衝擊。老師也擔心超額問題，說：

> 這個是外在的衝擊嘛，因為我們本來五班就穩穩的，好一點就可以到六班。可是四班就會有老師要超編的問題，然後剛好我們有退休老師，所以我覺得這個部分，老師們就會壓力很大（20110106T1）。

(三) 培育學生與世界接軌，開拓世界觀

學校經營理念以學生學習與資訊變革為發展願景。在學校願景內容方面，學生圖像是著重未來公民能力（D1）。校長辦學理念主要讓學生學習與世界接軌，推展資訊教育，規劃「永續校園」的新藍圖。因此從學校課程發展與教學變革著手。校長認為，資訊是工具，資訊本身融入教學透過一個教學帶動一個孩子怎樣的學習才是一個課程的重點。校長說：

> 很多人對課程領導這個部分還是覺得不是很重視這樣子，所以我覺得說那我今天一個校長的理念應該全方位來發展，我的想法是每個學生都是個別的、獨特的、多元的，那我覺得學校服務是要提供每個孩子有發展的機會（20110102P）。

(四) 面臨家長參與要求，開啟親師合作的機制

校長認為要開啟親師合作的機制，任何一個與家長專業溝通的歷程，都視為親職教育的延伸。學生家長和教師能建立良好的關係和友誼，共同感受彼此的善意與熱情。社區家長與民意代表對學校校務都非常熱心參與，支持學校辦理各項活動。學校是由所有參與的人、所有關心和支持的人來共同經營。太陽國小位於文教地區，校長就說：整個條件裡的環境因素，我覺得是在此文教區，這邊的府會、這邊的醫療資源，然後大學也非常的近，那對我們在社區資源方面也非常的豐富（20110102P）。

我國的教育體制當中，公立學校一向比私立學校擁有較多的優勢，學生大都在學區內就讀公立學校。但是隨著社會逐漸開放、自由，家長的參與教育將會受到重視。太陽國小校長就說家長參與重要性：

> 然後這裡的學生二分之一到三分之一都是外來學區的，外來學區家長的特質普遍都是比較上班族，然後他們的家庭很單純，很重視教育投資對孩子的家庭教育也是很重視，所以這些孩子

在我們學校形成一股非常穩定的力量（20110102P）。

整體而言，學區附近有縣政府各機關、醫院、文化中心與飯店等，屬於文教與商業地區，家長社經水準較高，熱心參與校務，家長會能充分發揮協助功能。同時學生素質較佳，社區各項資源豐富，越區就讀的學生相當多。

(五) 教育政策的要求與執行

學校是教育部或縣市政府推動政策的基層單位，依法而言，學校要執行上級交辦工作，有效達成目標。教育局或教育部的政策，是影響學校推動變革的外在因素。

校長來這兩年有去參加一些相關的研習或校長的會議，那也知道說其實閱讀是局裡或部裡都極力在推的部分（20110106T5）。

我想就是教育部、教育局他還是有一個那種上級單位的一個壓力或是他的一個強制力吧，假設說上級就要求說就是要做這部分的改變，我想學校就是說我們行政人員做個轉述說是教育部或教育局要求的，我相信老師的阻力會比較小（20110106T2）。

二、個案校長推動學校組織變革的具體做法

經過訪談與文件分析，校長推動學校組織變革包含積極與負責的行政領導、建構資訊為主的課程與教學變革、提供學生多元展能機會三項範疇。茲分述如下：

(一) 運用積極且負責的行政領導作為

有效的領導不僅能引領全體教職員工的意向，創造和諧的校園氣氛，更能利用團隊精神，來達成各項目標，故其重要性，是不言而

喻。個案校長採取積極負責的行政領導作為以落實組織變革：

1. 校長具能訂定目標，以身作則與行政要求

組織的變革與否，領導者往往扮演關鍵的角色。個案校長能發展願景，訂定清楚的共同目標，讓老師有安全感，同心協力完成。

> 校長要很清楚的確認要走的方向是什麼，然後實行的細節要很清楚，可是如果說可以很清楚的把細節規劃出來，給老師一個安定（20110106T2）。

校長為了鼓勵老師，更是場場坐鎮各項研習。主任笑著說：「每場都到喔！有些課都聽過了，還是堅持坐在後頭，就是要以身作則，讓許多老師都能更專心」（20110106T3）。校長能以身作則，鼓勵全體教師不斷專業成長。剛開始學校校長沒有很強行政上要求，只是採取鼓勵性質，教育局都還蠻高度的重視跟肯定，後來則有運用行政要求：

> 剛開始參加就是覺得興趣，然後因為成績太好，之後就是變成校長會要求，我記得有一年好像有意願的老師不是很多，因為它總共有七大類別嘛，報名的只有兩項，所以校長就出來去主導說那每一項都要有人（20110106T5）。

> 這個我們校長就真的是專家了，它其實有很多點子都很好而且都還蠻新的，他常常會給很多不一樣的想法，今年做的主軸就是閱讀嘛，吸引許多學生參與（20110106T2）。

教師素質的良窳，常被認為對教育活動實施的品質好壞，具有絕對的影響作用，教師專業能與素質高低影響教育效能，校長認為有良好素質教師，許多政策革新，較為順利。校長說：

> 甄選進來的老師是條件比較好的，這是跟之前在邊緣地區的學校的老師比較起來能力素質是有所差別的，能力比較強，對整

個班級經營或教學情況是非常熟練的老師，所以這一點我覺得
很順利的原因（20110102P）。

Cumming與Worly（1997）認為變革常會引起成員和組織的抗拒。
學校政策發展指學校政策擬定與實施程序，政策要與教師做好溝通，建
立教師共識。

校長在行政會議當中會跟我們主任討論，然後蒐集各主任意見
就交給承辦的主任去做規劃，那就會把校長跟家長會長意思跟
其他三處主任的意見會做個統合後先把初步的規劃先列出來，
列出來後在跟組內的組長去做個討論（20110106T5）。

組織文化趨於民主開放，學校行政在教育改革浪潮的衝擊下，已非
昔日僵化的管理模式或行政理念足以掌握，取而代之的是，參與式的合
作與團隊模式（Stempfle, 2011），亦即領導者需要一套完善的制度來
領導與激勵員工及教師社群。

2. 校長發揮激勵、溝通和協調的責任

變革實施前一定要先充分溝通，讓成員對變革精神與實施目的、方
法等有所瞭解，降低其焦慮與抗拒後再實施。再來，提升教師變革知
能亦是一件重要的工作，變革能力具備了，才能幫助自己和別人找到問
題，進而提供改善策略。教務主任說出全校教師準備電腦輔助教學情
形，他說：

資訊組長，負責統籌規劃培訓課程及硬體建置，放學忙著培訓
老師，假日則和同事一起到校拉網路線、修理電腦，常常忙到
繁星滿天才回家（20110106T3）。

有些老師認為學校變革需要大家溝通協調，整合不同意見，因為教
師長久以來是單打獨鬥，必須好好溝通彼此意見。

我覺得真的是行政的溝通，有時候我觀察在我們學校裡面，當我們能夠跟老師有很好的互動跟一個服務的話，老師都能夠配合，所以人際溝通很重要（20110106T2）。

3. 形成變革團隊，分享經驗推動各項活動

學校是一個正式組織，必須靠全體成員分工合作來達成其目標。教育是一項知識傳授的行業。教師必須從事教育研究，以促進教育之進步及發展。因此教師參與從事教學變革相當重要。

有些老師蠻樂意的，像我們學校從兩年前就有辦變革教學的發表會，那每一學期大概會有一次，每個年級要一個代表，每個科目。像幼稚園、特教都要有一個代表，每個同仁發表一下他的變革教學這樣，其實很多老師把自己的教學東西做個分享（20110106DT2）。

由於科技的快速發展與全球化的高度競爭，「團隊」（team）的觀念愈來愈受到重視。無論是營利或非營利組織，均已意識到目前組織內工作兼具複雜性與需要分工協調的特性，實無法靠個人的力量獨力完成，唯有依賴員工組成團隊，集合團隊中每個人的能力與特色，以發揮團隊合作的力量，同心協力才能完成使命。

老師就會搭配這個去發揮變革，像今年我們的迎新，他們每個老師都扮成蝴蝶、校長扮成肯德雞、然後教務主任是小白兔，然後就是演一場兒童劇，短短的15分鐘，收到許多掌聲（20110104DT6）。

(二) 建立以資訊為本的校本課程，同時鼓舞教師積極從事變革教學

一位有效能的教學領導者對學生的學習與教師的教學，都有相當大的助益。Oliva與Pawlas（2001）指出，成功的學校都有強勢的教學領

導者，有效能的學校都採取強而有力的教學領導。個案校長即是扮演課程與教學領導角色，建立以資訊爲本的校本課程，同時鼓舞教師積極從事變革教學：

1. 建立了全校資訊教學，融入課程與教學歷程

行政人員之行政作爲，要具備變革知識基礎與變革意念，以作出正確教育判斷，例如：運用e化管理就可以提升行政效能（吳清山，2005；吳清山、林天祐，2003）。當整體學生人數減少，不僅私立學校面臨招生困難，公立中小學也面臨學生選擇學校的情況。公立中小學校長要強化辦學績效，才能吸引學生就讀。教務主任說：

特教班、幼稚園、一至六年級各班教室內，都有教學輔助用電
腦設備，並連接上學校裡的區域網路，我們就是這樣和全世界
的網路牽起手來（20110106T3）！

學校如同小型社會，就是要靠統整來發展社群概念。課程與教學是學校教育重心，校長認爲這是堅持的地方。校長說：

我會比較重視課程跟教學，我覺得整個學校課程跟教學，還是
非常需要，因爲他是回歸到教育的原點來看導師有多大的能
量，能夠幫助孩子開啓多大的能量，那個才是個樞紐跟關鍵
（20110102P）。

2. 發展校本的特色課程，落實學生專題實作

從一年級到六年級，全面實施電腦輔助教學，均能使用多媒體輔助，提高學生學習效果及興趣，並在網際網路上經由本校網頁實施學習成績線上評量。主任就說：

本校教師均能充分利用「電腦教室」與「教室電腦」，學生均
能在資訊化的過程中，利用活教材達到充分學習的效果。無論
上網、討論、閱覽新聞、搜尋、擷取圖案及文字網路資源，學

生的資訊應用能力備受家長肯定與支持（20110106T3）。

資訊融入主題式學習，不但使學生經由找尋主題、探訪研究、製作成網頁的過程，與全球學生分享交流生活環境和學習經驗，更經由向世界展示鄉土社區特色的系統化學習過程，落實中小學資訊教學。

(三) 重視多元智慧理念，參與校外競賽，提供學生多元展能機會

學生多元表現係指校長善於運用校內外的資源與設備，舉辦多樣化的活動或比賽，營造自由學習氣氛，提供學生表現變革之活動與機會。校長常利用各項機會，宣導多元智慧理念和教師共同討論如何增進學生學習成效，以改進教學品質。

1. 積極參與網界博覽會，展現學生資訊能力

另外重點就是積極參與臺灣學校網界博覽會，以發展「專題導向式」的學習方法，主任說出在網界博覽會實施：

> 藉此種「專題導向式」的學習方法，讓學校師生、家長、及地方社區，在此次活動中，藉由地方專題研究的目標導引，產生密切互動，進而體驗及發掘鄉土環境與學校及學生的切身關係，對於資訊教育的努力，也在前幾屆的「臺灣學校網界博覽會」展現成果，大放異彩（20110106T3）。

這幾年來，資訊融入統整式學習課程有顯著具體成效。例如：參加「臺灣學校網界博覽會」主辦之全國主題式教學網頁設計比賽榮獲全國佳績（D4）。主任說出學生與教師都獲得教學專業成長：

> 運用多媒體技術處理網界博覽會專訪主題的過程中，老師的專業技能更精了！與學生一起蒐集資料、尋幽探密的過程中，老師的視野更廣了！師生一起上山下海時，同甘共苦的感覺！（20110106T3）

2. 推動自主學習護照，檢核學生學習成效

個案學校課程發展委員會以學校願景爲目標，設計一套「自主學習認證」計畫，希望透過認證制度，讓學生藉著老師的鼓勵、家長的支持、自發性的參與，學習資料蒐集的能力（D2）。該項活動架構係透過能力檢證方式，提升學生多元智能開展。同學於學習過程中達成該項所指定之指標，即由校長頒給該項認證證書一張（20110515觀）。獲頒獎座之學生、父母，將和家長會長、校長合影，並將照片懸掛於校史室保存。

3. 重視多元智慧觀點，落實寒暑假多元學習

培育學生多元展能是學校組織變革的重點（倪靜貴，2006；陳瑞成，2008）。課程發展委員會就決議：學生暑假作業改成動態表演活動。教師認爲專題研究有具體成效，能獲得學校重視，強化學習動機，學生各項能力普遍提升。因此有位教師說：各年級從一年級到六年級都有，家長都很踴躍參加，廣度、深度、還有盛大的狀況（20110106T2）。有位教師說：

> 那還有我們的暑假作業，六年級的暑假作業就會有成果展。那六年級老師他們就會去主動說那我們要來辦兩節課的才藝發表，讓動態的也能夠去做，所以每個班包二十分鐘，有的演戲、有的吹直笛、有的做打擊樂，我覺得這都是老師很厲害的地方，就是不用我們配，他們就會覺得說在原有的東西，他們就覺得說可以多一點，他們就加（20110106T1）。

由上所述，個案校長推動組織變革做法聚焦於行政作爲、教學專業及學生展能三大主軸。這些作爲與學者觀點相符（吳清山，2004；吳素菁，2004；林啓鵬，2003；范熾文、林詩雁，2011；顏秀如，2006；濮世偉，2003；鄭淑惠，2000；Damanpour, 1991），變革首先牽涉領導者信念與變革態度，領導者要有正確觀點才能透過行政加以變革，其過程必須凝聚變革意識，鼓舞激勵形成執行團隊；然而學校是由教師與學生所組成，學校變革無法脫離教師專業發展與班級教學實

際，必須結合課程發展與教學創新，最終落實於學生學習成效，開展學生學習潛能。

三、推動學校組織變革的成功關鍵因素

依據陳依萍（2002）、謝文全（2003）看法，反省乃是個體不斷反省以求改進之歷程，亦即個體從認知歷程或行為實踐，能針對過去、現在或未來的時空流變下，不斷地探究、挑戰、質疑與省思。經過本個案研究得知學校組織變革必須以學生學習為核心並配合高績效的團隊運作，才能有效落實。茲分述如下：

(一) 高績效的團隊與專業是變革成功之關鍵

當整體學生人數減少，不僅私立學校面臨招生困難，公立中小學也面臨學生選擇學校的情況。公立中小學校長要強化辦學績效，才能吸引學生就讀（20110515省思）。教師自主意識、本位心態與既有慣性文化，影響學校變革。校長說：

> 教師自己的班級經營，他會比較強調教師本位，因為班級經營，她是個別的單位，當時校長他比較強調飯店理論或者是20%，他會覺得說一個學校動力就是靠這幾位菁英。所以我進來時候發現人才是斷層的，會發現每個導師都很強可是是分散的、是本位的，所以他們之間其實會有資訊交流，可是我認為是不夠的，然後行政團隊是很強的可是就是集中在這少數人（20110102P）。

教師們專業性提高，自主性也愈來愈強（20110515省思），對於自己的管理也都有自己的一套看法。行政人員推動政策要注意溝通與策略管理的過程，有位教師說出：

> 有幾個選擇的可能，那老師做不做都沒關係，但是我們可以想想看做是不是可以更好，老師們就會願意。這真的是很特別

啦！就好像現在的行政管理已經不像以前是那種萬年校長，我
規定怎樣就（20110104T6）。

(二) 聚焦學生學習為核心變革理念

校長將課程哲學理念融入學校行政的理念與實務中運作，藉著發展
學校課程任務與目標、確保課程與教學品質、增進學生學習氣氛及發
展支援學校與社區關係的工作環境等領導作為，來增進教師教學效能
（20110515省思），校長領導作為可說是提升學生有效學習，追求卓
越學校效能。校長他說：

當家長與學校或師長有衝突的時候，我們是以學生的角度為參
考的，學校行政鐵三角就是包含學校、師長、學生三角，其中
學生的部分一直都是我們的優先考量（20110102P）。

文化乃是一團體在學習解決外在問題及內部問題時所發生創造出
一套基本假設模式（Schein, 1992）。組織變革需要組織文化更新，
例如：型塑學習型學校，則教師要建立彼此能對話、探究、知識分
享之文化，才有可能型塑學習學校與變革發展。誠如吳清山、賴協
志（2006）、吳素菁（2004）、范熾文、林詩雁（2011）、鄭淑惠
（2000）等指出，組織變革困境包括人員心態保守、人員慣性思維、
知識背景不足、缺乏變革文化、缺乏學習團隊、缺乏變革人才、學校缺
乏整合力量等。在變革過程，領導者要有能力去回應變革對人性之衝
擊與組織穩定影響（Mueller, 2011），變革領導者主要任務在於溝通觀
念，發展變革方案，運用系統思考，建立革新意識，要如何瞭解困難之
處，並提出有效策略，這是學校變革重要因素。

伍　結論與建議

有關分析學校組織變革的研究雖多，但多數論文偏向量化的實證研
究，相對地，從個案研究來詮釋校長組織變革並不多見。雖然可從量

化研究中瞭解學校組織變革與學校效能等之間的關係，或是背景變項與校長領導之間的相關，但無法從中得知其中之深層關係，或是現象背後的涵義。本研究探討個案校長組織變革促動因素、具體作為與成效，正可以展現Leithwood、Begley和Cousins（1992）的觀點，實有其實務上價值。根據個案研究發現，校長變革領導的促進因素有五項：係少子化促使校長必須變革、超額教師衍生許多校務問題、推動資訊教育讓學生與世界接軌、開啟親師合作的機制與落實教育政策。其次，校長組織變革做法包含：建立了全校的網路世界與資訊教學、將資訊融入校本課程發展、積極參與臺灣學校網界博覽會、推動自主學習護照、校長具有遠見，能訂定目標，以身作則與行政要求、各處主任發揮激勵、溝通和協調的責任、教師形成變革團隊推動各項活動。最後，校長變革領導的問題與省思：推動變革與組織文化有密切關聯、教師專業自主與行政團隊是變革成功關鍵。以下提出幾點建議：

(一) 對學校單位方面

研究結論得知從事組織變革的關鍵是校長領導、教師知能及組織文化建立。因此，做法上要推動多元化的專業成長活動，可以從同儕視導或協同教學、自我進修、教學反思記錄等方式。教師應持續主動積極地參與專業成長活動，除了可以確保教學的品質外，更能隨時補充教學能力不足的地方，進而提升專業能力。其次要強調團隊合作，讓成員在團隊中發展專業知能與工作興趣，鼓勵成員思考、改善工作績效；亦即要協助組織成員不斷的發展，使成員有足夠的能力參與團隊運作、承擔授權的責任。第三，校長要使用一些具吸引力，具感染力之口號、行動來落實變革，表現自己的奉獻及努力，進而影響教職員。領導者要扮演倡導者，要領導全體教職員建立明確可行的校務發展計畫，並擬定有效執行策略，凝聚全體同仁意志，朝目標邁進。例如：在校務會議或晨會，宣導組織變革目標，制定實施計畫，公告周知，以發揮燈塔效應，引導教職員工努力方向。

(二) 對教育行政主管機關方面

校長乃是影響學校組織變革最主要的關鍵人物，而校長變革知能與

態度更是學校變革成效的來源。因此，教育當應舉辦研討會，提升校長變革知能。研討會重點可著重變革方案、課程與教學變革之專業知能。其次進行個案學校經驗分享，讓辦理成效卓著之學校校長或相關團隊成員，分享自己推動歷程及感想，進而交換彼此心得。第三，遴選縣內外變革經營獲獎學校，辦理參觀及分享經驗，促進校際交流。

參考文獻

(一) 中文部分

王如哲（2006）。知識經濟的學校經營策略。研習論壇，**68**，5-9。

李瑞娥（2003）。**國民學校終身學習文化、組織學習、組織創新與學校效能關係之研究**（未出版系博士論文）。國立高雄師範大學，高雄市。

吳素菁（2004）。**學校創新經營之研究——以四所國民小學爲例**（未出版碩士論文）。政治大學，臺北市。

吳清山（2003）。**知識經濟與教育發展**。臺北市：師大書苑。

吳清山（2004）。學校創新經營理念與策略。**教師天地**，**128**，30-44。

吳清山（2005）學校創新經營方案之建構。中等教育，**56**(3)，1-27。

吳清山、林天祐（2003）。創新經營。**教育資料與研究**，**53**，134-135。

吳清山、賴協志（2006）。國民中小學學校創新經營成效、阻力與因應途徑之研究。**教育研究月刊**，**141**，58-74。

林明地（1996）。學校與社區關係：從家長參與學校活動的理念談起，**教育研究**，**51**，30-40。

林啓鵬（2003）。**我國高級職業學校組織創新影響因素之研究**（未出版碩士論文）。臺灣師範大學，臺北。

秦夢群、莊清寶（2012）。臺灣國民中小學特色學校創新經營及其學校效能關係之探討。**教育政策論壇**，**15**(2)，163-192。

范熾文（2006）。**學校創新管理的內涵與實施途徑**。載於花蓮教育大學主編之2006年臺灣教育學術研討會論文集（頁158-174）。花蓮：花蓮教育大學。

范熾文、林詩雁（2011）。學校創新經營：意涵、困境與因應策略。**研習資訊**，**28**(1)，75-85。

陳依萍（2002）。**反省實踐取向教育人員專業發展：以校長為例**。臺北市：師大書苑。

倪靜貴（2006）。**高級中學校長創新領導表現指標建構之研究**（未出版之博士論文）。臺灣師範大學，臺北市。

張明輝（1997）。學校組織的變革及其因應策略。**教育研究集刊**，**38**，1-21。

張明輝（2006）。創新管理與學校經營。**教育研究月刊**，**145**，41-49。

張鈿富（2004）。出生人口變化對臺灣中小學教育的影響。**師友**，**439**，1-3。

教育部（2002）。**創造力教育政策白皮書**。臺北市：作者。

陳瑞城（2008）。**國小校長創新領導實踐與反思之自傳研究——以兩個InnoSchool全國學校經營創新獎方案為例**（未出版之博士論文）。臺南大學，臺南市。

游琇雯（2005）。**宜蘭縣公辦民營人文國小創新經營之個案研究**（未出版碩士論文）。臺北市立教育大學，臺北市。

馮清皇（2002）。創新管理與學校經營——淺談創新管理在國民小學校務經營的意涵。**教師天地**，**117**，32-42。

黃嘉明（2003）。**完全中學經營策略之個案研究——以臺北縣立清水高中為例**（未出版碩士論文。臺灣科技大學，臺北市。

黃麗美（2004）。**國中小組織創新氣氛與學校效能關係之研究**（未出版碩士論文。國立臺灣師範大學，臺北市。

楊幼蘭（譯）（2004）。Richard Luecke著。**如何做好創新管理**。臺北市：天下文化。

蔡純姿（2004）。**學校經營創新模式與衡量指標建構之研究**（未出版之博士論文）。臺南大學，臺南。

蔡啟通（1996）。**組織因素、組織成員整體創造性與組織創新之關係**（未出版之博士論文）。臺灣大學，臺北市。

鄭淑惠（2000）。化阻力為助力——論學校組織變革的抗拒。**中等教育**，**51**(6)，20-29。

濮世偉（2003）。**國小校長轉型領導、學校文化取向與學校創新經營關係之研究**

（未出版之博士論文）。國立政治大學，臺北市。

顏秀如（2006）。**國民中小學校創新經營與競爭優勢之研究**（未出版之博士論文）。臺灣師範大學，臺北市。

顏秀如、張明輝（2005）。學校創新經營的意涵與實施計劃。**中等教育，56**(3)，28-52。

謝文全（2003）。**教育行政學**。臺北市：高等教育。

(二) 英文部分

Amabile, T. M.(1988). A model of creativity and innovation in organizations. in B. M. Staw & L. L. Cummings(Eds.), *Research in organizational behavior* (pp.123-167). Greenwich, CT:JAI Press

Azzaro, J. A.(2005). *Understanding a high-performance university development organization: Leadership and best practices*. Columbus, OH: The Ohio State University.

Chen, C., & Huang, J. (2009).Strategic human resource practices and innovation performance - The mediating role of knowledge management capacity. *Journal of Business Research, 62*, 104-114.

Cumming, J. G., & Worly, C. G.(1997).*Organizational development and change*. Cincinnati: South-Western.

Damanpour, F.(1988). Innovation type, radicalness and the adoption process. *Communication Research, 15*, 545-567.

Damanpour, F.(1991). Organizational innovation: A meta analysis of effects of determinants and moderators. *Academy of Management Journal, 34*(3),555-590.

Drucker, P. F. (1985). *Innovation and entrepreneurship: Practice and principles*, Landon: Heinemann.

Fullan, M.(1991). *The new meaning of educational change*. London: Cassell.

Fullan, M. (2004). *Leading in a culture of change*. San Francisco, CA: Jossey-Bass.

Ginsberg, A. (1988).Measuring and modeling changes in strategy: Theoretical foundations and empirical directions. *Strategic Management Journal, 9*(6), 559-579.

Kimberly, J. R.(1986).The organizational context of technological innovation. In D. D.

Davis(Ed.), *Managing technological innovation*(pp.24-43). Dan Francisco: Jossey-Bass.

Leithwood, K. A., Begley, P. T.,& Cousins, J. B. (1992). *Developing expert leadership for future schools*. London: Falmer Press

Mueller, C. D. (2011). Leading change. *Human Development, 32*(3), 30-36.

Oliva, P. F., & Pawlas, G. E. (2001). *Supervisory for today's schools*. New York: John Wiley & Sons, Inc.

Peck, C. A., Gallucci, C., & Sloan, T. (2009). *Organizational* learning and program renewal in teacher education: A sociocultural theory of learning, *innovation* and change. *Educational Research Review, 4*(1), 16-25.

Scott, S. G., & Bruce, R. A. (1994). Determinants of innovative behavior: A path model of individual innovation in the workplace. *Academy of Management Journal, 37*(3), 580-607.

Stempfle, J. (2011).Overcoming *organizational* fixation: Creating and sustaining an *innovation* culture. *Journal of Creative Behavior, 45*(2), 116-129.

Tushman, M. L., & Nadler, D. A. (1986). Organizing for innovation. *California Management Review, 28*, 74-92.

Wallace, M.(1991). *Flexible planning: A key to the management of multiple innovations. Educational Management and Administration, 19*(3), 180~192.

Wolfe, R. A.(1994). Organizational innovation: Review, critique and suggested research directions. *Journal of Management Studies, 31*(3), 405-430.

問題與討論

一、請分析卓越領導校長與學生學習成效之關聯？

二、請分析學校組織變革有哪些內外影響因素？

三、請分析團隊概念為何？與學校組織變革有何關聯？

國家圖書館出版品預行編目資料

教育政策與教育實務／吳清基等合著. -- 初
版. -- 臺北市：五南，2017.01
　　　面；　　公分.
ISBN 978-957-11-9012-9（平裝）
1.教育政策 2.文集
526.1107　　　　　　　　105025346

1IZQ

教育政策與教育實務

主　　　編 ― 吳清基(64)

作　　　者 ― 吳清基　蔡進雄　劉君毅　彭淑珍　胡茹萍

　　　　　　　梁金盛　林立生　吳靖國　嚴佳代　舒緒緯

　　　　　　　湯維玲　李俊湖　楊振昇　謝念慈　陳政翊

　　　　　　　陳盈宏　許泰益　范熾文　謝月香

發 行 人 ― 楊榮川

總 編 輯 ― 王翠華

主　　　編 ― 陳念祖

責任編輯 ― 李敏華

封面設計 ― 陳卿瑋

出 版 者 ― 五南圖書出版股份有限公司

地　　　址：106台北市大安區和平東路二段339號4樓

電　　　話：(02)2705-5066　　傳　　　真：(02)2706-6100

網　　　址：http://www.wunan.com.tw

電子郵件：wunan@wunan.com.tw

劃撥帳號：01068953

戶　　　名：五南圖書出版股份有限公司

法律顧問　林勝安律師事務所　林勝安律師

出版日期　2017年1月初版一刷

定　　　價　新臺幣600元